未名滴水集

——吴丕政治学论文选

吴丕 著

中国社会科学出版社

图书在版编目(CIP)数据

未名滴水集：吴丕政治学论文选/吴丕著.—北京：中国社会科学出版社，2018.9

ISBN 978-7-5203-2803-6

Ⅰ.①未… Ⅱ.①吴… Ⅲ.①政治思想史-中国-文集②政治-监督-中国-文集 Ⅳ.①D092-53②D630.9-53

中国版本图书馆CIP数据核字(2018)第154703号

出 版 人 赵剑英
责任编辑 许 琳
责任校对 鲁 明
责任印制 李寡寡

出 版 中国社会科学出版社
社 址 北京鼓楼西大街甲158号
邮 编 100720
网 址 http://www.csspw.cn
发 行 部 010-84083685
门 市 部 010-84029450
经 销 新华书店及其他书店

印 刷 北京明恒达印务有限公司
装 订 廊坊市广阳区广增装订厂
版 次 2018年9月第1版
印 次 2018年9月第1次印刷

开 本 710×1000 1/16
印 张 20.5
插 页 2
字 数 346千字
定 价 86.00元

写在前面

这本文集收入的是我 1988 年至 2016 年在北京大学任教期间所发表的学术论文以及相关文章。文集定名为“未名滴水集”，是“未名湖中一滴水”的意思。

我是 1978 年进入北京大学图书馆学系（现在的信息管理系）读书的，后来在北京图书馆（现在的国家图书馆）工作过几年。1985 年又进入北京大学国际政治系（现在的国际关系学院）师从陈哲夫教授读研究生，专业为中国政治思想史，1988 年毕业留校任教，先是在政治学与行政管理系，2001 年进入新成立的政府管理学院继续教书，并在 2004 年通过在职学习获得政治学的博士学位，我的博士导师是谢庆奎教授。我于 1995 年获评副教授，2009 年获评教授，2016 年退休。

我的主要专业是中国政治思想史。在学术研究上，曾跟随陈哲夫教授，参与过《现代中国政治思想流派》（三卷本，当代中国出版社 1999 年版）、《二十世纪中国思想史》（上下册，山东人民出版社 2002 年版）、《中华文明史》（十卷本，河北教育出版社 1994 年版，参与第九卷的撰写与编纂）等几部著作的撰写。我的博士论文删改出版，书名为《进化论与中国激进主义：1859—1924》（北京大学出版社 2005 年版）。我留校后先是给本科生开了两门课：中国古代政治思想史、中国近代政治思想史，后来根据教学需要，将上述两门课合并。再后来我给本科生开的课是：中国现代政治思想史（从 1994 年开始）、监察与监督概论（也是从 1994 年开始），还有中国政治制度史（从 2001 年开始），同时给研究生开过这三门课的专题课。我之所以讲监察与监督课，是因为我的导师陈哲夫教授 1987 年组织部分教师编写了《监察与监督》一书（后由北京大学出版社 1994 年出版），我也是这个课题组的一员，参与撰写了部分内容。随后，陈先生在学校开设监察与监督课。陈先生退休后，我接过这门课讲了二十多年。这门课后来成为全校通选课，每年选课人数达百人以上。因此，监察与监督就是我的第二专业。再后来，我和袁刚教授、孙广厦博士共同编写了教材《政治监督学》（北京大学出版社 2007 年版），使政治监督学成为政治学的一个分支。我也主编过《中国反腐败——理论与实践研究》一书（黑龙江人民出版社 2003 年版）。谢庆奎教授担任北京大学政治发展与政府管理研究所所长期间，我被聘为研究员，并参与《政治学年鉴》（担任副主编，中国大百科全书出版社 2003 年版）的编辑工作。我的教学与研究成果主要就是这些。我的专业主要是（一）中国政治思想史、（二）政治监督学。因为参加政治发展与政府管理研究所的研究，所以也作过与之有关的课题（吴丕负责的教育部重大项目《转型时期中国农村政治发展与社会管理研究》已于 2018 年 3 月结项），撰写过有关的会议论文（主要是政府学、行政学等方面的内容）。我虽然讲过十多年的中国政治制度史，但在这方面并没有深入研究，也没有什么著述。本书中有关古代幕僚的文章勉强算是一篇。另外，我曾在我大学时期的班主任、北京大学新闻传播学院教授、北京大学校史专家肖东发教授的督促下，编写了《北大精神》（与刘镇杰合著，现代出版社 2015 年版）一书，希望能够将“北大精神”作为一个学术课题，吸引更多的人来研究。

我在退休之际，在朋友的鼓励下，贸然决定把过去发表的论文集中起来出版一本个人论文集。我知道自己的学术水平十分有限，发表的论文数量极少（经过挑选后更少），质量也很不高，但是毕竟是自己的心血，在学术上多多少少也还有一点点价值，当然主要还是敝帚自珍，想要给自己做个纪念，于是就有了这样一本书。文集按专业可分为三部分：中国政治思想史研究部分、政治监督学与反腐败研究部分、其他部分。但在实际上，论文是按照每篇文章所涉及的主要内容的历史为序的，并且区分为六类。文集中也有个别文章算不上正规的学术论文，但也和学术有关，和我的研究有关，所以也酌情收进几篇。

因为发表时间跨度较大，发表的地方不同，所以这些文章的格式很不统一。文集做了一些编辑，首先是把摘要和关键词去掉了；再就是把文后参考文献也删掉了。这样做除了格式统一外，也能够节省空间。原先注释格式不统一，这次也尽可能地予以统一。有的发表在境外刊物上的文章，原先是繁体字，格式也各异，这次也予以统一。有的文章有的地方根据需要还新增加了必要的注释和说明。文章内容尽量保留原貌，但是也在必要的地方，比如文字错误甚至有硬伤处，适当地做了个别文字或标点上的修正。还有几篇文章因为某种原因做了必要的删节。另外还有 18 篇正式发表的文章，因为各种原因，主要还是文集篇幅的限制，只好割爱。

虽然做了很大努力，但是文集中还是难免会有这样那样的错误或不足，希望读者谅解，并提出批评。学术上甚至观点上的错误甚至谬误，也诚恳地希望专家学者给予指正！

最后我必须提到我所供职的单位即北京大学政府管理学院特别是政治学系。北京大学政治学专业在全国排名中一直名列第一，这就足以说明这是一个多么好的群体了。我很幸运能够在这样一个朝气蓬勃、积极向上的群体中度过自己的学术生涯。我的教学科研以至生活都曾得到导师们的亲切指导，还有学术上造诣极深的各位前辈给我树立最好的榜样，我的同辈同事们也曾给我以各种鼓励和帮助，还有历届领导对我工作的理解与支持，这些，都是令人永远难忘的！所以我要借这个机会，对我敬爱的导师、前辈、同事、朋友，还有历届院系领导致以诚挚的谢意！

为这本书的顺利出版，对中国社会科学出版社表示衷心的感谢！

吴　丕

2018 年 6 月 10 日

目　录

孔子思想研究

古代政治思想著作解析

中国近代历史与政治研究

中国现代政治思想研究

反腐败与政治监督学研究

当代中国政治研究

孔子思想研究

关于“有教无类”的思考

“有教无类”是孔子的一句话，出自《论语·卫灵公》，原文是“子曰：‘有教无类’。”这是孤立的一句话，没有上下文可以参考，不知道孔子是在什么情况下讲这句话的，加之这句话用词简单，又多歧义，所以，尽管几千年来许多人都在探讨它的含义，但时至今日仍是众说纷纭，莫衷一是。鉴于这句话愈来愈为人们所重视，可以说，早已成为名言，而其含义却不能完全确定，本文拟对之作一番探讨，提出一些看法，以就教于方家。

一　对传统解释的怀疑

长期以来，很多人都把这句话理解为：对人不分种类一律实行教育。这种解释起源甚早，附和者众，影响亦大，故本文称之为“传统解释”。在传统解释内部，又有许多分歧，形成不同见解。因此，所谓传统解释，实际上是不统一的，是在一定模式下的许多种解释。我对传统解释持怀疑态度，以下分三点谈一谈我的看法。

1. 关于“类”的解释及其范围

把“有教无类”解释为对人不分种类一律实行教育，其源头可追溯到东汉经学家马融对“有教无类”的注解。他的注解是：“言人所在见教，无有种类”。从此以后的大多数解释都与此大同小异。所异之处是马融将“类”字笼统地解释为“种类”，以后的解释主要是对“种类”加以细分。比如南朝皇侃就说：“人乃有贵贱，同宜资教。”将“种类”解释为“贵贱”。马融与皇侃的解释都可见于清人刘宝楠的《论语正义》一书。该书还引用《吕氏春秋·劝学篇》的一段文字来作解释：“故师之教也，不争轻重、尊卑、贫富……”。又将“种类”具体化为“轻重、尊卑、贫富”。对于“种类”的细分，历来大致有“尊卑”“贵贱”“轻重”“贫富”“贤不肖”“善恶”等等。尽管这些解释都赋予“有教无类”高尚的含义，但是这句话在过去的两千多年中并不为人们所重视，对封建社会的教育也没有多少影响。封建教育是有局限性的，人与人之间受教育的权利是不平等的，尤其是在“贵贱”“贫富”“善恶”诸方面。

随着时代的发展，孔子在人们心目中的形象也有所变化。人们更多地把孔子看作“伟大的教育家”或“全民教育家”。此时“有教无类”这句话便格外受到重视。究其原因，主要是为了证明孔子作为教育家之伟大。“类”的含义也有了更多的解释，主要有“族类”“氏族”“民族”“华夷”“阶级”“等级”“地域”等等。例如：杨伯峻《论语译注》：“任何人我都可以给他教育，没有（等级、地域等等）区别。”匡亚明《孔子评传》：“有教无类应当是不分宗族贵贱，不分阶级，都是可以施教的。”蔡尚思《孔子思想体系》：“无论说‘类’指族类或种类，所谓‘有教无类’都只能理解为教育不分对象。”王滋源《论语新译述评》：“人人我都教育，不分贵贱、善恶和地域之别。”唐满先《论语今译》：“我对人无区别地都加以教育”，“无类，指没有贫富、地域等区分，对教育对象不加限制。”南怀瑾《论语别裁》解释“无类”为“不分阶级、不分地域、不分贤愚。”又据《决策参考》（1990 年第 28 期）：“孔子‘有教无类’争议有了结论”，“‘无类’应理解为‘无界限’。”对“类”字加以探讨是正常的学术研究，但如果为了说明孔子之伟大，而不顾历史事实，将“类”的范围任意扩大，这样的做法是不够慎重的。比如，“无界限”之说就是经不住推敲的。教育而无界限，即使今天（恐怕还包括将来相当长的时间）也难以实现。考学校考不取不能入学，没有钱不能读书，就是有智愚、贫富之分的。远在两千多年前的孔子岂能进步到难以想象的地步？同任何历史人物一样，孔子也是有时代局限的。在孔子所处的时代，人是分为自由民、平民与奴隶的。孔子的教育对象或许可以包括自由民、平民中的“贵贱”“贫富”“善恶”“贤愚”诸色人等，但不会包括奴隶在内。原因很简单，奴隶没有人身自由。“不分阶级”显然不符合事实。再者，人们也无法否认，在孔子时代，以及整个封建时代的教育，都是男女有别的，女性基本上没有受教育的权利。“无界限”之说对此如何解释？

以上对“类”字的分析，说明“类”的含义不能随意无限制地扩大。如果传统解释在语法上能够成立（后面将谈到语法问题），那么，能探明“类”字的准确含义，当然是最好不过了。如果无法弄清它的准确含义，那就不如看作是一个模糊的概念，只解释为“种类”。孔子的这一“施教原则”就只是一个大致的提法，体现了他的宽容与乐教。除此之外，不必故意拔高。

2. 关于“教”的含义及其行为主体

“类”字究竟何指，固然需要探讨，“教”字也同样如此。传统解释一般都把“教”字看作“教育”之义，但“教”字也有“教化”之义，二者是有区别的。一般说来，教育的内容包括文化知识、专门技能、道德修养等方面，教育的行为主体可以是个人，也可以是政府。其方式主要是学校教育或类似的方式，接受教育的对象在范围上比较小一些。教化的内容则是礼乐刑政，推行教化的行为主体是政府，是针对全民使之接受与服从统治的，其方式可以说是全方位的。在中国古代，教化的概念大于教育。教育工作是教化工作的一个部分。另外还有一个词“礼教”，与“教化”接近。因此，“有教无类”中的“教”字除去“教育”之外，还可理解为“教化”或“礼教”。到底应解释为哪一种，要根据具体情况而定。

那么，“有教无类”中的“教”是“教育”还是“教化”呢？我的看法，它最大的可能是“教化”而不是“教育”。这样说的理由之一是《论语》中的“教”字大多是“教化”之义，是政府施之于民的。例如：“使民……举善而教不能”（《为政》），“富之……教之……”，“以不教民战”，“善人教民七年”（以上见《子路》），“不教而杀谓为虐”（《尧曰》）。《论语》中提到孔子教育别人时，主要使用“诲”字，例如：“由，诲女知之乎……”（《为政》），“诲人不倦”，“吾未尝无诲焉”（以上见《述而》），“忠焉，能勿诲乎？”（《宪问》）当然也有“子以四教：文、行、忠、信”（《述而》），但仅此一见。所以只能说，“有教无类”中的“教”字，也有可能是“教育”之义，但最大可能是“教化”之义。这样说的另一个理由是教化的对象广泛，是针对全民的，在对象上可以说“无类”。而教育的对象在范围上要小，因此就要有限制。限制不是盲目的，只能把智愚、贫富、贵贱、地域等等作为条件去限制。因此，教育的对象不可能“无类”。假定传统解释在语法上没有问题，那它应该修改为政府的教化工作不分对象，才更妥当。不过，那样一来，就已经不再是传统解释了。

传统解释一般认为“教”是教育，行为主体是孔子本人。“有教无类”是孔子的施教原则。这个“无类”又可包含很多方面，甚至大到“无界限”。这就引起一个疑问：对于这样一个原则，孔子是否切实做到了？如前所分析的那样，奴隶、妇女是不可能去接受教育的。孔子说到做不到，岂不是虚伪？孔子说过，君子“先行其言而后从之”（《论语·为政》），意思是做到再说。孔子如果真的宣称自己施行教育对人不加限制，而在实践上又不能完全做到，那么他的宣言等于是虚假的。这是孔子所不屑于去做的事情。再者，人是有爱憎的，对所憎恶的人不予施教是可以理解的。从《论语》上也能看到孔子对有些人不肯施教的例子，“孺悲欲见孔子，孔子辞以疾”（《阳货》），就是一例。对此，后儒也有说辞，如《孟子·告子下》云：“教亦多术矣。予不屑之教诲也者，是亦教诲之而已矣。”照这种说法，给以教育是教，不给以教育也是教，于是便“有教无类”了。但是能这样解释“有教无类”吗？这样解释有何意义？

3. 从“有×无×”的语法结构看传统解释

“有×无×”是古代汉语中的一种常见结构，其构成与释义有一定的规律。了解了这些规律，可以检验关于“有教无类”的传统解释是否合乎规律，能否成立。为了弄清“有×无×”这种结构的规律，我从古籍中尽可能多地搜集了“有×无×”的例句，通过分析比较，将它们分为四种类型。为说明方便，这里将“有×无×”中前一个“×”称为前项，后一个“×”称为后项。这四种类型如下：

第一种类型：前项与后项是必须（或应该）同时具备的两项，但事实上只具备一项，不具备另一项。例如：有才无命①、有志无时②、有名无实③、有口无行④，以及有勇无谋、有眼无珠等等，都可译为“只有……但却没有……”，有的表示一种遗憾，有的指出一种欠缺。对“有教无类”的传统解释显然不属于这一种类型，因为对人不分种类一律实行教育这种解释不能改写成“只有教育，但却没有分类”。教育与分类不

① 杜甫：《寄狄明府博济诗》：“有才无命百寮底”。

② 《后汉书·赵歧传》。

③ 《汉书·黄霸传》。

④ 《后汉书·史弼传》。

是必须同时具备的两项。传统解释也不是表示遗憾或指出欠缺的，而是一种积极的主张。

第二种类型：前项与后项是一个过程的两端，事实上只有一端，缺少另一端。例如：有头无尾①、有始无终②，以及有去无回、有先无后等等。同第一种类型相似，也可译为“只有……但却没有……”，也是表示遗憾或指出欠缺的。所不同的是前后两项不是要求同时具备，而是要求先后具备。对“有教无类”的传统解释显然也不属于这一种类型，因为“教”与“类”不是一个过程的两端。

第三种类型：前项与后项是互相对立的两项，说话者只要其中一项，不要另一项。例如：有死无二③、有死无貫④、有隐无犯⑤、有进无退⑥等等，一般译为“宁肯……也不……”“要……不要……”，表示决心或选择。在极个别的情况下，这种类型的句子也用于指出一种事实，即在对立的两项中，只有一项，没有另一项，如“有害无益”。对“有教无类”的传统解释明显也不能入于这一类型。因为这种类型中的前后两项是截然对立的。即使其中一项用了另外的词语，在意思上两项仍是完全对立的。比如，上面的例子中，“有死无二”中的“二”字，意为二心，即背叛，背叛即可生存，与“死”是截然对立的。同样道理，“有死无貫”中的“貫”即“陨”，指废弃命令，仍是背叛即可生存，与“死”相对立。“有隐无犯”中的“犯”在这里就是“无隐”，与“隐”对立。在“有教无类”的传统解释中，“类”与“教”不是完全对立的。如果硬要说二者对立，也只是半对立。“类”包含的意思不是与“教”对立的“不教”，而是对有的人教，对有的人不教。以“教”去对“教”与“不教”两重意思，是违背这种类型的规律的。如果将“有进无退”加以变化，可以明显地看出其中的问题。试把“退”改为“分”，“有进无分”的意思是“要前进，但不要分开——有的人前进，有的人后退”，同“要实行教育，但不要对人分类——对有的人实行教育，对有的人不实行教育”一样，

---

① 《朱子全书·论语》。

② 《晋书·刘聪载记》。

③ 《左传·僖公十五年》。二，指二心，背叛以求生。

④ 《左传·宣公十五年》。貫，即陨，指废弃命令。

⑤ 《唐律疏议》，中华书局 1983 年版，第 432 页，“父为子隐，有隐无犯”。

⑥ 同上书，第 638 页。

不加注解，不易明白。显然，对“有教无类”的传统解释也不符合“有×无×”第三种类型的规律。

第四种类型：这种类型不能以前后两个“×”即前后项的关系来做说明，只能从“有×”与“无×”两个部分的关系来做说明。实际上前面三种类型也可以从“有×”与“无×”的关系来做说明，那就是在前三种类型中，“有×”与“无×”是并列关系。之所以对前三种类型从两个“×”的关系进行分析，是因为在前后两部分的并列关系中还有差异。只有对两个“×”的关系进行分析，才能揭示这一层差异，从而将前后部分属于并列关系的“有×无×”例句区分为上述三种类型。第四种类型与前三种类型的不同之处是它的前后两部分的关系不是并列关系，而是因果关系。例如：有备无患[①]、有礼无败[②]、有基无坏[③]、有恃无恐[④]。强调前项时，表示一种建议；强调后项时，是追究其原因。对“有教无类”的传统解释也不能归于这一类型，因为在传统解释中，“有教”不是“无类”的原因。相反，“无类”是“有教”的前提。

以上根据“有×无×”的大量例句，分析其语法关系，将其分为四种类型。这种句型在语法上称为紧缩复句。根据前后两部分的关系，可分为并列关系与因果关系两种。属于并列关系的句子，中间可加入“而”字，古书中有不少这样的例句，如“有君而无臣”[⑤]。属于因果关系的句子，中间可加入“则”字。“有×无×”已经成为一种有特定规律的固定结构，在不违背其规律的前提下，人们可以根据需要创造新的成语，例如：有气无力、有才无德、有量无质、有职无权、有惊无险、有借无还、有我无他、有利无弊。人们完全可以对平时使用的“有×无×”例句进行分析，并去检验关于“有教无类”的传统解释。“有×无×”从语法结构上看，只有以上四种类型，对“有教无类”的传统解释显然不属于其中任何一种。因此，传统解释能否成立，是值得怀疑的。

让我们再进一步，看看传统解释能否在上述“有×无×”固定结构之

① 《书经·说命中》。

② 《左传·襄公二十六年》。

③ 《左传·襄公二十四年》。

④ 由《左传·僖公二十六年》中的一段话发展而成的成语。原话是：“何恃而不恐？”“恃先王之命”。

⑤ 《公羊传·僖公二十二年》。

外找到语法上的依据。换句话说，就是在表示并列关系与因果关系的紧缩复句“有×无×”之外，有没有其他形式的“有×无×”句型，能够作为传统解释的依据呢？回答是有其他句型，但能否作为传统解释语法上的依据，还是很成问题的。下面仅就所见，列举几种：（1）“有厚无厚”①，意思是有厚与无厚。这种形式今天仍经常使用，如：“不论有事无事，都要……”。前后两项为同一字，“有教无类”与此不同。（2）“有命，无咎”②，据李镜池《周易通义》的解释，意为：“有赏赐，是好事。”“有教无类”的传统解释与此也不同。（3）有人认为“有教无类”中的“有”字是词头，没有实际意义③。词头，或称前缀、语助、语首助词，《中文大辞典》的解释是：“一字不成形，则加有字以配之。”根据古书上的例句看，这种用法用在名词前时，一般只用于某些专门名词之前，如“有夏”“有虞”“有清”等，为朝代名；“有司”“有政”等多为比较固定的搭配。总之，“有”字作为词头，从理论上讲可以加在单字名词之前，但在实际上使用很少，而且多为习惯用法，比较固定。这样看来，说“有教无类”的“有”字是词头，恐怕难以成立。再者，《论语》一书有自己的语法特点，其中有三点应该注意：第一点，孔子很少用“有”字做词头，《论语》中仅有数处，如“则有司存”（《泰伯》）“先有司”（《子路》）“谓之有司”（《尧曰》）“施于有政”（《为政》）等，用法比较固定。第二点，《论语》文字极简，不会滥用“有”字做词头，即使朝代名前也不用，如“周之德”（《泰伯》），这种三个字的句子按说可以在前边加上词头“有”字的，但却没有。“有教无类”的“有”字如是词头，恐怕也会省去不用的。第三点，如果“有教无类”真是传统解释的那种意思，而且“有”字是词头的话，孔子可能会说“教则无类”，或干脆就说“教无类”即可。还有，此处很明显的是，加上所谓词头“有”字，全句很容易与“有×无×”固定结构混淆，从而产生歧义。任何人在说话或写文章时，都会自觉地避免这种情况发生的。所以，说“有”字是词头，恐怕是说不过去的。

至此，本文说明了一个问题，即：从对“类”字与“教”字的分析

① 《荀子·修身》。

② 《易经·否卦》。

③ 见庞朴《孔子思想的再评价》，《历史研究》1978年第8期。并收入《近四十年来孔子研究论文选编》，齐鲁书社1988年版。

中可以看出，传统解释确有值得商榷之处。而从语法结构上去分析，传统解释恐怕是难以成立的。这样，我们就有必要去研究、分析、寻求其他的解释。

二 对“有教无类”的臆解与他解

臆解，是我的猜测性解释；他解，是别人的另外的解释，即不同于上述传统解释的解释。

前面已经对“有教无类”的传统解释提出了怀疑，其中最主要的怀疑是在语法结构上。既然上文已经对“有×无×”的语法结构做了分析，区分出四种类型，那么，我们不妨暂时抛开传统解释的意思，用这四种类型的规律来对“有教无类”进行检验，看它符合哪种类型，可以得出什么样的解释。

在四种类型中，第二种类型要求前后两项具有明显的先后关系，是事物发展的两端。“有教无类”明显不属于这种类型，因为“教”与“类”没有明显的先后关系。这样，我们首先排除将“有教无类”归入这一类型的可能性。其余三种类型都可以用来对“有教无类”进行解释，不过解释的结果都与传统解释不同。

根据“有×无×”的第一种类型，“教”与“类”应该是同时并存的事物。“有教无类”中的“教”如果是“礼教”，“类”如果是“族类”（“类”字的较早意义是“族类”），二者就有并存的关系。周礼是注重“亲亲”的，礼教的最大功用就是维持族类的团结与秩序。反过来讲，族类的团结与秩序离不开礼教的约束。二者互相依存，不可或缺。但是到了孔子的时代，族类的观念受到冲击，宗法制开始解体。这种现象就是“无类”，即宗族的观念已难以维持。虽然如此，礼教却还被孔子这样的人谨慎地保持着。一般说来，一套关于社会道德秩序的观念，总是在实际上已被放弃之时，仍然被人们在口头上承认并竭力宣扬。假定孔子是面对这一局面而说出“有教无类”这句话的，那么，它的意思就是：“现在虽然还有礼教，但在人们心目中已经没有宗族的观念了。”这种现象就是“礼崩乐坏”。不是“礼”“乐”坏了，而是在实际上不起什么作用了。这是本文提出的第一种臆解，从语法与事实上都可以说得通。

“有×无×”的第三种类型，前项与后项在意思上必须截然对立。“有教无类”能否归入这一类型，就要看“教”与“类”是否对立了。这里试做如下解释：可以设想，如果“教”是礼教，“类”是刑法，那么二者就是对立的。将“教”字解释为礼教是不成问题的。但“类”字能否被解释为刑法呢？《论语》中除开“有教无类”中的“类”字外，其他各处都没有“类”字。我们只能从别的古籍中寻找依据。《荀子·王制篇》说：“有法者以法行，无法者以类举。”《荀子·君道篇》又说：“法不能独立，类不能自行。”其中“类”字是“类例”之义。《唐律疏议》中说：“断狱之法，须凭正文”，“诸篇罪名，各有类例”。又说“消息轻重，以类断之”。“类例”实际上还是“法”，是从另一种角度看的“法”。说得明白一些，在判案的时候，直接可以依照的法律条文是“法”（即《唐律疏议》所说的“正文”），不能直接依照但可以参照的就是“类”（“类例”）。可见，“类”与“法”本身是一回事，它们只是人们根据使用时的不同情况，对同一事物给出的不同名称而已。如果这种理解可以说得通的话，那么，“有教无类”中的“教”与“类”就是对立的，就是礼教与刑法的对立。据此，“有教无类”就是“宁要礼教，不要刑法”之义，与“必也使无讼乎”（《论语·颜渊》）所表达的意思一样，符合孔子重德不重刑的一贯思想。这是本文提出的又一种臆解。

根据“有×无×”的第四种类型，“有教”与“无类”应为因果关系。“有教无类”谈的就是“有教”的结果如何，结果就是“无类”。实际上早就有人注意到了这一点，并且做出了符合这一语法规律的解释。下面举几个例子。

第一个例子，《文史知识》1989 年第 11 期有谢质彬的一篇文章《“有教无类”解》，将此句解释为：“有了教育，就不再存在智愚贤不肖的差别”了。这一解释就是根据“有×无×”的第四种类型做出的。从语法上看，是符合这种类型的规律的。不过他将“类”解释为“智愚贤不肖”，从情理上看恐怕不妥。很明显的是，在历史上，在同样受过相当程度教育的人中是有忠与奸、廉与贪、善与恶的区别的。这就说明，教育并不能消除“贤不肖”的差别。另外，也很明显的是，在同样条件下接受同样学习内容的人，在考试中成绩有优有劣，在以后的工作中，成就也是有差别的。这就是说，教育也不能消除“智愚”的差别。当然，这只是我的看法。谢文提出的观点仍可作为一种解释。

第二个例子，宋代朱熹在《论语集注》中是这样解释“有教无类”的：“人性皆善，而其类有善恶之殊者，气习之染也。故君子有教，则人皆可以复于善而不当复论其类之恶矣。”这里，“教”的结果是人皆“复于善”。在这种情况下，应当采取既往不咎的态度，不再依其原先的表现去对人加以分类。这是从理学出发得出的一种解释。他的“无类”是以人皆“复于善”为前提的，从推理上比谢文的解释圆满一些。虽然从道理上可以说得过去，但比较曲折费解。

第三个例子，近人辜鸿铭在其英文著作《尊王篇》中将“有教无类”解释为：“在真正受过教育的人之间，没有族类之分别”。他说的“真正受过教育的人”，实际上是指像他以及他所崇拜的爱默生等人，他们是有很高知识修养的人，应该由他们来引导人类社会的发展，在他们之间，不应有国籍民族的差别。他是反对西方文化优越论，提倡儒家文化的。不管他的本意如何，他的解释仍是符合这里所谈的语法规律的。

以上根据“有×无×”的三种语法结构形式，对“有教无类”提出两种臆解，并举出三种他解为例。对这些解释赞同与否是另一回事，这里不多分析。这里是要说明：“有教无类”的传统解释并非唯一的解释。不仅传统解释内部还有许多分歧，而且在传统解释之外，还有不少别的解释，也存在着另作解释的可能性。这一现象表明：“有教无类”至今尚无人所公认的、可以成为定论的解释。所以，我们不应盲从。应该多多了解前人的解释，加以分析比较，并以更加科学的态度，去寻求更好的、更令人信服的解释。

三　一种值得注意的解释

上面对传统解释提出了怀疑。我的臆解只是推测，缺乏有力的证据。引述他人的其他解释也都各有不足。但本文并不打算彻底否定上述任何一种解释。因为要证实“有教无类”究竟何意，只有找到强有力的证据才行。在此之前，不妨诸说并存，互相争论。本文打算在这一部分再提出一种自认为比较有说服力的解释，来加入这一争论，希望引起注意。

这里提出的新的关于“有教无类”的解释在语法上是根据前边所述的“有×无×”第四种类型来的，其解释是：“有了教化，就会不再有族类的分别了。”教化，指的是华夏文化的推广，内容包括制度、风俗、学术、观念等各个方面。族类，指各民族、种族、部族或居住在不同地区的人群。“无类”是说族类之间的区别与隔阂逐渐减少或消除，从而达到相互融合。这一解释是在《汉书·地理志》的启示下产生的。《汉书·地理志》中有这样一段文字：“巴蜀广汉，本南夷，秦并以为郡。……民食稻鱼，亡（无）凶年忧。俗不愁苦而轻易淫泆，柔弱褊阨。景武间，文翁为蜀守，教民读书法令。未能笃信道德，反以好文刺讥贵，慕权势。（此处原文如此，恐有误）及司马相如游宦京师诸侯，以文辞显于世，乡党慕循其迹，后有王褒、严遵、扬雄之徒，文章冠天下。繇（由）文翁倡其教，相如为之师。故孔子曰：‘有教亡（无）类’。”《汉书》的作者班固为什么在这段话后边引用“有教无类”？这个问题如果弄清楚了，就会知道班固在使用“有教无类”时是如何理解它的含义的。这段话讲述的主要事实是：本为“南夷”的巴蜀广汉地区，原先风俗“轻易淫泆，柔弱褊阨”，后来经过文翁的治理教化及司马相如的带动而发生了变化。其实就是以汉民族为主体的华夏文化逐渐影响本为“南夷”的地区，使这一地区风气转变，逐渐融入华夏文化圈中，实现了以华夏文化为基础的“华夷”民族的融合。可见，班固引用“有教无类”的意思只能是说，推行华夏文化的教化之后，便可以消除华夷族类之别。

由于上引《汉书·地理志》中的一段话比较简单，意思表达得不够明显，这里不妨再引一段《汉书·循吏传》中有关文翁其人的传记，来进一步证实上述分析。原文如下：“文翁，庐江舒人也，少好学，通《春秋》……景帝末为蜀郡守，仁爱好教化。见蜀地辟陋，有蛮夷风，文翁欲诱进之，乃选郡县小吏开敏有材者张叔等十余人，亲自饬厉，遣诣京师，受业博士或学律令。减省少府用度，买刀布蜀物，赍计吏以遗博士。数岁，蜀生皆成就还归，文翁以为右职，用次察举，官有至郡守刺史者。又修起学官于成都市中，招下县子弟以为学官弟子，为除更繇，高者以补郡县吏，次为孝弟力田。常选学官僮子使在便座受事。每出行县，益从学官诸生明经饬行者与俱，使传教令出入闺閤，县邑吏民见而荣之，数年争欲为学官弟子，富人至出钱以求之。繇（由）是大化，蜀地学于京师者比齐鲁焉。至武帝时乃令天下郡国皆立学校官，自文翁为之始云。文翁终于蜀，吏民为立祠堂，岁时祭祀，不绝至今。巴蜀好文雅，文翁之化也”。这段话更准确、更生动地记述了文翁以教化治蜀的功绩。在他的努力下，原先“有蛮夷风”的落后地区后来在文化上竟然“比齐鲁焉”。这不正是通过教化而消除华夷种族之别吗？文翁“通《春秋》”，说明他信奉儒家文化。从“好教化”“繇（由）是大化”“文翁之化也”等词句上可以看出，他采取的手段正是教化。具体方式包括：派小官吏上京进修，学习儒家典籍及法律文书；学成后任用提拔；又办官学并鼓励就学。看来，文翁是传播华夏文化、改造边远地区的有功之人。班固正是因为对文翁的事迹十分了解，对教化的巨大作用认识很深，才在《汉书·地理志》中讲到本为“南夷”的蜀地的变化时，引用了“有教无类”这句话。

班固是历史学家，他是以历史学家的眼光来分析和总结历史的。他引用“有教无类”是与历史事实相结合，是用“有教无类”来总结民族融合的历史事实的。中国的历史从某种角度去看，就是一部民族融合的历史。融合的基础就是华夏文化，也就是“教”。这里必须指出，华夏文化是历史形成的，是各民族共同创造的文化。它在创造形成的过程中，不断地吸引与同化一些在历史发展中相对落后的民族，使他们融入这一大文化之中。“无类”主要是指民族之间的隔阂与冲突的消除，也就是民族的融合。这种融合在孔子之前就已经发生了。孔子所处的时代也正是民族融合的时代。孔子本人对华夷之分比较淡漠，他还亲自到过被称为“南蛮”的楚地，希望推行他所坚持的周礼。到班固的时代，民族大融合已经产生了巨大的成果，华夏文化圈迅速扩大。原先历史上存在过的一些民族名称已经消失。这些民族已经并入华夏大民族之中。而继续存在的各民族，大多都在华夏文化的基础上建立了比较融洽的关系。班固在这个意义上引用“有教无类”是十分恰当的，是符合历史事实的。而且这样的解释也会使“有教无类”这句话更有意义。

上面对“有教无类”提出的这种解释，实际起源比本文称之为传统解释的那种解释更早一些。同处东汉的史学家班固（公元 32—92）比经学家马融（公元 79—166）恰好大了一辈。令人遗憾的是，班固对“有教无类”的这种理解一直隐而不显，没有引起重视。而马融的解释却一直占据着主流。但是很有可能，班固是对的，而马融是错的。从语法上看，从历史事实上看，从《论语》思想看，都是如此。

四 结论

关于“有教无类”如何解释的问题，仍会继续争论下去，除非挖掘出极为明确、无可争议的历史文献作为证据，才有可能结束这一争论。我们今天所能做的，只能是在研究中尽可能地采取更加慎重、更加严谨、更加科学、更加客观的态度。本文从字词释义及语法结构上对传统解释提出怀疑，但并不采取完全否定的态度。本文列出的臆解及他解是想进一步说明对这句话的解释尚多分歧，需再探讨。本文最后提出的解释，是作者本人目前认为最好的解释。所谓最好的，是说它可能更符合孔子的本意。这是从孔子思想、语法规律与历史事实三个方面经过检验而提出的看法。

人们在解释古人的话时，同时也在学习和思考。学习古人的思想，思考其中的精义，也完全可以与现实相联系，进行更有意义的思考。当然这种联系现实的思考，不是将今人的思想强加于古人，不是随心所欲地解释古人的话，而是要尊重历史，尊重事实，先客观地、准确地对古人的话做出解释，然后再去思考它对现实是否会有所启发。必须注意将对古人的解释与自己针对现实的思考区分清楚。政治思想是对人类社会现象的思考。古代与今天的人类社会是有联系的，也就必定会有基本相似的内在规律。因此，前人的政治思想就有可能对今天的现实具有参考作用。我们还可以说，只有对现实有所启发的历史研究才是更有意义的。

根据本文最后提出的解释，我们可以得出这样的看法：“有教无类”是孔子对人类文化现象的一个总结。它所指出的人类文化发展的一个基本规律就是：一种强有力的先进的文化可以影响与同化那些持有别种相对落后与弱小的文化的人群，从而使前一种文化扩大其覆盖面，同时消除人类因文化差异形成的不同群体间的矛盾冲突，使更多的人在更广大的地域范围内更加和谐地生活在一起。当然，所谓强有力的先进的文化，是汇集各种文化之精华而形成的文化，因而易于为各民族所接受。各民族接受了这种文化，这种文化就是各民族所共有的文化，就是大家和谐相处的基础；与此同时，各民族也完全可以在此基础上保留自己的独特的文化传统。中华民族的历史有力地证明了这一点。而当今世界的发展趋势也从另一方面证明了实现“有教无类”的必要性。当今世界是多种文化并存的，各种文化之间的矛盾冲突有时表现得十分剧烈。人类解决矛盾冲突的努力可以概括为一句话，就是寻求一致。可以想象，通过人类的不懈努力，各种文化的差异将会逐步缩小，世界有可能形成比较统一的全新的世界性文化，这就是将来的“教”，它将使“类”即民族、国家、地区间的矛盾冲突减弱或消除，从而达到“有教无类”的境界。这样的境界正是孔子的理想，也是中国人民的理想。当然，这种“有教无类”决不是用某一种文化去统一世界，决不是由一个大国把自己的文化强加于其他国家，而是要在各种文化之间求大同存小异，如此形成的“教”将有益于所有民族、所有国家、所有地区。中国文化将在这一漫长过程中起到积极的作用，因为中国文化的发展过程就是“有教无类”的实践过程，达到“有教无类”的诸多要素都深深包含在中国文化之中，这就是信义、和平、宽容、坚韧等等。中国文化的发展目标也是“有教无类”，即从思想观念上寻求一致，为人类社会创造最稳定的和平。这就是我对“有教无类”的思考。

注：原载《北京大学学报（政治学与行政管理学专刊）》1995 年，也被收入论文集《儒家道德的重建》（中国孔子基金会文库，丁冠之等主编），齐鲁书社 2001 年版

孔子的“使民”思想

——关于“民可使由之，不可使知之”的解释

一

孔子所讲的“民可使由之，不可使知之”[①]，历来有不同的解释，至今仍众说纷纭。其原因在于《论语》没有对这句话提供特定的背景条件。迄今为止，人们对这段话的各种解释，都不能令人信服。因为对这段话的解释涉及对孔子的评价，即孔子究竟有无愚民思想的问题，因此有必要对此作进一步的探讨。

为了探讨孔子这段话的真正含义，先将我所知道的关于这段话的解释归纳如下：

1. 日用说。认为孔子这段话中的“民”是“群下之通称”，即所有老百姓。老百姓对于诗、礼、乐等所谓的“道”，“能日用而不能知”，是“可使用而不可使知者”[②]。因此，诗、礼、乐等所谓的“道”，可以让老百姓去用，但不可以让老百姓知其所以然。这是从老百姓的认知能力上进行解说的。

2. 下愚说。持此说者反对把“民”看成是全体老百姓，因为孔子是主张教民的，不会对所有老百姓都“不可使知之”。他们认为这里的“民”指的仅仅是“下愚之人”。持此说者将这段话译为：“下愚的人可以让他们照着我们的样子去做，而不可能使他们知道为什么要这么做。”[③]

---

① 《论语·泰伯》。

② 何晏：《论语集解》。

③ 王滋源：《论语新译述评》，黑龙江人民出版社 1987 年版。

3. 奴隶说。近人以阶级分析的观点研究这段话，有这样的解释：“但对于奴隶们，孔子的意思，就谈不上使之从事学问，只能听他们做各种被认为下贱的工作了。”其原因是奴隶们“天分低”。[①] 持此说者认为孔子是站在奴隶主贵族的立场上，主张对奴隶们实行愚民政策的。

4. 防民说。认为“民”即老百姓。对老百姓进行教育，只可以让他们“从之”，不可以让他们“知其本末”。“若皆知其本末，则愚者或轻而不行。”（郑玄《论语注》）另一种解释是：“由而不知，则俗安治静，顺帝之则。一知则求虚索远，相与于辨说，躲闲沮格生矣，非帝王经世之学。”[②] 说得清楚点，就是怕老百姓知道得多了，聪明起来，上下求索，与统治阶级相对抗，所以绝不能让老百姓“知之”。这是典型的愚民主张。

5. 乐成说。认为“民”即老百姓。将此句译为：“老百姓可以使他们照着我们的道路走去，不可以使他们知道那是为什么。”并认为这句话同“民可以乐成，不可与虑始”[③] 意思大致相同，不必深究。[④]

6. 事实说。对孔子这段话的解释是：“事实上有些人的头脑、程度、才具只能够听命于人，当然有些人是天生的领导人才。”“事实上对于一般人，有时候只可以要他去做，无法教他知道所以这么做的原因。”“有些人如果要他去做事，先把一切计划理由告诉他，他做起来一定很糟糕。”所以，“孔子的话绝对的对，并不是一般人所说的愚民政策”。[⑤] 此说认为孔子不过是揭示了一个事实而已。

二

先来分析“下愚说”、“奴隶说”与“事实说”。

对孔子这句话中“民”字的不同理解，是产生不同解释的一个原因。在《论语》中，“民”字出现 48 次，只有个别几次指的是人、人们，其

---

① 杨荣国：《中国古代思想史》，人民出版社 1954 年版，第 108 页。

② 孙奇峰：《四书近指》。

③ 《史记 · 滑稽列传补》载西门豹之言。

④ 杨伯峻：《论语译注》，中华书局 1980 年版。

⑤ 南怀瑾：《论语别裁》，人文世界杂志社 1976 年版。

余都指人民、百姓。与“民”相对的是“君子”“上”。例如:“君子信而后劳其民”“上失其道，民散久矣。”[1] 可见，此“民”即“君民”之“民”，是被统治者，也就是老百姓。

“民”不属于私人，不会是奴隶。所以《论语》中才说:“天下之民归心焉。”[2]“民”有人身自由，故曰“四方之民襁负其子而至矣”。[3] 在《诗经·正月》中有“民之无辜，并其臣仆”之句，可见“民”不等于奴隶(臣仆。因为“民”是有其“臣仆”的，可见比奴隶地位高一些，是自由民)。

在《论语》中，没有一处“民”字可以理解为“下愚之人”。《论语》中讲到人的资质高下时，使用的词汇有：君子—小人、中人以上—中人以下、上智—下愚，等。但“民”字从不用作“小人”“中人以下”“下愚”之意，尽管这些人可以包括在“民”之内。在“困而不学，民斯为下矣”[4] 这句话中，“民”应解释为“人”。即使反映的就是老百姓，也不是全体老百姓都是“下愚之人”，因为有“斯”字在其后，当译为:“老百姓如果这样的话就是最下等的了。”将“民”理解为“下愚之人”的主要依据是，郑玄《论语注》:“民，冥也。”董仲舒《春秋繁露·深察名号》:“民者，瞑也。”这些关于“民”字的解释，均出于后世，不可以作为依据来解释孔子这句话中的“民”字。

可以看出，孔子这段话中的“民”字，不是指“下愚之人”，也不是指“奴隶”，而是指人民、百姓。因此，“下愚说”与“奴隶说”的解释都是不对的。“事实说”虽然承认“民”是一般人，但实际上则讲“有些人”(而且还讲“有时候”)。从对“有些人”的解释看，仍是“下愚之人”的翻版。所以，“事实说”也是难以成立的。

三

弄清孔子这段话是客观地描述一种事实，还是主观地提出一种主张，

---

① 《论语·子张》。

② 《论语·尧曰》。

③ 《论语·子路》。

④ 《论语·季氏》。

对于分析“日用说”“防民说”“乐成说”是有帮助的。

这段话中的“可”字，同《论语》中122个“可”字中的绝大多数一样，是“可以”“能”的意思。（其余个别几个“可”字是“认可”“同意”的意思）“可使”与“不可使”只能译为：“（对于老百姓）可以让他们……，不可以让他们……”，或“能让他们……，不能让他们……”很显然，孔子是在提出自己的主张，而不是客观描述一种事实。

既然“可使”与“不可使”是提出一种主观的主张，那么，它与“百姓日用而不知”① 这种客观的描述就不能画上等号。因此，“日用说”是不对的。

“防民说”则是脱离开孔子的原话，凭借想象，给这段话增添了一些内容。“愚者或轻而不行”就是想象出来的。实则，“轻而不行”的恐怕不是“愚者”，而是智者，是敢于怀疑、蔑视甚至对抗统治者的人。不过，“民”中即使有这样的“愚者”，难道就可以对全体的“民”都采取“由而不知”的政策吗？“防民说”显然是讲不通的。（新注：此处对“愚者”之说提出怀疑，后来得知，新发现的郑玄《论语注》“则愚者或轻而不行”中的“愚者”作“暴者”。敢于反抗统治者的人被称为“暴者”，这是可以理解的）

“乐成说”的可疑之处是将孔子这段话同“民可以乐成，不可与虑始”相联系。“民可以乐成，不可与虑始”，显然讲的是具体事情的决策问题。在《商君书》中，这句话就是在决定变法时引用的。商鞅是要说明：变法不用和老百姓商量。而孔子这句话不可能是讲具体事情的决策问题。“乐成说”的译文将“不可使知之”译为“不可以使他们知道那是为什么”，这也是值得商榷的。杨树达在《论语疏证》中将《吕氏春秋·乐成篇》《说苑·政理篇》《淮南子·氾论训》中有关“民不可与虑化举始，而可以乐成功”之类的事例（也就是所谓“不可使民知其为什么”的事例）罗列出来后，指出这些事情“若能尽心教育，民无不可知也”，他因此怀疑孔子“似有轻视教育之病”。恐怕不是孔子轻视教育，而是“乐成说”对“不可使知之”的解释有些勉强。

这里还应指出，孔子这段话中两个“之”字，应该指同一事物。如果将前一个“之”字解释为“礼”“道”“道路”，将后一个“之”字解

---

① 《易传·系辞上》。

释为“所以然”“为什么”，或“其中高深的道理”。虽然勉强可通，但总不十分妥帖。至于将前一个“之”字说成是“德”，将后一个“之”字说成是“刑”[①]，或将前一“之”字说成是“礼”“道”，将后一“之”字说成是如何“治国治民”，这些解释，如果没有丰富的想象力，是很难从孔子原话中看出来的。

四

上述几种解释还涉及一个重要问题：孔子有无愚民思想？从“日用说”“乐成说”“防民说”中，可以看出，所谓愚民思想，大致有四点：(1) 从客观上讲，老百姓愚昧，接受不了高深的道理。(2) 从主观上讲，统治者只能让老百姓按照“礼”或“道”的要求去做，而不能让他们知道其中的道理。(3) 在具体事情的决策上，不能和老百姓商量，只能让他们服从。(4) 人民知道的多了，就会不服从统治，因此要实行愚民政策。

为什么在解释孔子这段话时，会出现这些愚民思想呢？这是因为在中国几千年的封建社会中，统治者以及为之服务或受其影响的思想界一直存在着上述不同层次的愚民思想。例如：“终身由之而不知其道者，众也。”[②]“夫民易一以道而不可与共故。”[③]“成大功者不可谋与众。”[④]“使民知可与不可，则无所用矣。”[⑤]“故君天下者，化之不示其所以化之之道，及其弊也，易之不示其所以易之之道。政以是得，民以是淳。”[⑥]由于这些程度不同的愚民思想的流行与影响，人们读到孔子这段话时，自然便做出种种有关愚民思想的解释。这样的解释一出现，愚民思想更借孔子的名义而流行不绝，影响深远。

但是，这样的解释很可能是出于误解。孔子作为大教育家，有许多关

---

① 张凭：《论语注》。

② 《孟子·尽心》。

③ 《荀子·正名》。

④ 《商君书·更法》。

⑤ 《吕氏春秋·乐成》。

⑥ 《韩昌黎文集·本政》。

于“教民”的言论。我们很难把这些言论同愚民主张联系在一起。孔子关于对民要“富之”“教之”[①] 的思想给后人的印象是非常深刻的。孔子又讲过：“小人学道则易使也。”[②] “道之以德，齐之以礼。”[③] 可见孔子是主张教民的。

那么，孔子教民是否不让民知其所以然呢？这也说不通。如果真是那样的话，就应该只下命令、只公布法律而用不着去教的，即所谓“道之以政，齐之以刑”，但这是孔子所反对的。孔子所提倡的“道之以德，齐之以礼”正是要进行教育的。再者，说不能让老百姓知道其中“高深的道理”，这种说法也实在缺乏根据。

由此可见，要说孔子主张不让老百姓知道其所以然，是很难令人信服的。试问，那些说什么“其中所以然”的人，能否说出什么是“其中所以然”呢？而这种“所以然”果真是老百姓不能理解或不可告诉老百姓的东西吗？再问一句：《论语》一书不是给老百姓读的书吗？难道孔子还有什么不可告人的关于“其中所以然”的东西在此书之外吗？

如果非说孔子主张愚民的话，那么，他的“愚民”也不是“不可使知之”，而是必欲使知之。如孔子时人晏子所说：“孔子盛为声乐以淫愚其民。”[④] 或如后世《无能子·首阳子说》所说：是以“居家孝、事上忠、朋友信、临财廉”等“美名”来“拘愚人也”。这种“愚民”，在儒家自己看来却是“明民”，非进行教育不能实现。

在中国古代，明确主张愚民的是道家和法家。《老子》中讲：“古之善为政者，非以明民，将以愚民。”《商君书·垦令》中讲：“民不贵学则愚，愚则无外交”，就可以专心垦荒、增加生产了。《韩非子·说疑》中讲：“故有道之主远仁义、去智能，服之以法。”相比较而言，只能说孔子是主张“明民”的，而不是愚民的。

从以上分析可以看出，用愚民之说来解释“民可使由之，不可使知之”是不合适的。这样的解释实际上是将道家、法家的思想安在了孔子的头上，与孔子的思想格格不入。

---

① 《论语·子路》。

② 《论语·阳货》。

③ 《论语·为政》。

④ 《孔子集语·事谱上》。

五

上面列举的六种解释，都不能使人完全信服，那么，孔子这段话应该如何解释呢？

在近代，有人试图重新断句，提出新解。其中宦懋庸在《论语稽》中将这段话解释为：“对于民，其可者使其自由之，而所不可者亦使知之。或曰：舆论所可者，则使共由之，其不可者，亦使共知之。”据此，这句话当断句为：“民可，使由之；不可，使知之。”这种解释实际上赋予孔子这段话以民主的意思，故可名之曰“民主说”。但“民主说”不符合孔子的思想。试看《论语·卫灵公》：“子曰：‘众恶之，必察焉。众好之，必察焉。’”《论语·季氏》又说：“天下有道，则庶人不议。”可知孔子并不看重人民大众的意见（舆论）。孔子没有民主思想，只有圣贤思想，即一切是非要以圣贤的是非为准。因此，孔子才讲：“唯仁者能好人，能恶人。”[①]“仁者”就是圣贤。既然由个别人来决断是非，何来民主呢？所以，“民主说”的解释是错误的。

“民主说”虽然不对，但重新断句这一方法是可以考虑的。“民主说”另有一种断句是：“民可使，由之；不可使，知之。”原来也是说孔子主张民主的。如果抛开原来的解释，只利用这种断句，赋予新的解释，或许可以阐释孔子这句话的真实含义。

六

我认为关键是理解“使”字。从《论语》中可看出孔子关于“使民”的思想。

1. 统治者与老百姓之间的关系最重要的就是“使”与被使的关系。统治者如何“使民”，“民”如何“易使”，是研究统治术的重要内容之

① 《论语·里仁》。

一。因此，孔子提出“使民如承大祭”[①]，可见他对“使民”之重视。

2. 统治者应该如何“使民”，《论语》中提到：“（子产）其使民也义。”又说：“使民以时。”[②]

3. 如何使民“易使”，大体有这样几个方面：其一，要政治清明，“举直措诸枉则民服”。[③]“刑罚不中则民无所措手足。”[④]其二，统治者要在道德上作表率，“上好礼，则民易使也。”[⑤]其三，要使老百姓信服，“民无信不立”。[⑥]“君子信而后劳其民。”[⑦]其四，要为老百姓谋利，孔子提出过“安民”“利民”“惠民”“足民”等要求。其五，最重要的是“教民”，这是使民“易使”的重要手段。

无论教民、养民、惠民、足民、安民等，其目的都在“使民”（合称“临民”）。“使民”是中国古代政治思想中的一个命题。《商君书·更法》中称：“求使民之道。”《孟子·尽心上》说：“以佚道使民，虽劳不怨。”《荀子·正名》中讲：“……故其民悫，悫则易使，易使则公。”这些都是讨论“使民”这一问题的。如《孔丛子·陈士之义》：“人之可使，以有欲也。”《大戴礼·子张问入官》：“不习，则民不可使也。”[⑧]请注意引文中的“可使”与“不可使”，正是我们讨论的孔子这段话中的关键词语。

基于以上分析，我认为孔子这段话可以断句为：“民可使，由之；不可使，知之。”其主旨是阐述“使民”思想的。“民可使”直译是“老百姓可以使用”，实际上就是说老百姓听话、服从统治。“由之”的“之”，是指处于“可使”状况的民。“由”的本义是“经由”，其对象一般是路、户等表示地点的名词。用于抽象的“礼”“道”时，其义转为“照着（礼或道的要求）去做”，有“遵循”“顺着”之义。因此，本文所断句的“由之”，就是遵循或顺着老百姓的这种状况去进行统治。其含义便是

① 《论语·颜渊》。

② 《论语·学而》。

③ 《论语·为政》。

④ 《论语·子路》。

⑤ 《论语·宪问》。

⑥ 《论语·颜渊》。

⑦ 《论语·子张》。

⑧ 均见《孔子集语》。

少加干涉，实行无为之治。这是符合“善政行易”或“善政必简”[1]的要求的。“不可使”指的是老百姓不听话，不易统治。“知之”的“之”就是指处于这种状况的民。“知”就是“谨其教道，使民心晰焉而知之”。[2]即进行教育。通过教育，使民“易使”。注意，在这一句话里，前后两个“之”必须是同样的意思才合乎语法。这里的解释，两个“之”字都是指“这样的民”。当然“这样”在具体语境中还是有区别的，这取决于前面的“民可使”与“不可使”（后句省了“民”字，本应是“民不可使”），后面的两个“之”分别代表前面的“民”字。这样，前一个“之”指的是“可使”之“民”，后一个“之”指的是“不可使”之“民”，但两个“之”都指代“民”字则是相同的。

孔子这段话可直译为：“老百姓可以使用，就顺着他们；不可以使用，就教育他们。”但这种译文太生硬，如果采用意译的方法，可能会好一些。可以译为：“老百姓如果规规矩矩，易于统治，不妨顺其自然，少加干涉；但如果他们不大规矩，难以统治，就要对他们进行教育。”当然，还必须指出一点，这一段话的后一半指的是积极主动的教育，前一半却不能理解为不教育，而只能说是一种消极的教育方式，主要靠统治者的表率作用。我相信，这样的解释是符合孔子的教育思想与治国思想的。这种解释可以名之为“使民说”。

七

最后还应该谈一下教育与政治的关系，这是与本文讨论的问题密切相关的一个问题。我认为，对于统治者而言，教育不是目的，只是达到使民“易使”的一种手段而已。在民“易使”时，是不必多此一举的。明白了这个道理，我们就可以理解在《论语·子路》中孔子和冉有的对话中，为何将“富之”置于“教之”之前了。汉初由黄老无为变为独尊儒术，不正是“富之”“教之”两个步骤吗？为什么“富之”之后要“教之”呢？《管子·侈靡篇》中说：“甚富不可使。”孔子则说在民“不可使”

① 《孔子集语·论政》。

② 同上。

时“知之”。可以说，孔子这里的“使民”思想，实际上是主张对民实行宽政。过分的、不必要的教育，对民而言，往往是一种负担、一种束缚。老百姓由“庶”而“富”，最需要的不是政府过分的、不必要的教育，而是一种宽松的环境。当然，非通过教育不能解决的问题，则必须进行教育。

注：原载《齐鲁学刊》1994 年第 5 期，收入本论文集时个别地方略有改动

再论儒家“使民”思想

笔者曾发表过《孔子的“使民”思想——关于“民可使由之，不可使知之”的解释》一文（《齐鲁学刊》1994年第5期）。对于《论语》中“民可使由之”一章作过辨析。近读彭忠德文《也说“民可使由之”章》（《光明日报》2000年5月16日第3版），颇受启发，愿再谈谈自己的看法。

我在《孔子的“使民”思想》一文中列举前人对此章的有代表性的解释6种，即“日用说”“下愚说”“奴隶说”“防民说”“乐成说”与“事实说”，这几种解释的共同点是都认为这句话含有愚民思想之意。据我的研究，首先，这句话里的“民”是与“君子”相对应的，不是“下愚之人”，也不是“奴隶”，而是人民、百姓。其次，孔子并没有愚民思想，而是主张“教民”“明民”的。所以以上诸说都不能成立。

这句话的关键是“使”字，表达的是儒家的“使民思想”。统治者如何“使民”，“民”如何“易使”，是先秦各家学派研究统治术的重要内容之一。“使民”的例句在《论语》与其他古代典籍中随处可见，例如：“其使民也义”“使民以时”（以上两句见《论语·学而》）、“上好礼，则民易使也”（《论语·宪问》）、“求使民之道”（《商君书·更法》）、“以佚道使民，虽劳不怨”（《孟子·尽心上》）、“何事非君？何使非民？”（《孟子·万章下》）、“凡使民，任老者之事，食壮者之食”（《礼记·王制》）、“政不正，则不可教也；不习，则民不可使也”（《大戴礼记·子张问》）、“人之可使，以有欲也”（《孔丛子·陈士之义》）。把“使民”作为重要课题，儒家自然不能例外，使民之道有“安民”“利民”“惠民”“足民”“教民”等等。孔子提出“使民如承大祭”（《论语·颜渊》），足见他对“使民”之重视。

孔德明《离经辨志与孔子研究》一文中提出的解释“老百姓是可以

驱使的，但是却不可以让他们放任自流，要让他们懂得道理才行”，这一解释接近于“使民”思想，指出要让老百姓懂得道理即要加以教育，这些都是对的。但“不可以让他们放任自流”，恐怕不符合孔子思想。“由之”也不是“放任自流”之意，这一点，后边再讲。

彭忠德在文中引用了两条文献，其一是唐人卜天寿抄本《论语》中的郑玄原注，注中的“暴者”历来流传为“愚者”，并一直被用来解释孔子的这句话，也就是我命之为“防民说”的一种解释。这种解释说，统治者对于老百姓只可以让他们“从之”，而不可以让他们“知之”，以防老百姓“知其本末”后，“愚者或轻而不行”。我在《孔子的“使民”思想》一文中说过：“实则‘轻而不行’的恐怕不是‘愚者’，而是‘智者’，是敢于怀疑、蔑视，甚至对抗统治者的人”。现在知道郑注本原为“暴者”而非“愚者”，说明统治者想要防止的正是那些敢于反抗的人。但是，如果因此认为孔子看到人民群众中有一些反抗者，就主张对全体人民都采取“由而不知”的愚民政策，这是根本说不通的，是和儒家重视教育人民即“教化”的主张不相符合的。

彭忠德文中引用的第二条文献是郭店楚墓竹简《尊德义》。这对于理解“民可使由之，不可使知之”的确是一篇重要参考文献。彭文引用其中一句话并断句为：“民，可使道之，而不可使智（知）之；民，可道也，而不可强也。”文中指出，庞朴先生认为：“此处的‘民可使道之’……就是《论语》所谓‘民可使由之’”。彭文称庞先生的这一看法确为卓识，我完全同意。但是文中说，庞先生又认为，“而‘不可强也’……应该便是所谓的‘不可使知之’了”。我对此不能理解。如果说“而不可使智之”就是“不可使知之”，是很容易理解的。但是“不可强也”为什么就是“不可使知之”呢？彭忠德的文章对此所做的解释，仍然使人难以理解。他说“由‘民可道也’与上文‘民可使道之’对举可知，‘可道’为强调‘道’而省略了‘使’；‘不可强也’亦应与上文‘不可使智（知）之’对举成文。两者相较，‘不可强’也是强调‘不可使智’，因此‘强’、‘知’含义应当相同。‘强’为强迫之意，知‘智（知）’也必为强迫之意。知之一义为主持、掌管，此处即当引申为控制、强迫之意。”彭文说“可道”省略了“使”，按其逻辑，“不可强也”也是省掉了“使”字。彭文还认为“使”字后边省略了宾语，照他的译文，这个宾语可以是“德”字。如果把省略部分都加上，原话变成：

“民，可使德道之，而不可使德智（知）之；民，可使德道也，而不可使德强也。”再把这段话翻译过来就是：“对于民众，可以用德引导他们，而不可以用德强迫他们；对于民众，可以用德引导，不可以用德强迫。”试想一下，无论古人今人，谁会这么罗唆？同义重复，在此并无任何必要。再者，根据所谓“对举”关系，随意猜测，将“智（知）”引申为控制、强迫之意，没有举出另外的出自古书的任何例证，也不能使人信服。还有，我实在想象不出，用“德”如何强迫民众？

我的看法是，这段话所讲的也是有关如何“使民”的道理，断句当为：“民可使，道之；而不可使，智（知）之。民可道也，而不可强也。”其中“民可使”是指老百姓驯服听话。大意应为：“老百姓如果驯服听话，只要加以引导就可以了，而如果不驯服不听话，就要加以教育，让他们知道道理。对于老百姓，可以引导，但不可以强迫。”这样，这段话前后两部分是递进关系，顺理成章。其中“知之”也是引导，引导可分层次，但不能说“知之”就是强迫。“知之”是“使之知”，指的是教育。

现在来看“民可使由之，不可使知之”。我认为当断句为：“民可使，由之；不可使，知之。”句中两个“之”字意思应当一致，都是代指“民”的。“由”的本义是“经由”，其对象一般是路、户等表示地点的名词。用于抽象的“礼”“道”时，其义转为“照着（礼或道的要求）去做”，有“遵循”“顺着”之义。因此，孔子这段话中的“由之”就是遵循或顺着老百姓的这种状况（指“可使”即驯服听话）去进行统治。其含义是少加干涉，实行无为而治，这是符合“善政行易”或“善政必简”（《孔子集语·论政》）的要求的。“知之”就是“谨其教道，使民心晰焉而知之”（《孔子集语·论政》），即进行教育。通过教育，使民“易使”“可使”。

孔子这段话可以译为：“老百姓可以使用，就顺着他们；不可以使用，就教育他们。”如采用意译的办法，可以译成这样：“老百姓如果规规矩矩，易于统治，不妨顺其自然，少加干涉；但如果他们不大规矩，难以统治，就要对他们进行教育，让他们知道服从统治的道理。”这句话讲的是教育人民与实行统治的关系。教育人民只在必要时进行，以免扰民。对于统治者来说，教育不是目的，只是达到使民“易使”的目的的一种手段而已。在民“易使”时，是不必多此一举的。上边所说《尊德义》

中的一段话，前半句与孔子的这段话基本一致，后半句加上不要强迫，是一种发挥，强调了儒家对民实行宽松政策的主张。

注：原载《光明日报》2000年6月13日第3版“学术争鸣”专栏。报纸编辑作了改动，删去约800字，主要是对以前发表的《孔子的“使民”思想——关于“民可使由之，不可使知之”的解释》一文（《齐鲁学刊》1994年第5期）的简介。现在照未经改动的原文收入此论文集

重申儒家“使民”思想

——关于“民可使由之”章的最新解释

对于《论语·泰伯》中“民可使由之”章的解释，历来争议颇多，至今未有定论。笔者曾在1994年第5期《齐鲁学刊》上发表过《孔子的“使民”思想——关于“民可使由之，不可使知之”的解释》一文，文中列举前人对此章的有代表性的解释7种，分别称之为“日用说”“下愚说”“奴隶说”“防民说”“乐成说”“事实说”与“民主说”。前6种解释的共同点是都认为这句话含有愚民思想。据我的研究，首先，这句话里的“民”是与“君子”相对应的，不是“下愚之人”，也不是“奴隶”，而是人民、百姓。其次，孔子并没有愚民思想，而是主张“教民”“明民”的。所以，凡从愚民的角度做出的解释都不能成立。“民主说”也不能成立，因为孔子没有民主思想，只有圣贤思想。我个人的看法是，这句话的关键是“使”字，表达的是儒家的“使民思想”。关于我对这句话的解释，留在后面再谈。这里，先要说明写这篇文章的原因。

近几年又有学者对“不可使由之”章提出新的见解。庞朴在1999年10月22日《光明日报》第5版发表文章《“使由使知”解》（以下简称庞文）。这是一篇很好的文章，利用了考古发现的新的文献，使这一问题的研究有了新的进展。随后，彭忠德在2000年5月16日《光明日报》第3版发表《也说“民可使由之”章》（以下简称彭文），对庞文做了进一步发挥。笔者于2000年6月13日《光明日报》第3版发表文章《再论儒家“使民”思想》，对彭文提出一些不同意见。后来，尹振环又于2000年7月18日《光明日报》第3版发表文章《别误解民“不可使智之”》，提出完全不同的看法。周乾溁在2000年10月24日《光明日报》第3版发表《也谈‘民可使由’》，对“使民说”的解释提出质疑。我经过认真思考，认为对这一问题仍有辨析的必要。为了论证的方便，我将彭文称为“强制说”，将庞文称为“身教说”，将尹文称为“反智说”，将我的解释称为“使民说”。

一 对“强制说”的分析

彭文提出的“强制说”是受庞文影响而来的，所以要先看庞文的解释。庞文引用的考古发现新文献出自1998年北京文物出版社出版的《郭店楚墓竹简》①，主要是两条：

其一：“民可使道之，而不可使智之。民可道也，而不可强也。”②

其二：“上不以其道，民之从之也难。是以民可敬道也，而不可弇也；可御也，而不可牵也。”③

庞文认为，这两段话的意思同《论语·泰伯》中的“民可使由之，不可使知之”是一样的。文章说：“此处的‘民可使道（导）之’、‘民可道（导）也’、‘民可敬道（导）也’乃至‘可御也’几句，就是《论语》所谓‘民可使由之’；而‘不可强也’‘不可弇也’‘不可牵也’几句，应该便是所谓的‘不可使知之’了。”

本来，“民可使道之，而不可使智之”与“民可使由之，不可使知之”结构一样，文字也几乎全同，说前者就是后者，后者也就是前者，应该是没有问题的。但是，庞文却别出心裁，要把所引用的两条文献中的带“可”的句子同“民可使由之”并列，把带“不可”的句子同“不可使知之”并列（但却偏偏放过“不可使智之”）。他没有注意有“使”字与没有“使”字的句子，在意义上有明显差别，是不能混为一谈的。比如，“不可强也”为什么就是“不可使知之”呢？这里肯定是有问题的。不过，我们先把对庞文的疑问放下，来看后来的彭文是怎样解释的。彭文的解释是由庞文引起的，是根据庞文的上述解释，受到庞文的诱导，

---

① 凡他人文中引用郭店楚墓竹简者，本文在引述时均就此书核对原文。原文中的古字，依专家注释改用今字。以下《尊德义》《成之闻之》《缁衣》等均为《郭店楚墓竹简》一书中的篇名。郭店楚墓位于湖北荆门市，1993年出土。

② 荆门市博物馆：《郭店楚墓竹简》，文物出版社1998年版，《尊德义》篇。

③ 同上书，《成之闻之》篇。“弇”，掩也，遮蔽之意，庞文作“□”。“牵”字原文作“贤”，裘锡圭先生认为可能当为“牵”，庞文径改为“牵”。

从语法与文字两方面作了发挥。我在《再论儒家“使民”思想》一文中对彭文的解释提出了疑问，原文如下：

> 他（指彭忠德）说“由‘民可道也’与上文‘民可使道之’对举可知，‘可道’为强调‘道’而省略了‘使’；‘不可强也’亦应与上文‘不可使智（知）之’对举成文。两者相较，‘不可强’也是强调‘不可使智’，因此‘强’‘知’含义应当相同。‘强’为强迫之意，知‘智（知）’也必为强迫之意。知之一义为主持、掌管，此处即当引申为控制、强迫之意。”彭文说“可道”省略了“使”字，按其逻辑，“不可强也”也是省掉了“使”字。彭文还认为“使”字后边省略了宾语，照他的译文，这个宾语可以是“德”字。如果把省略部分都加上，原话变成：“民，可使德道之，而不可使德智（知）之；民，可使德道也，而不可使德强也。”再把这段话翻译过来就是：“对于民众，可以用德引导他们，而不可以用德强迫他们；对于民众，可以用德引导，不可以用德强迫。”试想一下，无论古人今人，谁会这么罗唆？同义重复，在此并无任何必要。再者，根据所谓“对举”关系，随意猜测，将“智（知）”引申为控制、强迫之意，没有举出另外的出自古书的任何例证，也不能使人信服。

上文中所说的彭的译文，是指他在文章最后把“民可使由之，不可使知之”译为“对于民众，应该用（德）引导他们，不应该用（德）强制他们”。我将这一解释称为“强制说”。对此译文，我不能同意。在译文中加上“德”字，并没有充足的理由。我也实在想象不出，用“德”如何强迫民众？彭文所谓“对举”云云，在语法上毫无根据，是一种主观臆测，明显是受了庞文的误导。他为了解决句子中有没有“使”字造成意思上的差别，就主观地断定“‘可道’为强调‘道’而省略了‘使’”，“使”又是使用道德的意思，这根本不能令人信服。这样给古文增加文字，以便自圆其说，实际上已经改变了古文的原意。通过这种方法解释“民可使由之”一章，是不科学的。由此得出的“强制说”的新解释，是不能成立的。

彭文的解释之所以不能成立，除了意思上令人难以理解外，主要是在语法上过于主观，随意改动古文。（附带说一下，将彭文称为“强制说”，只是从他的解释中抽取一个关键词，对他的解释起一个名称，是为了行文方便，而不是说彭文将孔子这一句话解释为对百姓要加以强制）

二　对“身教说”的分析

现在再回头看庞文是如何解释的。庞文是从“人之道”来立论的。《尊德义》中论及水有“水之道”、马有“马之道”，地有“地之道”，同样，人也有“人之道”。庞文引用《郭店楚墓竹简》中这样几条古文：

其一，“子曰：下之事上也，不从其所以命，而从其所行。上好此物也，下必有甚焉者矣。故上之好恶，不可不慎也。”①

其二，“下之事上也，不从其所命，而从其所行。上好是物也，下必有甚焉者。夫唯是，故德可易而施可转也。”②

其三，“亡乎其身而存乎其词，虽厚其命，民弗从之矣……上苟身服之，则民必有甚焉者……上苟倡之，则民鲜不从矣。”③

庞文指出：“这是一条很重要的、客观存在着的、民之事上之道”。“国之治乱不在民，唯视在上者厚其所命还是慎其所行。要知道，老百姓是‘不从其所以命，而从其所行’的，故而虽厚其命，存乎其词，说得天花乱坠，也是无济于事。这就叫作‘不可使知之’！不可使知之而使之知，就叫作‘强’，叫作‘牵’，叫作‘上不以其道，民之从之也难’。”

庞文不像彭文那样生硬地把“知”解释为“强迫”，而是说“不可使知之而使之知，就叫作‘强’”，或者是“厚其所命”，即强行向老百姓下命令。庞文认为解释“民可使由之，不可使知之”的关键在于“治民者以身教还是以言教”。显然，他认为这条语录是主张身教的。故庞文的解释可称为“身教说”。

庞文重在从义理上解释，对语法不多涉及。但后来彭文所称的“对举”关系及其产生的同意重复的问题，实际上源于庞文的解释。庞文没有明确拿出自己的译文，我们也几乎无法根据庞文的解说来做出翻译。如果说“民可使由之”讲的是身教，那么它可以译为：对于民众，可以让

① 荆门市博物馆：《郭店楚墓竹简》，文物出版社 1998 年版，《缁衣》篇。

② 同上，《尊德义》篇。

③ 同上，《成之闻之》篇。

他们照着我们的样子做。但是，如果说“不可使知之”讲的是否定言教，那么，结果如何呢，任何读者都可以试一下，根本无法翻译成句。如果中间没有“使”字，这句话可以译为：不可以命令他们（权且把“知”理解为“厚其所命”的意思）。但是这里实实在在有个“使”字，是统治者让老百姓如何，总不能说成是统治者不可以让老百姓命令自己吧？可见，从庞文开始，简单地把“民可使由之”与“民可道也”、把“不可使知之”与“不可强也”看作是同样的意思，就是一个错误。句子中有“使”字与无“使”字，意思相差很大，不可混为一谈。

从义理看，庞文主观臆测的成分多了一些。他所说的道理也经不住推敲。身教与言教本来是同样必要的，至少不能以身教否定言教。中国历代重视教育，统治者做得最多的还是言教的工作，岂可轻易否定？当然我们也可以说，事实归事实，义理归义理，孔子的确很重视统治者的身教，所谓正己以正人是也。问题是，“不可使知之”是不是有否定言教的意思呢？从字面看不出来。“知之”怎么就是“不可使知之而使之知”？从原文一点也看不出来。从《论语》中也找不到类似的用法。再据此把“知”与“强”“牵”联系起来，说意思一样，是不能令人信服的。还有一点应该注意，《论语》中提到身教，都是针对统治者说的，是要求统治者先正自身。在谈使民、用民时，就要谈到如何教民的问题。教民，主要是言教。一个人说话的场合不同，侧重点就不同。有时为了强调某一观点，也会出现绝对化。“下之事上也，不从其所命，而从其所行”就是把身教绝对化的说法。我们不能据此便把孔子对统治者的要求，发挥到将身教与言教对立的地步。把身教与言教对立，其实是对孔子学说的一种误解，与孔子思想不合。以此为根据来解释“民可使由之”一章，只能得出错误的解释。

庞文的“身教说”从义理上看有偏颇，同时这种解释也忽视了对语法的严谨分析，最终也不能令人信服。

三　对“反智说”的分析

尹振环在《别误解民“不可使智之”》（以下简称尹文）一文中，指出彭文用“不应该用德强制他们”来解释《论语》中民“不可使知之”是误解了古义，此说甚是。但是尹文对《尊德义》中民“不可使智之”的解释，仍不妥当。

首先，尹文认为《尊德义》“并不主张民‘智’”，故“不可使智之”就是“不可使人民变得有心智、心机”。我们可以把尹文的解释称为“反智说”。我认为这样的解释根本不符合孔子思想。

实际上，孔子不仅不反对“智”，而且把“智”与“仁”“勇”并列，作为人的三大美德。在《论语·子罕》中有“知者不惑，仁者不忧，勇者不惧”之说。其他如“唯上知与下愚不移”（《论语·阳货》）、“知者乐水，仁者乐山”（《论语·雍也》）、“知者不失人，亦不失言”（《论语·卫灵公》）……都清楚地表明孔子是赞成“智”的。在《论语》中可以看到，孔子弟子多次问他什么是“知”，他的回答虽然不同，比如“知人”（《论语·颜渊》）、“务民之义，敬鬼神而远之，可谓知矣”（《论语·雍也》），但从未有反“智”的言论。

研究孔子的某一条语录，应该通过《论语》弄清孔子的思想，力求自己的解释符合孔子本人的思想。尹文没有这样做。他从《老子》中寻找依据，这是错误的做法。北京大学哲学系编的《中国哲学史》谈到《老子》一书时说：“现在大多数研究者认为书成于战国中期，大约在孟轲之后，庄周之前，是老子后学所著”，“反映了战国中期没落奴隶主贵族的思想”①。老子思想是否影响到春秋时期的孔子，是值得怀疑的。即使因为《史记》记载孔子曾问礼于老子，便认定老子思想可以影响到孔子，也不能说“老子视‘智’为一种心机，一种争乱之酵母。多少也会影响到孔子”（尹文）。的确，老子是反智论者，《老子》一书中写道：“大道废，有仁义；智慧出，有大伪”（《老子》第十八章），又说：“民之难治，以其智多”，因此提出“古之善为道者，非以明民，将以愚之”（《老子》第六十五章）。可以看出，《老子》宣扬的是一种蒙昧主义，是和孔子的思想主张相对立的。孔子不可能、也根本没有接受老子这种愚民主张。还有很重要的一点，就是孔子是主张教民、明民的，这在《论语》书中可以看得很清楚。教民、明民当然是要提高民智的。明白了这一点，我们就会知道，民“不可使智之”，决不是不可使他们聪明或有心智、心机的意思。那是愚民的做法，不是儒家的主张。长期以来，有不少人从愚

---

① 北京大学哲学系：《中国哲学史》，中华书局1980年版，上册第93页。

民这一角度解释这句话，这是对孔子思想以及中国先秦思想史没有深入研究所致。这样的错误解释应该予以纠正。

还应该指出，尹文既然是利用新发现的儒家文献研究"民可使由之"一章的，就应该注意到，在《郭店楚墓竹简》中的儒家文献《六德》中，是把圣、智、仁、义、忠、信并称为"六德"的，这也可以证明儒家是不会反对"智"的。

第二，尹文在论证其观点时，有自相矛盾或不严谨之处。如在所举第一条理由中，他说"那'辩说''言''权谋'岂不都属于'智'的范围？可见《尊德义》并不主张'智'。"这一结论过于武断。而且，他在前边列举并予以肯定的"教以艺则民野以争""教以事则民力穑以面利"中的"争"与"利"，难道就不是"智"吗？尹文在第三条理由中总结老子的话说："这里的辩、诈、伪、巧、利，可以说都是'智'的产物。"不是明明白白有"利"在其中吗？而辩、诈、伪、巧和"争"也是有联系的。而尹文却说："艺、事之教自然是民之大事，国家之本也，它的好处显而易见"，将它们排除在"智"之外。尹文是想把"智"限定在一定范围之内，以便在说孔子反智时没有破绽。其实，他列为"智"的"言"，孔子就不反对，《论语·尧曰》中说："不知言，无以知人也。"《论语·先进》中说孔子的学生各有其长，与"德行""政事""文学"并列的就有"言语"一项。

尹文之所以自相矛盾，是因为对所引《尊德义》中的一段话理解有误。《尊德义》在谈到"为政者教道之取先"时，分别提到教之以礼、乐、辩说、艺、口（这里的古字尚未被专家认出）、言、事、权谋，共计8项，在每一项后边都予以分析，指出单独教这一项会引起什么问题，比如"教以艺则民野以争"，"野以争"就是问题，但尹文却说"它的好处显而易见"。显而易见的是尹文没有看明白原文。原文并没有把这些看作是"智"加以反对，反对的只是单独教这些东西中的某一项。原文要说的是"先以德，则民进善焉"，就是说，无论教什么，首先要注重道德的教育。

第三，尹文在具体解释"不可使智之"时，没有照顾好前后文之间的关系，不能做到自圆其说。他认为《尊德义》中"尊仁，亲忠，……忠信日益而不自智也。民可使道之，而不可使智之"的两个"智"字都是"智"本字，解释为"聪明"或"机智""权谋""心智""心机"。

这是不能成立的。

我们先看“不自智”。试想，统治者一丝不苟地按照“尊仁”“亲忠”等行为规范去做，使忠、信这样的德行一天一天地不断增加，在这样的话语后面接上“而不要自以为聪明了不起（或自认为可以使用机智、权谋）”，在意思上不是很牵强吗？这里的“不自智”应该是“不自知”，自己也不知道。“自己在不知不觉之中，忠、信这样的德行一天一天地增加了”，这样意思不是很明白吗？尹文也明白指出，《尊德义》中的“知己”“知人”都写作“智己”“智人”①。

再来看“民可使道之，而不可使智之”。尹文只把后一句解释为“不可使人民变得有心智、心机”。这里“心智”一词使用不当，人怎能没有心智？其实就是不要让人民聪明起来。前边已经说过，这是不符合孔子的思想的。尹文在解释这句话时，没有注意与前后文的联系。我们按照尹文的解释模式去解释前一句话，就会发现有问题。“民可使道之”，如果中间没有“使”字，可以解释为“人民，可以引导他们”，但是这里有个“使”字，解释成什么呢？“人民，可以使他们引导……”，引导谁呢？解释不通。尹文开头就肯定地说“使由之”“就是治民者先正其身，求诸己，以引导民众”。但是这种解释总要和文字相对应才能让人信服啊。在“不可使智之”后边还有“民可道也，不可强也”。人民可以引导，不可以强迫。但是，“不可使人民变得有心智、心机”，怎么做到呢？这些东西是人们在社会生产和生活中，在人与人的交往中，自然而然地产生的，要想没有，势必要压制，与“不可强也”就有矛盾了。

总之，“反智说”无论从义理，还是从语法上，都是不能成立的。

四 通过《尊德义》理解“民可使由之”

既然上述几种新解释都有问题，那么，《尊德义》中的“民可使道之，而不可使智之”这一段话究竟该怎样解释呢？它对理解“民可使由之”章有什么帮助呢？

---

① 在《郭店楚墓竹简》的《尊德义》篇中，这两个“智”字下都有括号，注为“知”字。同篇中许多“智”字都是如此。

我的意见是，“民可使道之，而不可使智之”应该断句为“民可使，道之；而不可使，智之。”“智之”就是“知之”，也就是教育。这句话加上前边与之相连的“尊仁，亲忠，……忠信日益而不自智也”，整句话的意思是：统治者通过遵照执行道德规范的途径，在不知不觉中提高了自身的道德水平，这时候，如何对待人民呢？在人民可以使唤也就是服从统治时，只要引导他们就行了；而当人民群众不听使唤时，就要进行教育。引导就是告诉人民做什么，教育就是向人民讲道理。讲道理其实也是引导，是进一步的引导。所以后面说，人民可以引导，不可以强迫。这句话所表达的是如何“使民”的道理。

《尊德义》中说“善者民必众，众未必治，不治不顺，不顺不平。是以为政者教道之取先”，就是要重视教育和引导。教育和引导又要“先以德”，要首先重视道德教育。道德教育的目的很明确，就是要使民众“顺”“平”，也就是“可使”，服从统治。既然教育的目的是为了达到使民“可使”，那么，在民已然“可使”的情况下，当然就不必施行教育了。这样的解释听起来好像教育在某一时期可以完全停止，实则不然，因为教育的内容是多方面的，只要民众在某一方面达到“可使”，那么，在这一方面就可以“道之”，而不必喋喋不休地说教。

《成之闻之》一开头就说：“成之闻之曰：古之用民者，求之于己为恒……古之君子之立民也，身服善以先之……”，这里的确有重视身教的内容，但是，它最主要的还是探讨如何“用民”即“使民”的问题的。从意思上划分，“使民”“用民”是第一层次的问题，是统治者要考虑的根本性问题；“教民”是第二层次的问题，是采取何种措施使民“可使”的问题；“身教”是第三层次的问题，是“教民”的具体方式之一，是与“言教”并列的。“身教说”的解释虽然在义理上有些道理，但它一是没有抓住第一层次的根本问题，二是从语法上说不通。只有断句为“民可使，道之；而不可使，智（知）之”，才能抓住问题的根本，才能弄清它是探讨“使民”问题的，而且在语法上才能立得住。

《尊德义》的这一段话对于理解《论语》中“民可使由之，不可使知之”很有帮助。参考前面对《尊德义》中那一段话的解释，《论语》中的这一段话只能断句为“民可使，由之；不可使，知之”。意思与《尊德义》上的话基本一样。它表达的是孔子对统治者如何“使民”的看法。

关于儒家的“使民思想”，我在《孔子的“使民”思想——关于

"民可使由之，不可使知之"的解释》一文中有过总结。这里再次简单地作一说明。首先，统治者如何"使民"，"民"如何"易使"，是先秦各家学派研究统治术的重要内容之一。《商君书·更法》就提出"求使民之道"。《论语·颜渊》中有"使民如承大祭"之语。其次，关于如何"使民"的论述在《论语》与其他古代典籍中随处可见，例如："其使民也义""使民以时"（《论语·学而》）、"上好礼，则民易使也"（《论语·宪问》）、"以佚道使民，虽劳不怨"（《孟子·尽心上》）、"何事非君？何使非民？"（《孟子·万章下》）、"凡使民，任老者之事，食壮者之食"（《礼记·王制》）、"政不正，则不可教也；不习，则民不可使也"（《大戴礼记·子张问》）、"人之可使，以有欲也"（《孔丛子·陈士之义》）。把"使民"作为重要课题，儒家自然不能例外，使民之道有"安民""利民""惠民""足民""教民"等等。关于"教民"，儒家也有很多论述，无须举例。

我仍然坚持我在1994年发表的《孔子的"使民"思想——关于"民可使由之，不可使知之"的解释》一文中的解释，即"使民说"的解释。我认为考古发现的新文献《郭店楚墓竹简》有助于说明我的解释是有道理的。当时，我将孔子这段话译为："老百姓可以使用，就顺着他们；不可以使用，就教育他们。"对其中的"由"字的解说是："由"的本义是"经由"，其对象一般是路、户等表示地点的名词。用于抽象的"礼""道"时，其义转为"照着（礼或道的要求）去做"，有遵循、顺着之义。因此，"由之"就是遵循或顺着老百姓的这种状况去进行统治。其含义便是少加干涉，实行无为而治。现在从《尊德义》的那段话来看，"由"与"道"相通，"由"也可以解释为引导（道），老百姓可以使用，只要加以引导就可以了，否则就要加以教育。既重视在必要时对人民的教育、教化，以便使民众服从统治，又注意平时不要扰民，在人民群众服从统治，秩序很好的情况下，要采取无为而治的办法，给人民以宽松的生存环境。

五　关于"使民说"的质疑与辨析

周乾溁在《也谈"民可使由"》一文（以下简称周文）中，重复别人已经做出的解释，并对“使民说”提出质疑，有必要予以辨析。

这里首先分析周文提出的解释。周文承认“孔子并没有主张愚民”，他认可的解释是：“民众能够照样子去做，但不能够懂得究竟是为什么。”这种解释并非新解，宋人朱熹《论语集注》已作此解，今人南怀瑾在《论语别裁》中的解释也是这个意思。我将这种解释称为“事实说”，因为这种解释认为，不是统治者不让老百姓知道道理，而是在事实上老百姓没有知道道理的能力。我不同意这一解释，是因为儒家的思想与说教，没有哪一样是老百姓听不懂的，是不必告诉老百姓其中的道理的。儒家是重视教化的，也就是重视向老百姓讲清道理。如果只让老百姓“照样子去做”，而不给他们讲清道理，岂不是孔子反对的“道之以政，齐之以刑”的做法吗？需要说明的是，南环瑾虽然持“事实说”，但他还只认为是“有些人”“有时候”会这样，周文则不然，他认为所有老百姓都是如此，这就大错特错了。

细心的读者可能还会发现，周文在翻译中不知是有意还是无意地把原文中的“使”字丢掉了。比较一下，如果老老实实地不把“使”字丢掉，翻译该是：“民众能够让他们照样子去做，但不能够让他们懂得究竟是为什么”，显然，不是民众的能力有问题，而是统治者要让民众如何。而按照周文的翻译，则很容易得出这样的结论，即：是民众不具备懂得道理的能力。请注意，有“使”字与没有“使”字，意思相差很大。周文自认为发现了解释这句话的关键，他说别人把“可”理解为“可以”，是错误的，那样一来，这句话就有了愚民的意思。只有把“可”理解为“可能”才是对的，但他在翻译中又把“可能”换成了“能够”（“可能”与“能够”是有区别的，前者有不确定的意思）。他认为这样一来这句话就没有愚民的意思了。其实，周文没有想到，这样一来，愚民的意思更浓了。因为，按照他的翻译和理解，其结果和另一种解释一样，仍然是只让民众照着做，不让他们懂得为什么。另一种解释是说统治者有意愚民。而周文则说是民众的能力不够，而不是统治者要愚民。非常清楚，周文是在为统治者的愚民辩护。按照他的解释，统治者不仅照样愚民，而且愚民有理，责任不在统治者，而是民众太笨。把人民群众统统看成弱智者，说他们不能够懂得道理，因此不必加以教育，只对他们发号施令，只让他们照样子做。这难道就不是愚民了吗？不对，这是更无顾忌的愚民。这难道是孔子的思想吗？不是，这是法家思想。

请看法家著作《韩非子》一书中的一段话。《韩非子》反对儒家“得民之心”的主张，明确提出“民智之不可用，犹婴儿之心也……今上急耕田垦草以厚民产也，而以上为酷；修刑重罚以为禁邪也，而以上为严；征赋钱粟以实仓库，且以救饥馑、备军旅也，而以上为贪；境内必知介而无私解，并力疾斗所以禽虏也，而以上为暴。此四者所以治安也，而民不知悦也。夫求智通之士者，为民知（智）之不足师用。……故举士而求贤智，为政而期适民，皆乱之端，未可与为治也。”（《显学》）从这里可明显看出韩非和儒家的主张不同。周文自己的解释和他反对的那种解释，用之于韩非是多么贴切！由此也可明白，“事实说”的解释根本不符合儒家思想。儒家是要“得民之心”的，如何才能得民之心呢?《孟子》书中写道“善教得民心”（《尽心》），可知儒家是重视教育的。重视教育，就必定不会把人民群众统统看成愚昧不能懂得道理者。

现在再来看周文对“使民说”的质疑。周文认为“使民说”的解释不对，他说：“‘民可使’是说被治民众顺从其治，‘由之’，任其自便；‘不可使’是说被治民众并不顺从，‘知之’，给他们讲清道理。”“这样一改，这两句话便带有民主的色彩。不过，像这样的民主，按照民众意志行事，在孔子生存的春秋末期那个时代，是不可能有的。不能想象在当时那种专制的统治下，会容许民‘不可使’；而在‘不可使’的情况下，会心平气和地向民众讲清道理。”我想，任何对民主这一概念稍有常识的人都不会认为，给民众讲清道理就是民主。周文中将“由之”解释为“任其自便”，又提到“按照民众意志行事”，我在坚持“使民说”时从未使用过这样的说法。无论过去我将“由之”解释为“遵循或顺着老百姓的这种情况去进行统治”，还是本文中根据新的材料解释为统治者对老百姓“加以引导”，都是统治者按照自己的意志行事。照周文的意思，专制统治者不会容许民“不可使”，这是对的。但是，首先，民“不可使”并不必定是犯上作乱，比如一个乡村风气不好。其次，民“不可使”的情况不会因为统治者不容许就不出现。周文说不能想象统治者会心平气和地向老百姓讲清道理，这种说法是错误的，不符合历史事实。历来统治者大都是德刑并施，而儒家更是极力倡导重德轻刑，重德就是以德治国，统治者既要正己，也要正人，正人就要施行教化，就是要讲清道理。有些人一提到“专制”这个词，脑子里想到的就全是蛮不讲理、为所欲为、残暴统治、血腥镇压，这其实是在历史问题上的极左观念在作怪。

周文承认，孔子的言论中有“使民”的说法，但是，他又认为孔子“从未涉及‘可使’‘不可使’的问题”。这一点，本文前边已经举出《论语》以及其他文献中含有“可使”与“不可使”的原文，可以证明周文的说法是错误的。周文又说：“在孔子的思想中，是没有‘可使’就‘由之’；‘不可使’便‘知之’这回事的。”关于这个问题，我在《孔子的“使民”思想——关于“民可使由之，不可使知之”的解释》一文中已经详细论证过了。这里再说一点，孔子既然有“使民”的说法，就会在“可使”与“不可使”的情况下提出不同的主张。这是符合情理的。据此推断，“民可使，由之；不可使，知之”就是表达这一思想的。再者，施政要宽猛结合、有张有弛、因时制宜、因地制宜，这些都是一般人能够理解的道理。“可使”与“不可使”的情况并非一刀切，并非是说在某一时期对全体百姓都不必进行教育，在某一时期对全体百姓都要进行教育。“可使”与“不可使”要具体情况具体对待。当某一时期、某一地方、某一部分群众、在某些方面没有问题，就可在这一方面采取无为而治的办法。在某一方面需要教育的，就要进行教育。这样的意思，在《论语》中也能找到根据。一个地方，如果民风淳朴、社会安定，政府自然可以无为而治、顺其自然，不必天天去教训老百姓，也实在没有必要。一个地方发生了问题，比如富裕之后出现骄奢现象，就要进行有关俭朴的教育。《论语·子路》中孔子和冉有在对话中说的“富之”“教之”是值得仔细体会的。

总之，经过以上辨析，我仍然认为，“使民说”的解释既符合孔子思想，在语法上也能解释清楚。再者，在封建正统思想的指导下，历代统治者大都是这样治理民众的。因此，我坚持这种解释。关于“民可使由之”一章的语法分析，我在《孔子的“使民”思想——关于“民可使由之，不可使知之”的解释》一文中还有一些分析，这里不再重复。

六　余论

本文根据关键词将彭文的解释称为“强制说”，将庞文的解释称为“身教说”，将尹文的解释称为“反智说”，而周文的解释则是早已有之的“事实说”，这些解释都有缺陷。一是在义理上有疑问，二是在语法上讲不清楚，三是不符合历史事实。义理解经是中国传统，但往往有很大的随意性。汉语语法是近代以来才出现的一门学科，相对而言，它是一种科学的方法。在对古文进行研究时，就要注意利用语法分析的方法，并且要尽可能做到严谨周密。研究得出的结论不仅要合乎义理和语法，还要符合历史事实。对于《论语》的研究，从义理而言，就是对理论的解释要与孔子的一贯思想相吻合，特别要注意将儒家思想与道家、法家思想区别开来。从语法而言，对字、词的解释要有根据，句子结构分析也要有根据，译文要经得住推敲。从历史而言，解释不能违背历史上的实际情况，更不能违背常识与情理。再者，利用考古发现的新的文献资料是一种很好的研究途径。但是，即使有了考古新发现，也要特别注意义理、语法和事实。

注：原载《齐鲁学刊》2001 年第 4 期

试论“戒之在色”

孔子曰：“君子有三戒，少之时，血气未定，戒之在色；及其壮也，血气方刚，戒之在斗；及其老也，血气既衰，戒之在得。”（《论语·季氏》）其中“色”字，历来解释为“女色”，我认为应该是“容色”。

第一，孔子并不反对“女色”。“色”字在《论语》中出现20多处，意思明确为“女色”的只有一两处，即“好德如好色”，在《子罕》与《卫灵公》篇重出。至于“贤贤易色”（《学而》）之“色”也有人认为是“女色”，可以算半个。与道、法家比，孔子思想比较近于人情，顺乎自然，对于“女色”只要合乎“礼”是不会反对的。况且按照“中庸”的观点，“好色而不淫”（淫，过度之意）当是正确的态度。

第二，孔子非常重视“容色”。《论语》中的“色”字，除开上述“好德如好色”“贤贤易色”，再除开《乡党》篇中的“色恶，不食”（指食物表面颜色）“色斯举矣”（惊恐的样子）之外，余如“巧言令色”（《学而》《公冶长》）“战色”“变色”“容色”“逞颜色”“色勃如”（以上《乡党》）“色思温”“未见颜色”（以上《季氏》）“察颜而观色”（《颜渊》）“色庄者与”（《先进》）“色厉而内荏”（《阳货》）“色取仁而行违”（《颜渊》）等等，都是指“容色”，即人之面部表现出的恭敬、温和、庄重或谄媚、严厉等表情与态度。孔子重视“容色”，因为它是“礼”在人身上直接而具体的一种表现。“礼”的养成则以“少之时”最为关键。《礼记·冠义》云：“凡人之所以为人者，礼义也。礼义之始，在于正容体、养颜色、顺辞令。”《论语·为政》篇子夏问孝，孔子说：“色难。有事，弟子服其劳；有酒食，先生馔。曾是以为孝乎?”替长辈做事，照顾长辈饮食，都不足以称孝，只有对长辈保持和颜悦色才是难能可贵的。又如《里仁》篇，“事父母，几谏，见志不从，又敬不违，劳而不怨”。就是对“色难”的一个具体解说。再如《学而》篇：

“弟子入则孝，出则弟，谨而信，泛爱众而亲仁，行有余力，则以学文。”在“学文”之先，首重修礼，针对的是父、兄、友、众。这正是“少之时”的基本道德修养，即如何待人接物，可称之为人生第一课。所以说孔子重视“容色”，尤其重视“少之时”的“容色”。“戒之在色”就是要求青少年注重待人接物方面的品德修养，时刻注意自己的态度。

第三，与《论语》中相关的语录比较，也有助于我们理解孔子的“三戒”。《季氏》篇讲“君子有九思”，其中“色思温”“忿思难”“见得思义”可用来解释“三戒”。“色思温”要求人们常常想着保持温和的态度。孔子斥责原壤“幼而不孙（逊）弟，长而无述焉，老而不死”（《宪问》）也可与“三戒”对照。另外《淮南子·诠言训》说“少则猖狂，壮则暴强，老则好利”是人生各阶段的特点，这也和孔子“三戒”有关，或许就是从对“三戒”的理解而来的。“猖狂”当然不会是好的“容色”了。戒“猖狂”就要正“容色”。

第四，从心理学角度看，人在“青春期”，知识尚未成熟，情绪也不稳定，特别需要加强知识与品德教育。其中虽也包含性知识的教育在内，但整个“少之时”的教育绝非“好色”之戒可以概括的。“戒之在色”应当理解为要求青少年稳定情绪，修养品德，端正为人处事的态度，做好进入社会的准备。附带提一下，过度贪色，就其对身体的损害而言，恐怕壮年老年较之“少之时”也更应警惕。这也是我不同意把“戒之在色”的“色”理解为“女色”的一点理由。

孔子的“三戒”在今天看来仍不失为有益的人生格言。对其中“戒之在色”做出合乎孔子思想、合乎人情事理的解释，应该是有助于精神文明建设的吧！

注：原载《光明日报》1994年10月2日第3版

“攻乎异端”与社会和谐

——孔子是怎样对待不同意见的

看到“异端”一词，人们就会想到历史上那些不为社会所容许存在的思想行为。确实，在中外历史上，打击异端的例子不胜枚举，甚至一些先进的思想例如马克思主义都曾被当作异端遭受过打击。本文旨在对《论语·为政》中的“攻乎异端，斯害也已”一句话进行分析与探讨，因为汉语“异端”一词最早就出现在此处。这就给人一种印象，即中国古代伟大的思想家孔子是首倡打击异端的，进而就会把历史上思想专制的罪责归咎于他。但是事实上这是对孔子的一个很大的误解，对此予以澄清是很有必要的。

一　如何正确理解“异端”一词

异端一词在今天有约定俗成的解释，如《现代汉语词典》的解释为：“旧时指不符合正统思想的主张或教义。”这确实是我们对于异端一词的共同理解，也可以简单地说是指有害的思想，但是，这是不是《论语》中异端一词的本来意义呢？是不是孔子使用异端一词就是指不同于儒家思想的主张并把它们看作是有害的呢？

我们知道，汉语中的有些词汇在历史发展过程中会发生意义上的变化，如果不掌握这种变化，用今天对某一词汇的解释去理解古代该词汇的使用，就会发生困难。这里举一个例子，如“诽谤”一词，《淮南子·主术训》中说：“舜立诽谤之木。”这里的“诽谤”是议论是非、指责过失之意。“诽谤之木”有些类似于现在的意见箱。后来由于统治者害怕人民群众的监督和议论，千方百计加以阻止和打击，“诽谤”成为罪过，渐渐地“诽谤”一词才发展转变为造谣污蔑、恶意中伤之意。如果我们返回去以这种后起的意思去理解古代的“诽谤之木”，就会发生错误的理解。

“异端”一词也有类似的历史演变过程。

在《论语》中我们看不到孔子针对当时的“异端邪说”大加攻击的例子，所以很难说“异端”一词是指邪说或有害思想。而孔子之后的儒家代表人物荀子和孟子是非常鲜明地反对异端邪说的，但是在《荀子》和《孟子》书中都不使用“异端”一词，而是使用“邪说”、“奸言”。这也说明在荀子和孟子的时代，“异端”一词还没有成为“邪说”一词的同义词。那么它就有可能只是个一般性的词汇，而不含贬义。

“异端”一词开始带有贬义，应该是始于汉代。刘宝楠在《论语正义》中对此有说明。刘氏引用《后汉书·范升传》：“时尚书令韩歆上疏欲为《费氏易》《左氏春秋》立博士，升曰：‘今费、左二学，无有本师，而多反异，孔子曰：攻乎异端，斯害也已。’”刘氏指出，“是以异端为杂书，乃汉人旧义。”[①] 也就是说，到了汉代，儒家已经开始将一些不符合儒家正统思想的著作视为异端了。

尽管异端一词开始含有贬义，但是对于什么是异端，也没有形成共识。汉人所说的“杂书”，包括除儒家之外的诸子百家。东汉郑玄、三国何晏又提出异端就是“小道”，并以《论语·子张》中的一段话为依据：“子夏曰：‘虽小道，必有可观者焉。致远恐泥，是以君子不为也。’”认为小道就是“异端”，“不为”就是不学习。北宋邢丙提出“善道有统，故殊途而同归。异端不同归也。”并且指出，“异端之书，则或秕糠尧舜，戕毁仁义，是不同归也。”[②] 意即异端是同儒家思想相违背的。随着封建社会的发展，儒家成为正统思想，而与之相对的便是异端，成为压制与打击的对象，越到封建社会后期，这种情况越加严重。

可见，异端一词是经过后人的不断解释，其意义逐渐与今天的解释相接近。而在这个变化过程中，我们必须注意到，孔子本人在使用异端一词时，并没有后人理解的那些意思。那么，孔子本人使用的异端是什么意思呢？

要理解孔子的本义，可以从《论语》中找依据。《论语·子罕》：“有鄙夫问于我，空空如也。我叩其两端而竭焉。”这里的“两端”可以是此

① 刘宝楠：《论语正义》，《诸子集成》，中华书局1954年版，第2册第32—33页。

② 同上。

端彼端，也可以是正端异端，总之是不同方面。“叩其两端”就是详细了解对方这样那样的意见，或正面反面的意见。对对方的意见了解清楚了，通过思考得出自己的看法，再详细地告诉他。

根据以上对‘端”字的理解，可知“异端”表面上是指不同的方面，实际上是指不同方面的意见。由此我们可以得出一个看法：异端就是不同意见。而“攻乎异端”全句的意思就是回答如何对待不同意见的。

另外我们还可以举出一个例证：在《礼记·祭义》中，孔子说道：“夫言岂一端而已，夫各有所当也。”这是孔子对子赣的提问所作的回答，子赣因为孔子参加祭祀没有按自己说过的态度去做，因而提出疑问。孔子的意思是祭祀时的态度要根据不同的情况而有不同，说法也是有多种的。不同的说法就是不同的“端”，就是不同意见，它们相互之间就是异端，但是却各有所当。从这段话里，我们已经能够体会到孔子是如何对待不同意见的了。

总之，《论语》中的异端本来是指不同意见，不同意见各有道理，没有必要互相攻击。而在长期的历史演变中，异端逐渐成为专指与正统思想不相符合的思想或主张，成为必须攻击的对象。可见，异端一词的原本意义和后起意义相差很大。我们只有理解异端一词的历史演变，才可以拨开历史的迷雾，很好地理解孔子，理解真正的孔子精神。

二　对于“攻乎异端，斯害也已”的准确理解

要想准确地解释这句话，在语法上有三个关键问题要解决：(1)“攻”字的意思是什么；(2)“斯”字是指“攻乎异端”还是指“异端”；(3)“也已”是语气助词还是有实际意义。只有解决了这三个问题，才可以顺利地理解或翻译这一句话。

“攻”字历来有两种解释，有的人解释为攻击批评，有的人解释为“攻治”，即学习研究的意思。而且在很多情况下，两种解释都可以说得通，这就需要从其他方面再加以分析了。

不过，“攻”字在《论语》中除“攻乎异端”外只有3例，都是攻击的意思：《先进》：“小子鸣鼓而攻之”；《颜渊》：“攻其恶，无攻人之恶”。这一情况也可以作为参考。

“斯”字是指上半句整体意义，还是上半句中最后一词，这对于理解全句很重要。在中国古代，由于没有语法知识，在理解这样的句子时容易出现错误。其实这只需对《论语》中同类型的句子加以类比就可以理解。《论语》中“斯”字用法与此相同的有数十处，全部都是指的上半句整体意义，例如：《述而》：“得见有恒者，斯可矣。”《述而》：“我欲仁，斯仁至矣。”《泰伯》：“动容貌，斯远暴慢矣。”

“也已”是语气助词，没有实际意义，这也可以通过与《论语》中相似的句型加以类比而明白。《论语》中使用“也已”句子也很多，全部都是语气助词，没有实际意义，例如：《子罕》：“吾欲从之，末由也已。”《雍也》：“可谓仁之方也已。”有时也写作“也已矣”，意思是一样的，如：《泰伯》“周之德，其可谓至德也已矣。”

现在我们看古人的两则解释：

孙奕《示儿篇》：“攻，如‘攻人恶’之攻。已，止也。谓攻其异端，使吾道明，则异端之害人者自止。”[①] 这一解释的错误在于，第一，以“斯”字指“异端”一词，第二，将语气助词“也已”中的“已”解释为“止”。

焦循的解释也有类似的错误。焦循《补疏韩诗外传》：“别殊类，使不相害。序异端，使不相悖。”“盖异端者各为一端，彼此互异。惟执持不能通则悖，悖则害矣。有以攻治之，即所谓序异端也。斯害也已，所谓使不相悖也。攻之为治，见《考工记》注，《小雅》：‘可以攻玉’……虞翻云：‘攻，摩也’。彼此切磋攻错，使紊乱而害于道者，悉归于义，故为序。《韩诗》‘序’字，足以发明‘攻’字之意。‘已’，止也。不相悖，故害止也。杨氏为我，墨氏兼爱，端之异者也。杨氏若不执于为我，墨子若不执于兼爱，互相切磋，自不至无父无君，是为攻而害止也。”[②]

焦循的解释与孙奕一样，对“斯”字的理解有误，也将语气助词“也已”中的“已”解释为“止”。由于语法上的错误，两人的解释都不能准确地翻译为现代汉语。

尽管如此，两人的解释也还是有代表性的。前者主张对于异端要加以攻击，以消除异端的危害。后者却主张研究异端学说，加以解释说明，使

① 刘宝楠：《论语正义》，《诸子集成》，中华书局1954年版，第2册第32—33页。

② 同上。

异端与正统思想不再相悖，从而消除其危害。这两人的共同点在于都认为异端是有害的思想主张，要想办法予以消除。而将异端理解为有害的思想主张，这种理解并不符合孔子的本意，它是适应历史发展演变和儒家成为正统思想后的政治需要而形成的一种看法。

这种看法一直影响到现在。请看今人对孔子这段话的翻译与解释："一心去钻研异端邪说，这就是祸害啊。""异端：与孔子不同的主张，指邪说。"①

这一解释在语法上是完全正确的，这是现代人比古人进步的地方。但是这种解释干脆将"异端"写成"异端邪说"，并解释说是与孔子不同的主张，显然是受了后世儒家思想的影响。这样的解释表面看起来是有道理的，也符合封建时代的实际情况，但是它没有注意到历史的演变，没有研究孔子活动的时代背景，没有理解孔子对待不同意见的态度，所以这样的解释不可能是正确的。

如前所说，异端一词在《论语》中只是指不同意见而已。对于不同意见，或者研究它，或者攻击它，哪种作法是有害的呢？既然不同意见各有所当，那么研究它就不会是有害的，而如果不加研究，横加攻击，这种作法才是要不得的，才是有害的作法。这样，我们就可以确定，"攻"字在这里只能是攻击的意思。

孔子这句话的真正意思是：对于不同意见进行攻击，这样的作法是非常有害的。

三 真正的孔子精神是博学、宽容与和而不同

我们已经对孔子的这句话做出了解释。这样的解释是不是正确，除了要明确词义的历史演变、在解释中注意语法正确外，特别重要的是，还要符合孔子的思想与精神。

孔子的这句话体现出来的是他的一种精神，这种精神就是博学、宽容与和而不同。

请看孔子的博学精神。在《论语·子张》中，"子贡曰：'文武之道，

① 唐满先译注：《论语今译》，江西人民出版社1985年版，第13页。

未坠于地，在人，贤者识其大者，不贤者识其小者，莫不有文武之道焉。夫子焉不学？而亦何常师之有？”“焉不学”与“何常师之有”，说明孔子好学、博学。而其所学对象中也包括“不贤者”在内。无论何人，只要有可以学习的地方，孔子都会虚心学习，这才是孔子的精神。孔子博学多能在当时是非常有名的，如果说他不学“小道”或不读“杂书”，是不可想象的事情。

请看孔子对不同意见的态度。《论语·公冶长》中，孔子要学生们“各言尔志”；《论语·先进》中，他也说：“亦各言其志也已矣”，曾皙说他“异乎三子者之撰”，就是提出“异端”思想，即不同意见，孔子说“何伤乎？亦各言其志也。”

请看孔子及其弟子对于各家学说的包容精神。《论语·子张》中，子张曰：“君子尊贤而容众……于人何所不容”。这说明当时的儒家是有容人之量的，尤其是孔子。

我认为最为重要的是，如果说孔子反对后世所谓的“异端邪说”，凡与儒家学说不合的他就反对或加以攻击，这就与先秦儒家主张的“和而不同”的思想相矛盾了，也是不可能的。

《论语·子路》中说：“君子和而不同”。和，就是与人和谐共处，不同，就是允许有不同意见。在一个社会中，人们对待各种事物必然会有不同的意见，但是人们必须和谐相处。和谐相处，不是放弃自己的意见，去和别人意见相同，这是不可能的。唯一可行的就是让人们保留自己的意见，而实现人与人之间的和谐相处。要想做到和谐相处，就要容忍不同意见，允许别人有不同意见，当然不同意见可以交流，可以商榷，也可以批评，然而不能面对不同意见就大加攻击，那样就会破坏社会的和谐。

在《论语·先进》中，孔子还说过：“回也非助我者也，于吾言无所不说。”对于自己的话没有反对意见，孔子认为对自己没有帮助。“异端”如果指的是不同意见，孔子是欢迎异端的。而有了不同意见就予以攻击，这种作法肯定是有害的。因为这样做不仅破坏和谐，也使得人们有意见不说，导致思想僵化，使社会发展失去活力。

孔子所处的时代还没有出现各派思想林立的情况，思想专制尚不盛行。尽管也有对别家思想加以攻击的事情发生，但是孔子不这样，这是他的高明之处。我们对于孔子思想及其精神的理解有时会受到后世儒家的影响而难免发生偏差。这就需要我们不断学习和研究，以历史的眼光去分析复杂的事物，努力还历史的本来面目，努力发现真正的孔子精神，这也是儒学现代化所需要做的工作。

注：原载《学习论坛》2006 年第 10 期，发表时有删改，这次出版做了些恢复与改动

《论语》中的“何有”

“何有”在《论语》中出现7次：

1. “能以礼让为国乎。何有？不能以礼让为国，如礼何？”（《里仁》）

2. “苟正其身矣，于从政乎何有？不能正其身，如正人何？”（《子路》）

3. “由也果，于从政乎何有？”

4. “赐也达，于从政乎何有？”

5. “求也艺，于从政乎何有？”（以上见《雍也》）

6. “默而识之，学而不厌，诲人不倦，何有于我哉？”（《述而》）

7. “出则事公卿，入则事父兄，丧事不敢不勉，不为酒困，何有于我哉？”（《子罕》）

刘宝楠《论语正义》指出：“何有，皆为不难也。”用“不难”去解释上述7个“何有”，虽基本能讲通，但未必正确，也未完全为后人所接受。今人唐满先在《论语今译》中就有不同的解释。他把第6、7两句中的“何有”分别解释为“（这些事情，我）哪一点做到了呢”和“做到了哪些呢？”

《论语》是语录体，口语化是其一大特点。口语必然有省略，分析《论语》中的“何有”，应从省略这一点上考虑。省略的方式很多，其中一种是由于经常省略而形成的固定结构。“何有”就是省去了“何”字后边的宾语的一种固定结构。古书上有“何……之有”的常用结构，如“何难之有”“何不可之有”。“何有”就是“何……之有”在某种情况下经过省略的固定结构。其使用情况有三：一是，某种经常使用的“何……之有”，在口语中为了说话简洁，使用了“何有”这种形式，一般有约定俗成的含义在内。例如“何难之有”使用较多，所以在较多的场合被“何有”取代。二是，说话双方在使用“何……之有”时，即使省去“何”字后边的宾语，双方都能明白，于是临时性地使用了“何有”。在这种情况下通过上下文往往不难看出所省略的内容。三是，在有些情况下，“何”字后边的宾语部分很难说清，不得不使用“何有”这种形式。但读者仍可通过上下文体会其中的意思。总之，“何有”是“何……之有”因省略而形成的一种凝固形式。与“何有”相似的形式在现代汉语中也有，如“有啥?”“有什么呢?”，原本应该说成“有啥难的?”“有啥不行的?”“有什么了不起的?”等。这种省略句都是以反问的语气，表达不屑的意思，实际上是表示一种肯定。

由此看来，刘宝楠将7个“何有”一律解释为“不难”不妥。因为口语本身是丰富多变的，在不同的场合，“何有”应该有不同的解释。上举唐满先对“何有”的某些解释也不妥。现在根据我对“何有”的理解来解释《论语》中的几句话。

第1句应从上下文理解。后半句有“如礼何”，意为“如何推行礼”，可知前半句省去“推行礼”这一内容。知道了这一中心议题，整句话的意思就清楚了：“（统治者）如果能以礼让治国的话，那么（在人民之中推行礼）有什么困难呢?如果不能以礼让治国，怎么能推行礼呢?”

第2句与第1句相似，前半句省去“正人”。全句意为：“（统治者）如果能端正自身，（端正别人）有什么难呢?如果不能端正自身，怎么能端正别人呢?”

第3句“何有”是“何不可之有”的省略形式。别人问“仲由可不可以让他从政”，孔子回答：“仲由办事果断，对于从政而言，有什么不可以呢?”意即一定可以。第4、5句与此同。

第6句与第7句中的“何有于我哉”意思都是“对我来说有什么了不起呢?”

解释这几句话，第一要从语法上讲出道理，第二要符合孔子思想。上面解释第1句议题是“推行礼”，第2句是“正己”与“正人”，都是符合孔子的一贯思想的。第3、4、5句涉及孔子对弟子的评价，可参看《论语·先进》：“政事：冉有、季路。”《论语·公冶长》：“由也，千乘之国，可使治赋也。”孔子是肯定弟子有从政的才干的。

第6、7句应特别注意。从语法上讲，只能根据“何有”含有不屑的意思，推测孔子认为做到这些事情算不了什么，只有这种解释符合孔子思想。在孔子心目中，“默而识之，学而不厌，诲人不倦”正是他能做到的。比如在《论语·述而》中，孔子就教子路对别人说他“发愤忘食，乐以忘忧”。又称自己“若圣与仁，则吾岂敢”，但“为之不厌，诲人不倦”则是可以做到的。孔子的谦虚只是不敢自称达到‘圣”、“仁”等他认为至高无上的境界，对于好学、好教等具体行为则一向敢于自我标榜。同样，“出则事公卿，入则事父兄，丧事不敢不勉，不为酒困”也并非高不可攀的境界，而是一个人能够和应该做到的事情。所以第6、7句的“何有”只能译为“有什么了不起呢?”

王引之在《经传释词·序》中提出考字释义应能“揆之本文而协，验之他卷而通”。我们“验之他书”，如《孟子·梁惠王下》：“王如好货，与民同之，于王何有?”（实行王政有什么困难）《墨子·贵义》：“今夫子载书甚多，何有也?”（何说之有）《左传·僖公二十二年》：“虽及胡耇，获则取之，何有于二毛?”（何不可擒之有）例子很多，不再列举。可以看出，例句全为口语，其中的“何有”意思也不尽相同，但都可通过“何……之有”的形式加以解释。

注：原载《齐鲁学刊》1995年第6期

古代政治思想著作解析

《人物志》政治思想分析

迄今为止，研究中国古代政治思想史的著作都未曾提到三国时期重要的政治思想家刘劭及其政治著作《人物志》。[①] 然而，《人物志》却是一部很有特色的政治思想论著。

《人物志》流传至今一千七百余年，长期遭受冷遇。直到20世纪二三十年代才逐渐引起一些学者的注意，他们从学术思想史、心理思想史、人才思想史等角度对该书作了一些介绍和评价。[②] 但《人物志》其实是"政治人物论"，它首先是一部政治论著，因而很有必要从政治思想这一角度对它进行探讨，以便确定它在中国古代政治思想史中的地位。

一　刘劭关于政治领袖的论述

刘劭把在政治人物中占核心地位、起决定作用的领袖或首脑称作"英雄"。在《人物志》中专门有《英雄》篇，对之进行研究。我认为这是古代文献中一篇不可多得的"首脑论"，虽然篇幅不大，但内容十分重要，很有时代特色。

《英雄》篇所采用的分析方法主要可归纳为要素组合法与人物分层法。在要素组合上，英雄所包含的要素最全；在层次区分上，英雄的政治地位最高。刘劭认为，政治人物在智力才能上包含了两个要素，一是"英"，一是"雄"。"英"这种要素的内容是"聪明秀出"，可以一分为

---

① 本文中《人物志》原文引自北京文学古籍刊行社1955年版本，但对标点作了必要的更改。《刘劭传》见［晋］陈寿《三国志·魏书》，中华书局1950年版，第617—620页。

② 参看汤用彤《汤用彤学术论文集》，中华书局1983年版，第196—213页。燕国材《汉魏六朝心理思想研究》，湖南人民出版社1984年版，第131—147页。

二，有“聪”“明”两个次要素。“聪能谋始”，有理论水平，能思考问题；“明能见机”，能联系实际，把握时机。两个次要素结合在一起，才构成“英”这个大要素。“雄”这种要素的内容是“胆力过人”，也可分为“力”“勇”两个次要素。“力能过人”，身体素质好，有魄力；“勇能行之”，有非凡的胆力，敢于行动。两个次要素结合起来构成“雄”这个大要素。刘劭根据“英”与“雄”两大要素区分出的几种次要素，互相结合，划分出不同层次的各类人才。一个人具备了“聪”这一次要素，就是可以“坐论”即从事理论工作的人，“聪”与“明”都具备了，就是可以“处事”即分析处理具体问题的人。但具备了上述两个次要素的人仍不足以称之为“英”，因为他只是能按常规办事，即“循常”之人，而不是可以应付变乱局面，即“虑变”之人。所谓“英”这一类型的人，必须具备三种次要素，即在“聪”“明”之外再加上“雄”那一类人的一个次要素——“胆”。“聪”“明”“胆”三份齐全才构成“英”这一类型的人才。同样，做为“雄”这一类型的人必须“力”“勇”“智”各占一份。只有“力”，叫作“力人”；有“力”有“勇”可以做“先登”；“力”“勇”“智”三份齐全可以做“将帅”，也就构成“雄”这一类型的人才了。从坐论之人、处事之人到虑变之人；从力人、先登到将帅，刘劭根据两大要素四次要素的排列组合，区分出了两个系列三个层次六种人才。但这些人才都是偏才。即使是“英”与“雄”都只能做人臣，“英可以为相，雄可以为将。”刘劭以张良、韩信为例，张良属于“英”，韩信属于“雄”。只有一身具备了“英”与“雄”两类人才的特点的人，才成为英雄。英雄其实就是政治领袖或政府首脑。英雄的两要素不是对等的，具体英雄各有侧重，但刘劭强调“英”的成分应多于“雄”，这是英雄的最佳状态。刘劭以刘邦和项羽为例，二人同是英雄；但前者“英”多于“雄”，后者相反。刘邦强于项羽的地方就在于此。刘劭强调英雄对其他政治人物的吸引、团结和领导，他提出一种规律：“徒英而不雄则雄才不服也，徒雄而不英则智者不归往也。故雄能得雄，不能得英；英能得英，不能得雄。”“一人之身兼有英雄，乃能役英与雄。能役英与雄，故能成大业也。”

以上是刘劭的英雄观。可以看出刘劭对复杂事物有很高的抽象概括、分析综合的能力。他以对历史人物的考察为依据，对政治人物的构成要素作了详细分析；提出领袖人物素质才能的最佳构成模式，也就是提出了政府首脑的标准。我们可以把这些标准转换为今天的语言，依其重要程度排列顺序如下：(1) 具有政治理论，善于分析问题；(2) 能够理论联系实际，善于应付复杂多变的局面；(3) 具有非凡的胆略，能坚定不移地推行正确的主张；(4) 身体强壮，魄力过人。在具备了上述四方面基本条件的基础上，领袖人物还有一项最重要的要求，就是能团结、使用一大批文武两方面的杰出人物，这样才能在政治与军事斗争中获得胜利，成为国家的统一者、缔造者和统治者。

刘劭的英雄观具有反传统的意义。儒家政治思想的核心是以礼义治天下，要求君主在道德上作表率，“其身正，不令而行；其身不正，虽令不行”。“身正”，完全体现在道德上，就是要“以礼让为国”，“为政以德”。① 老子在政治上是反礼义的，主张恢复自然，他想象中的“圣人”是“昏昏”“闷闷”“无为而无不为”的，是小国寡民的首领。在韩非子的观点中，君主的首要职责是千方百计地防范、制服、督责群臣，“人主”不能相信任何人，必须用势、术、法对付臣下。②刘劭所描绘的英雄，既不是去做道德表率，也不是要退化为原始部落的首领，更不是玩弄权术的阴谋家，而是堂堂正正、大有作为的领袖，是大智大勇、具有领导水平与才能的政治首脑。由此可见，刘劭的英雄观在当时是一种崭新的观点，在今天看来，仍具有某种程度上的科学性。

刘劭理想化的英雄观又是时代缺乏英雄的反映。曹魏政权在取代汉代以后，最高统治者一代不如一代。《魏书》对文帝的评语只肯定了他的“文藻”与“才艺”，而其不足之处恰恰正是君主应该具备的品质。《魏书》的编撰者以遗憾的口气评论道：“若加之旷大之度，励以公平之诚，迈志存道，克广德心，则古之贤主，何远之有哉!”③ 在文帝之后，明帝在连年战事不断的情况下大兴土木，建筑宫室。其后就是少帝临朝，大权旁落。刘劭在后半生政治生涯中所面临的就是这种现实。这种现实必然引起人们对英雄的热切期待。刘劭的《英雄》篇就是在期待中追溯历史、思考现实的结果，我们从中可以隐隐感觉到时代的呼唤。

但是封建世袭制对君主的狭隘要求限制着英雄的产生，刘劭的英雄标准在封建时代只能是一种理想的模式，靠或然性去实现。刘劭也不可能指

① 见《论语》中《子路》《里仁》《为政》等篇。

② 见《韩非子》中《备内》《奸劫弑臣》等篇。

③ 《三国志·魏书》第89页。

出理想与现实产生矛盾的根本原因。我想，在今天的政治思考中，对刘劭的英雄观作这样一番了解与分析不会是没有意义的。

二　刘劭对政治人才的选拔所作的经验总结

政府中各种官职的人选应具备什么标准、如何选拔等等，这是《人物志》讨论的重点。我们把这一部分内容称作刘劭的政府人才论，按抽象分类法、具体考察法、察举制的弊端三个方面进行介绍和评价。

（一）抽象分类法

“人才不同，能各有异”，政府官员的任用原则是“量能授官”，区分各类人才、辨别能力专长是选拔官吏的基础工作。刘劭从不同的角度对人才加以分门别类，提出几套系统的抽象分类法。

1. 性格分类法

在《体别》篇中，刘劭把人才按照性格的不同区分为六对十二种类型，它们是：（1）强毅—柔顺；（2）雄悍—惧慎，（3）凌楷—辨博；（4）弘普—狷介，（5）休动—沉静，（6）朴露—韬谲。

刘劭对每一类人才都极其简洁准确地给以评价，指出其优点、缺点及如何使用。我们可以从刘劭对“强毅—柔顺”这一对性格类型的分析中来了解他的这一分类体系。

强毅与柔顺之人具有对立的性格特征。前者的特征是“厉直刚毅”，优点是能够纠正别人，缺点是苛求于人。后者的特征是“柔顺安恕”，优点是宽容大度，缺点是决断不足。他们的对立还表现在各自坚持自己或刚或柔的一面，反对对方的特点。这两种人在政府工作中有不同的用场，强毅之人必然执法严明，可以从事法律工作，但不可以担任微妙而需要灵活的工作，即“可以立法，难与入微”。而柔顺之人虽然可以按常规办事，但却不可以处理干脆果断、解决疑难的工作，即“可与循常，难与权疑”。

在心理学中，“性格是一个人比较稳定的对现实的态度和习惯化的行为方式”。[①] 性格必然影响人的行为，并反映在政治生活中。将政治人才按性格不同加以分类，以便于认识人才、使用人才，这是一种比较科学的

① 卢盛忠主编：《管理心理学》，浙江教育出版社 1985 年版，第 67 页。

方法。

2. 专业分类法

在《流业》篇中，刘劭根据“流业”对人才加以分类。所谓“流业”，大体上相当于今天的专业。刘劭划分专业的主要依据是对不同学问的掌握情况。他认为最基本的学问是“三材”，即“德”“法”“术”三门学问。对这三门学问掌握的情况不同，就造成了八种不同的人才。

一个人如果很好地掌握了德、法、术三门学问，“兼有三材，三材皆备”，就属于“国体”之人。“国体”的意思是明于治国之大体。“其德足以厉风俗，其法足以正天下，其术足以谋庙胜”，可以担负“三公之任”，坐而论道。兼有三材但比国体之人略逊一筹者，称作“器能”，能够把握朝政大事，可担负“冢宰之任”，统率百官。只具备“德”的人叫作“清节之家”，“德行高妙，容止可法”，可担负“师氏之任”，在朝廷中“激浊扬清，师范僚友”。掌握着“德”而不如“清节之家”那样超脱，而是喜欢挑剔别人的毛病，这种人叫作“臧否”，可以担任“师氏之佐”，在政府中“变察是非”。掌握了“法”的人叫作“法家”，特点是能够“建法立制，强国富人”，可以担负“司寇之任”，做法制工作。掌握了“法”但与“法家”相差较远的是“伎俩”（技艺，包括工艺制造和土木工程学），可担负“司空之任”，组织建筑和工艺工作。掌握着“术”的人称为“术家”，善于“运筹通变”，“策谋奇妙”，可以担负“三孤之任”，出谋划策。掌握着“术”但不及“术家”的人，称作“智意”，“不能创制垂则，而能遭变用权，权智有余，公正不足”，可担任“冢宰之佐”，辅助宰相工作。

另外还有四类人才，他们的专业知识在三材之外。“能属文著述”的称作“文章”，可担负“国史之任”；“能传圣人之业，而不能干事施政”的是“儒学”，可担负“安民之任”；“辩不入道，而应对资给”的人称作“口辩”，可担负“行人之任”；“胆力绝众，材略过人”的称作“骁雄”，可担负“将帅之任”。

专业分类把人才的学问专长与政府工作的实际需要联系起来，目的是让人才扬长避短，保证政府各部门负责人专业对口。从专业角度对人才进行系统的分析与阐述，这在中国古代政治思想史上也是一种很突出的观点。

3. 能力分类法

在《材能》篇里，刘劭按照不同能力对人才做了分类。他把人的能力分为“自任之能”“立法之能”“计策之能”……等八种类型，具有特定能力的人才可以在政府中担任一定的职务，在政治工作上形成一定的特色。关于能力与职务的联系，在本文第三部分再谈。

刘劭对人才的分类主要有上述几种。他的分类为政府用人提供了较为科学的参照标准。值得强调的是这些标准还体现了一种特色，即对人才不求全责备，尤其是不把品德作为人人必需的标准。在这一点上，刘劭把曹魏政权的用人政策具体化了。汉末三国，由于长期战乱造成了人才匮乏，而征战时期对人才又有特殊要求，因而曹操在用人上及时大胆地提出了“唯才是举”的口号，认为“治平尚德行，有事尚功能”，即使“不仁不孝而有治国用兵之术”的人都应举荐使用。曹操提出的用人政策，在魏国建立后仍有延续，魏文帝黄初三年下诏“令郡国所选，勿拘老幼，儒通经术，吏达文法，到皆试用”。明帝青龙四年关于选才的诏书中强调“无限年齿，勿拘贵贱”。[①] 刘劭的人才分类体现了曹魏时期在用人路线上以才为重的原则。

《人物志》中某些关于才行关系的论述与曹操的思想极为一致。比如刘劭认为“宽恕之人不能速捷，论仁义则弘详而长雅，趋时务则迟缓而不及”（《材理》篇），与曹操“进取之士未必能有行，有行之士未必能进取”的说法就有相通之处，同样表达了才先于行的观点。但刘劭与曹操也有区别。曹操关于“唯才是举”的论述有矫枉过正、言语偏激的一面，刘劭则在重视才干的同时纠正了偏激的倾向，力图更合理地使用人才。如果说曹操有政治家敏锐的头脑与大刀阔斧的开拓精神，刘劭则有思想家冷静的思考和精密的设计。从曹操的用人思想到刘劭的系统理论，表明一种进步思想的发展与渐趋完善。

（二）具体考察法

人才分类是识别人才的基础工作，选拔人才的实际工作需要具体考察法。刘劭首先提出识别人才的原理：“一流之人能识一流之善，二流之人能识二流之美，兼有诸流则亦能兼达众材”（《接识》篇，下同）。这里的“流”指的是“流业”，即专业。具备一定专业知识的人才可以识别与自己具有相同专业知识的人才。具备的专业知识越多，识别人才的范围越广。根据这一原理，政府中负责识别选拔人才这一工作的官员必须是

---

① 《魏书》第79、748页。

"兼有诸流"的"国体"之人。"国体"之人位任"三公"。这里边包含了两重要求：一是学识渊博，在选才标准上比较全面，可以保证选才得当；二是地位高，可以保证正确用人路线的推行。

国体之人如何去识别人才呢？刘劭提出了"接谈"的方法，其实就是口试。其内容是"一以论道德，二以论法制，三以论策术"。可见接谈所考察的是人才的专业知识。

仅靠接谈还不足以全面了解人才，听其言还须观其行，刘劭又提出"八观""五视"的方法。八观法（《八观》篇）内容如下："一曰观其夺救以明间杂"，讲的是如何识别因私妨公的假人才。"二曰观其感变以审常度"，意思是说要透过外表看本质。"三曰观其至质以知其名"，是根据个性特征判断人才的归类。"四曰观其所由以辨依似"，是与真正的人才对照来识别似是而非的假人才。"五曰观其爱敬以知通塞"，是根据拘泥礼节或真诚待人两种态度判断人才的人际关系。"六曰观其情机以辨恕惑"，是根据待人的豁达大度或斤斤计较来区分君子与小人。"七曰观其所短以知所长"，一分为二，从短处知其长处。"八曰观其聪明以知所达"，是根据人的智力高低来判断其才能大小。

八观法除了对人才进行性格分类与能力分类外，还很重视识别假人才，注重政治人物的人际关系，强调用人要用其所长，这些都是十分可贵的内容。

五视法是从阶段较广泛的背景中，对人才的人格进行了解的。五视法是："居，视其所安；达，视其所举；富，视其所与；穷，视其所为；贫，视其所取。"（《效难》篇）

接谈与八观、五视合起来可以说是对人才进行观察、推荐、测试、识别的系统方法。这是刘劭对历史上长期实行的察举法（曹魏时期是九品中正制）所做的较全面、较深入的经验总结，其中不乏可资借鉴的内容。这是因为我们今天即使有了比察举法完善得多的制度，也仍会在某种范围内使用类似于察举制的方法。不过，历史已经证明察举法肯定是一种不完善的制度，有许多难以克服的弊病，刘劭对此也有深刻的认识。

（三）察举制的弊端

在《七谬》篇里，刘劭指出了察举法实行中的七种问题，都是从察举者不称职这一角度提出的。观察者或者偏听偏信，"谬于察誉"，或者固执己见，"惑于爱恶"；或者被假象所迷惑；或者缺乏发展的眼光，都会造成识别错误。观察者不称职有心理上的原因。一般说来，物以类聚，人以群分，推荐选拔的办法促使人们呼朋唤友，拉帮结派，因为人们的习惯是“亲爱同体而誉之，憎恶对反而毁之”。人们对于他人之间的互相超越抱着幸灾乐祸的态度，却不能容忍别人超过自己，这叫作“乐人之进趋过人，而不能出陵己之后”，因而会出现“性同而势均则相竞而相害”的现象，在推荐人才时不肯推荐高于自己的人才。从《七谬》篇中还可以看到被观察者这一方面的问题，例如：富贵者“货财充于内，施惠周于外”，“虽无异材，犹行成而名立”。贫贱者“则欲施而无财，欲援而无势”。道出了察举法在财富的挑战面前会失去其公正性。在《效难》篇中刘劭指出有人“未至而悬欲”，“得志而纵欲”，采用自饰欺人的手段，这是最一般的现象。

《效难》篇对察举制还有进一步的总结，指出它有两大难题：第一大难题是人才“难知”，有两个原因，第一个原因是观察者“各自立度”，标准不一，结果是“其得者少，所失者多”，被推荐上来的人有许多是“名犹（由）口进，而实从事退”。第二个原因是“天下之人不可得皆与游处”，这是察举制永远不可能解决的大问题，因此选举的范围总要受到局限。察举法的第二大难题是“无由得效之难”，虽然“良才识真万不一遇”，但识别出人才后要使之发挥作用也不容易。荐举者“身卑力微”“不在其位”固然不行，虽在其位，言不见听也不行，这就把矛头指向最高统治者本身了。

刘劭对察举制的批评是十分深刻的，这与当时实际情况有关。察举制在汉代已经出现许多弊病，曹魏政权实行九品中正制，实际上还是察举，因此同样出现了严重问题。当时官吏收受贿赂、卖官鬻爵到了公开化的程度，比如蒋济作护军负责武官选举时，人们就编了歌谣说：“欲求牙门，当得千匹；为人督，五百匹。”有人去问蒋济，他竟然声称：“洛中市买，一钱不足则不行。”一般文人士子虚意矫饰、交相毁誉形成风气，许多人徒具虚名，连魏明帝也曾十分愤慨地说：“选举莫取有名，名如画地作饼，不可啖也。”①

察举的问题是制度本身的问题，刘劭在人才分类、考察方面进行经验总结和理论探讨，尽管有其益处，但不能从根本上解决问题。不过，他把

① 《魏书》第300、651页。

察举制本身的弊病揭露出来，给后人提供了进一步思考的资料。经过三百多年以后，我国终于在隋唐时期形成了比察举制较为完善的科举制，这是中国人对人类政治制度的一项贡献。刘劭的思想在中国选举制的发展史中也应有一定的地位。中国从清末废除科举制以后，一直没有制定出更好的选官制度，实际上回到了察举选拔的老路上去。因此在读《人物志》时难免会发现，刘劭揭露的某些问题在现实中也有所表现。从这一点看，研究《人物忘》也有一定的现实意义。

三　刘劭关于政府组织及职能的论述

曹魏政治是变化不定的，当时傅嘏就曾说过："大魏继百王之末,……及经邦治戎，权法并用，百官群司，军国通任，随时之宜，以应政机。"在政治上随时因事而变，已为事实，当时人在思想上也接受和肯定了这种变化，袁涣就说过；"明君善于救世，故世乱则齐之以义，时伪则镇之以朴。世异事变，治国不同，不可不察也。"① 这种"世异事变，治国不同"的观点，在刘劭的《材能》篇中具体化为八种不同的政治。刘劭根据人才的不同，确定其能力类型及可担任的政府角色，并且认为伴随着一定的政府角色会出现独具特色的行政功能，这种行政功能有其适用范围和不适用范围。下面介绍八种能力引起的不同政治特色。

"自任之能"属于"清节之才"，担任"冢宰"，形成"王化之政"。这种政治"宜于统大，以之治小则迂"。它的重点是做道德表率和统领百官，适宜于从大处着眼，抓整体工作，如果去处理具体问题就会显得迂腐。

"立法使人从之之能"属于"法家之才"，担任"司寇"，形成"公正之政"。这种政治"宜于治烦，以之治易则无易"。它的重点在于严明法纪，适用于整顿混乱的社会秩序，人民安定时采用它反而会增加麻烦。

"计策之能"属于"术家之才"，担任"三孤"，形成"变化之政"。这种政治"宜于治难，以之治平则无奇"。它的重点在于以权应变，针对政治上遇到的特殊难题，提出对策加以解决。没有特殊难题就不需要奇谋妙策了。

① 《魏书》第623、334页。

“行事使人谴让之能”属于“谴让之才”，辅佐“司寇”，形成“督责之政”。这种政治“宜于治侈，以之治弊则残”。它的重点在于矫枉过正，适用于纠正铺张奢侈的社会风气，如果百姓穷困仍用这种方式只会使百姓更加贫苦。

“德教师人之能”属于“智意之才”，辅佐“冢宰”，形成“谐和之政”。这种政治“宜于治新，以之治旧则虚”。它的重点在于普及教化，调和矛盾，适用于治理乱后新安定下来的局面，使之趋于稳定，如果是旧摊子、问题多，采用这种方式就不起作用。

“司察纠摘之能”属于“臧否之才”，辅佐“师氏”，形成“公刻之政”。这种政治“宜于纠奸，以之治边则失众”。它着重使用严厉打击的手段，适用于纠正各种邪恶行为，但过于严苛，在边境地区实行会引起叛逃，应加注意。

“权奇之能”属于“伎俩之才”，担任“司空”，形成“艺事之政”。这种政治“宜于治富，以之治贫则劳而下困”。它的重点是组织工艺制作和土木建筑等，适于在人民富足的情况下进行，否则就会劳民伤财。

“威猛之能”属于“豪杰之才”，担任“将帅”，形成“威猛之政”。这种政治“宜于讨乱，以之治善则暴”。它的重点是武力镇压，适用于结束动乱，如果没有动乱而滥用武力，就是暴虐。

“国有俗化，民有剧易，而人才不同，故政有得失”，这是刘劭提出八种政治的前提条件。有三点值得注意：一是刘劭将人才、能力、任职、政治、得失联系起来，从而形成一套系统的用人主张。二是政治须根据实际情况，决定具体的统治方式，而不是固守一种方式。三是上述八种人才，八种官职其实是组成了同一个政府，八种统治方式说明一个政府应具有灵活多变、适应性强的特点。这就是刘劭的政府组织观。

刘劭的政府组织观不仅仅是从曹魏政权的变化中吸取了某些经验作为依据，而且是对传统思想反思的结果，八种政治中包含有仁政（例如王化之政）、法术（例如公正之政），无为（例如谐和之政）等因素在内。但是从整体上看，它又具有反传统的一面。它不固守一种统治方式，像儒家那样把仁政看成政治的最高极致，也不像法家那样把法术看成是万能的统治方式，还不像道家那样一味强调无为，刘劭同传统思想在这里的最大区别是：他的政府组织观具有包容性，将各种不同的统治方式组合在一个政府机构中以变应变，而儒、法、道家的政府观都具有排他性，否定别的统治方式的存在价值，只坚持一种方式以不变应万变。刘劭的政治思想比较符合历史的要求，有强烈的时代性，是动乱时代、局势多变情况下的产物，反映了历史发展的一定规律。它无疑是中国古代政治思想中的一项杰作。

四 《人物志》在政治思想史中的地位

上面所讲的就是《人物志》的主要内容，可以看出其政治思想是一种独具特色的政治理论，它的特点是：进入专门的研究领域，提出全新的系统理论，力图解决实际问题。这种理论是在对前代各派政治思想的吸收融合中，在对特定时代政治现实的研究总结中形成的。它具有一定的独创性、科学性和某种程度反传统的特色。

《人物志》思想的特色告诉我们：中国政治思想史上儒家独尊的局面到汉末三国还未形成，先秦诸家思想经历了秦汉以来四百余年的历史检验，又遇上三国这一思想比较自由的时代，通过思想家的重新思考，有可能出现新的适应性更强的政治理论。《人物志》就是突出的一例。它给政治思想的发展提供了新方向和新办法。但是由于两晋玄学的兴起阻碍了思想的发展，《人物志》成了中国政治思想向新方向发展的一个孤独而短暂的分支。再后来科举制取代了察举制，儒家思想愈来愈占据了独尊的地位，《人物志》就一直不为人们所重视了。以后的中国古代政治思想中很少有人对具体政治制度做如此系统的分析研究。正由于此，《人物志》就更值得引起我们的重视了。

《人物志》对政府首脑的研究、对各类政治人才的分析、对政府组成的设计、对察举制所做的经验总结，以及它的研究方向和方法等，对于今天的政治体制改革和政治学科的发展来说，都多少会提供一些有益的启示。综上所述，《人物志》是三国时期一部重要的政治著作，在中国政治思想史中应给予一定的地位。

注：此文根据本人硕士毕业论文（北京大学图书馆有收藏）压缩改写，原载《北京大学学报》（哲学社会科学版）1989 年第 3 期，收入本论文集时对个别文字略有改动

导致领导干部腐败的八种途径

——对《韩非子·八奸》的新解读

《韩非子·八奸》一文论述与分析的是古代官员用以腐蚀与影响君主，从而达到个人目的，实现个人私利的八种手段或方式。这些官场上导致腐败行为发生的手段与方式，古代与今天有许多相似之处。本文借助《韩非子·八奸》中的论述与分析，探讨今日与古代相似的一些腐败方式及其防治对策。与《八奸》相应，本文将今日导致领导干部腐败的情况分为八种。文章的写法是对原文逐段重新解说和加以发挥。每段包含原文、意译、解释、新说、对策五个部分。

一　《韩非子·八奸》序言

1. 原文

“凡人臣之所道成奸者，有八术。”

2. 意译

一般说来，臣下用来达到自己不可告人之目的的，有八种办法。

3. 解释

原文中的“人臣”，是指君主的下属官员，也包括普通人。原文中的“成奸”，是指人臣要做的坏事，要达到的邪恶目的。

4. 新说

韩非论八奸，是对古代君主讲的。从全文看，是说臣下通过君主达到个人目的有八种途径或手段，提醒作为君主的人，要对这八种途径或手段加以注意和防范。这八种途径，主要结果是导致腐败行为的发生。腐败行为包含臣下对君主的腐蚀行为，也包含了君主可能被诱导而发生的腐败行为。因此，本文将八奸引申为八种腐败方式。

虽然韩非讲的是发生在古时君主身边的事情，但作为政治现象，这些事情也可以发生在任何时代的任何官员身上。古代和现在，官场腐败有不少相似之处。本文借用八奸之说来审视当今的官场腐败，把君主换为今日的领导干部，把人臣看作今日的下级干部或其他行贿者。这样换一种角度看问题，则“八奸”就是导致领导干部腐败的八种途径或方式。虽然不能概括当今领导干部腐败的所有途径，但也涉及了许多重要方面，值得借鉴和研究。韩非在文中还提出了针对八奸的对策，这也为今天反腐败提供了一些参考或对照。

二　第一种腐败方式

1. 原文

一曰在同床。何谓同床？曰：贵夫人、爱孺子、便僻好色。此人主之所惑也。托于燕处之虞，乘醉饱之时，而求其所欲，此必听之术也。为人臣者，内事之以金玉，使惑其主。此之谓“同床”。

2. 意译

八奸的第一种是“在同床”。什么叫作“同床”呢？同床指的是君主的夫人、小老婆、情人。这些都是君主容易受其迷惑的人。这些人趁和君主一起亲热的时候，或者趁着吃饭到了酒酣耳热之际，向君主提出要求，用这种方式提出要求，君主必然会听从。作为臣下的人，拿金钱珠宝贿赂这些人，让她们去迷惑君主。这就叫作“同床”。

3. 解释

这种腐败方式涉及三种人：一是行贿人，有自己的私人目的；二是中介人，此处即君主的“同床”，她们从中得到一些好处，收取贿赂，为行贿人向君主提出要求；三是君主本人，把权力当成自己的私产，可以用金钱珠宝交换，可以用来讨老婆、小老婆、情人的欢心。

4. 新说

八种腐败途径之一是领导干部的夫人或情人向领导干部吹“枕边风”，以达到个人目的，或者为他人说情办事收取贿赂。这种腐败的实质是权色交易或权钱交易。

今天与“同床”相近、比较正规的词汇首先是“领导干部的家属”，她们中的一些人插手政务，干涉行政的手段一向就是“吹枕边风”。有些心术不正的人就通过“领导干部的家属”向官员求情，以达到个人目的，导致官员腐败。由于夫人的作用而成为腐败干部者，其夫人被称为“贪内助”。这样的例子举不胜举。

按说今天的干部应该是没有小老婆，也没有情人的。但是事实上不是如此。近年流行词汇有“包二奶”“养情人”“宠小蜜”，有的干脆就是“嫖妓女”“搞姘头”。当然妓女已经改称“小姐”，“小蜜”有“秘书”的名分，“情人”也有些干部愿意叫“女友”或者“干女儿”。尽管名称五花八门，这些人其实都是妻子之外的“相好”、与领导干部属于“野鸳鸯”的关系。有不少领导干部热衷于此道，明明是色狼，还自我感觉良好，认为自己是有情之人，认为这些女人真的对自己有情。其实，这种“野鸳鸯”都是权力影响下的产物，一方贪其色，一方用其权，其结果必定产生腐败行为。世界上没有无缘无故的爱，领导干部的什么情人、女友，到底是图什么的，即使再糊涂的人都知道。有不少领导干部却对此假装糊涂，其实是掩耳盗铃，自欺欺人罢了。他们因此而成为腐败分子，受到应有的惩罚，那是罪有应得。比如陈希同、孟庆平、成克杰等人都是。

时代不同了，这些当代“同床”与古代同类相比自然不可同日而语，她们第一可以自己收取他人贿赂，向领导干部“吹枕边风”；第二他们可以引导、帮助领导干部，与领导干部共同收受贿赂，发家致富；第三，她们自己可以当干部或经营企业，这时，她们为自己提出要求，自己向领导干部献色行贿，色与财双管齐下，领导干部有求必应。有些人利用干部的权力，为自己经商或投机倒把，大搞特权，或从事其他不法活动。有的地方竟然出现三陪女被领导干部扶持成为党员干部之事。有些领导干部还成了倒在石榴裙下的风流鬼。以此观之，领导干部，贪色必腐，当无异议。

5. 对策

针对这种情况，韩非提出“明君之于内也，娱其色而不行其谒，不使私请”。韩非的重点是后边八个字，但要做到这八个字很不容易，特别是今日，你若不从其所欲，她岂肯俯就于你？

其实，韩非在说话时是有所顾忌的，对于君主本身的问题不敢大胆论及。这里关键的问题，一是领导干部要在“娱其色”上为自己把好关，二是纪检监察部门、上级主管部门要对干部在“色”上严格把关。

从领导干部本身讲，第一，坚决不能让家属插手政务。这是一个原则。因为干部是公职人员，其权力是公共权力，是不能搞家庭承包的。第二，坚决不能养情人，玩小姐，不能有作风问题。那些既想玩女人，又想不腐败的人，其实都是白日做梦。我们也不能指望真有这样的人出现。

对于部分干部来说，上述两条仅靠自觉是不可能做到的。我们也可以说，没有严格的管理和坚决的惩处，要让干部都做到这两条是不可能的。进一步说，仅靠制订一些原则性的规定、条例，或者仅靠学习和讲道理，无异于让干部自杀。所以，在干部政策上，应该特别严格，对于纵容妻子或其他家属插手政务者，一经发现，立即严肃处理。严肃处理不能只是批评记过，而是降级或撤职。对于作风不好，有其他男女问题的干部，更应该及早将其清理出干部队伍，因为这样的干部不可能不腐败，不可能不出大问题。必须清醒地认识到，贪色本身就是腐败。

由于对干部贪色的宽容，性贿赂已经成为官场腐败的普遍行为。近年不断有人提出在立法上将性贿赂定为腐败罪，不是没有道理的。但是这样的建议却难以通过，其中缘由很简单，就是有较多的干部有这样的问题，阻力主要来自他们。

还应指出，在今天，有些干部夫人自以为高人一等，不可一世，仗势欺人，横行霸道。对这样的夫人，领导干部如果不加以约束，就很有可能给领导干部本人制造麻烦。2000 年 6 月发生的霸州某派出所副所长枪杀一名无辜汽车司机的案子，事情的开头就是这名副所长夫人无理取闹，辱骂并无过错的司机和其他人，随后双方发生厮打，这名副所长非但没有制止夫人的胡作非为，反而开枪杀人。两个月后。这名副所长被处以死刑。这是一个因为纵容夫人为恶而导致身败名裂的典型例子。恶妻如虎，纵恶害己。领导干部，要小心啊！

三　第二种腐败方式

1. 原文

二曰在旁。何谓在旁？曰：优笑侏儒，左右近习。此人主未命而唯唯，未使而诺诺。先意承旨，观貌察色，以先主心者也。……为人臣者，内事之以金玉玩好，外为之行不法，使之化其主。此之谓“在旁”。

2. 意译

八奸的第二种是“在旁”。什么叫作“在旁”呢？就是指在君主身边作事的人和为君主提供娱乐服务的艺人们。这些人对君主唯唯诺诺，君主未开口他们就知道君主的意思而奔走效忠。他们察言观色，刻意奉承，讨得主子欢心。……作为人臣的人，对这班人采取向内奉送金玉玩好，在外帮助他们做不法之事，让他们腐蚀君主。这就叫作“在旁”。

3. 解释

“在旁”比“同床”略远一点，但同样也是君主所亲爱者。其特点是能够长期或经常接近君主，讨好君主，有向君主进言之机会。这些人很有可能腐蚀君主。一句话，经常围绕在君主身边的人对于君主是危险的。

4. 新说

八种腐败途径之二是腐蚀拉拢能够经常接近领导干部的人，再通过这些人影响与腐蚀领导干部。

所谓“在旁”，今天主要是指“在首长身边工作的人”，比如秘书、勤务员、司机等人。这种人因为工作关系，长期在领导干部身旁，其中有些人表现得特别乖巧，善于奉迎，尤其能得到官员的欢心和照顾。有些人就会对这种人“内事之以金玉玩好，外为之行不法，使之化其主”。如果不加以防范，就会引起严重后果。比如有人会通过他们干扰影响领导干部的决策，以达到个人目的。有的领导干部的秘书干脆自己收受贿赂，借用领导干部的权势为他人办事。

今天也有一些演艺界人士能够经常接近领导干部（有些领导干部也喜欢接近这些人），在一些事情上也能够得到领导干部的照顾。社会上有些居心叵测的人，也千方百计寻找能接近领导干部的人，为自己说话办事。当然，这种被人利用的人不一定必是演艺界人，所有能够经常接近领导干部的人都有这种可能。所以，由“同床”到“在旁”，凡是经常围着领导干部转的人，都有可能影响领导干部，领导干部对这些人都要严格要求，不让他们干涉政务，对自己工作上的事情说三道四。

5. 对策

韩非对此提出的防范措施是“其于左右也，使其身必责其言，不使益辞”。就是不允许他们随便讲情，干涉公务。在今天，有的领导干部也的确能够坚持原则，严格要求在自己身边的工作人员，对那些伺机接近自己的人提高警惕，并且，不管多么亲近的人，都不让他们影响决策、影响政务。但这毕竟只是一部分领导干部能够做到，而不是所有干部。古代也是如此。我们今天为何不能超越古代？如何才能超越古代？

韩非之所以没能提出有效的解决办法，是他那个时代还没有民主。他在专制的条件下，只能寄希望于君主本人的明察和自律。但在今天，这样做显然还不够。在今天，我们必须明确一点，即对于遏制腐败，民主比专制有效得多。反腐败最重要的还是民主。“苍蝇不叮没缝的蛋”，如果说政治与行政是一个蛋，那么，一切都按民主的程序去进行，这个蛋才是“没缝的蛋”。而对“没缝的蛋”，无论“同床”的还是“在旁”的“苍蝇”们就都只能“望蛋兴叹”了。我们可以想一想，无论古代还是今天，都有官员和身边的人臭味相投，打成一片的事情。今天有些贪官淫官，收受贿赂，接受吃请，或者出入色情场所，或者会情人，包二奶，都由司机接送，司机抓住官员的把柄，官员干脆与之合作，为之办事。在这样的情况下，让官员自已端正自己，或者通过学习提高认识，根本不会起任何作用，而如果有一个民主的环境，有舆论的自由，这样的事情会很容易暴露的，这样的干部是难以存在的。反腐败，干部的自觉与自律是要讲的，但根本的办法是民主监督，没有真正的民主监督，一切都是空的。

四　第三种腐败方式

1. 原文

三曰父兄。何谓父兄？曰：侧室公子，人主之所亲爱也；大臣廷吏，人主之所与度计也。此皆尽力毕议，人主之所必听也。为人臣者，事公子侧室以音声子女，收大臣廷吏以辞言，处约言事，事成则进爵益禄，以劝其心，使犯其主。此之谓“父兄”。

2. 意译

八奸的第三种是“父兄”。什么是“父兄”呢？就是君主所亲爱的侧室公子，还有君主与之商讨政务的大臣。这些人可以在君主面前畅所欲言，君主也必然会听信。有些为人臣者，就用娱乐美色拉拢公子侧室，用甜言蜜语拉拢大臣，使他们向君主进言（指推荐自己），事情办成，自己便可以加官进爵。这些为人臣者引诱他们，使他们影响君主，干涉政务。

这就是“父兄”。

3. 解释

“父兄”这一段中虽有文字不明之处，但意思还清楚。关键在于“亲爱”者和与之“度计”者。二者都是能够影响君主的重要人物。影响的结果是推荐某人，使之得到提拔重用。

4. 新说

八种腐败途径之三是拉拢有资格、有条件、能够在干部任用问题上对领导干部施加影响的人，通过他们使自己得到提拔重用。

所谓“亲爱”者，原文说是“侧室公子”，是有一定地位的贵人。与之“度计”者，是为之出谋划策者、参与讨论政事者。在今天，“父兄”就是老领导、老前辈、父辈长辈，还有兄弟哥们，包括老同学、老朋友等等。今天某些“跑官”者会千方百计利用这些人对能够提拔自己的领导施加影响，以达到个人得到提拔重用的目的。这些人可能收受贿赂，也可能转送贿赂，成为领导干部收受贿赂的中介人。即使不行贿受贿，这种利用人情关系干扰干部任用的情况也是一种腐败行为。

5. 对策

对这些人，韩非提出“其于父兄大臣也，听其言也，必使以罚任其后，不令妄举”。这里的“妄举”明白点出利用这些人说话的目的是让他们推荐自己。从古时的君主而言，对于“侧室公子”“大臣廷吏”当然可以对其不正当的举荐采取惩罚措施，但韩非提出的对策只可应用于古代君主，不可应用于今日之领导干部。因为对于今天的领导干部来说，有些推荐者是上级首长，是老领导，是老前辈，怎么敢去惩罚？

干部任用主要由领导干部说了算，各种关系都可以在其中发挥作用，这是今日干部选拔制度的问题所在。有的地方，腐败的官员被地方黑恶势力腐蚀，干部任用大权居然被黑恶势力控制，这都是由于干部任用制度的根本缺陷造成的恶果。这里，根本原因是没有相应的完善的干部任用制度和切实有效的监督。虽然有些地方开始采用新的办法，比如公开招聘、群众评议等等，但真正效果如何，还有待观察。因为上级说了算的传统作法不改变，所有改革措施都有可能成为表面文章。只要干部队伍中仍然存在着干部子弟、秘书、亲爱者容易升迁的现象，也就是干部队伍中有许多普通百姓一眼就能看到的“有背景”“有来头”的官员，我们的干部任用制度就有问题，就是用人腐败，就会出现问题，“跑官”现象就不会真正根绝，由此带来的各种腐败现象也仍将存在。

五　第四种腐败方式

1. 原文

四曰养殃。何谓养殃？曰：人主乐美宫室台池，好饰子女狗马，以娱其心，此人主之殃也。为人臣者，尽民力以美宫室台池，重赋敛以饰子女狗马，以娱其主而乱其心，从其所欲，而树私利其间。此谓“养殃”。

2. 意译

八奸的第四种叫作“养殃”。什么叫作“养殃”呢？回答是：人生喜欢豪华的住所，喜欢美女、宠物之类，用这些东西，满足自己的精神需要。这些都是君主的祸根。有些作为人臣的人，强征民力，为君主建造豪华的宫室楼台花园；加重人民的税赋，为君主添置美色和豢养各种宠物，用这种手段使君主感到快乐，进而使之心乱，纵情玩乐，为所欲为，那些居心不良的人就可以从中为自己谋取私利了。这就叫作“养殃”。

3. 解释

韩非将官员喜欢娱乐、喜欢楼堂馆所称为“人主之殃”，而将不法之徒迎合官员这些毛病，引导官员在这些方面犯错误，称为“养殃”。外因通过内因而起作用。领导干部自身有这样那样的毛病，为别人利用，是很危险的。

4. 新说

八种腐败途径之四是利用干部贪图享受的特点，加以引诱，使之走上邪路，成为腐败分子。

今天中国社会正处在转型时期，各种诱惑都在向干部招手。吃喝玩乐的花样不断翻新，有不少干部偏偏好的就是这一套，本以为小小的吃喝玩乐不算什么，可是许多干部就是由小不注意发展到大腐败，被拉拢，被利用，不知不觉掉进犯罪的深渊。这一切都源于自己本身已有的祸根，那就是贪图享受。韩非采用“养殃”一词，很有意思，也很恰当。它就等于是说，你生了病，有人不帮你治疗，反而想办法加重你的病，最后使你完蛋。也等于说，你走到了万丈深渊边上，有人不提醒你，反而推你一把，使你掉下深渊。问题是当你的病越来越重时，或者你掉下深渊时，你的感觉很好，很得意，很痛快，心甘情愿。只有当死到临头，才知道悔之晚矣。其实，当有人请你吃喝时，请你赌博时，请你享受三陪服务时，为你提供豪华住所时，为你安排违反政策的出国旅游时……你可曾想到：这些人正在把你引向深渊吗？

5. 对策

韩非说：“其于观乐玩好也，必令之有所出，不使擅进，不使擅退，群臣虞其意。”在娱乐享受方面不能由他人任意安排。如果任凭他人安排，实际上是被人牵着鼻子走，难免受人驱使，误入歧途。

韩非所说的对策，只说对了一半。实际上，贪图享受，是领导干部的大忌，正如韩非所言，是腐败的祸根。“打铁先得自身硬”，要防微杜渐，就必须首先从严格要求自己入手，不给腐蚀拉拢自己的人留下机会。但是面对那么多的诱惑，面对熟人朋友的殷勤相劝，坚拒之似不近人情，然而，引诱你的人正是用“人情”骗你上钩，一步一步，将你引入腐败之途。因此，第一，去掉贪图享受的“祸根”；第二，小心提防“人情”的陷阱；第三，向自己的“祸根”施肥浇水的人，是最终害自己的人，可惜很多人只要尝到甜头就忘乎所以。所以要特别警惕为自己办“好事”的那些人！要想到有所获，就会有付出，你的付出就是国家的利益、人民的利益，最终是自己的政治生命。

在防止有人利用干部贪图享受的缺点为自己谋利这一方面，仅靠干部的自觉还不够，重要的是相应的制度保证，财产申报必须和有效的监督结合起来才能发挥作用，而监督必须是民主的监督、群众的监督，群众监督必须以行政的透明、公开为前提条件，透明、公开必须有硬性的法律制度规定才行。如果我们不考虑这些，光靠说服教育，光靠干部的自觉，那实际上是沿用专制时代的作法，效果可想而知，等于放任干部自杀。

说到贪图享受，还有一点必须提出，那就是有些干部建造豪华别墅，开着豪华轿车，穿着世界名牌服装……大家都知道，凭他的工资收入，他一辈子也做不到这些。但是，这样堂而皇之，过着王侯般生活的干部却大有人在，他的上下级和他的同事，都能熟视无睹，这说明什么问题？说明腐败得到广泛认可，说明干部政策有问题。有问题，就是没有严格的要求和必要的监督惩处。这些人等于向世人宣扬党和政府是腐败的，对这样的情况这样的干部，应该调查他的财产来源，没有几个是来源于正当途径的。其实，对于干部来说，如果过分的贪图享受，就应该将其清理出干部队伍。因为过度追求享受，难得不和腐败联系的。清理干部队伍中的不良分子，靠现行的制度是不够的。那么多的干部对明显的腐败行为熟视无睹，已经说明了这一点。而人民群众非常不满，却无可奈何，这就是问题之所在。我们的制度一定要民主，有一点，就是要使民意真正产生影响。人民不满意的干部，一定要下去，人民认为是腐败官员的，一定能够查处。

六 第五种腐败方式

1. 原文

五曰民萌。何谓民萌？曰：为人臣者，散公财以说民人，行小惠以取百姓。使朝廷市井，皆劝誉己，以塞其主，而成其所欲。此之谓“民萌”。

2. 意译

八奸的第五种叫作“民萌”。什么叫作“民萌”呢？回答是：有些作为人臣的人，把公家的财物分给老百姓，让老百姓感到高兴，以小恩小惠获取民心，使得从朝廷到市井的人们都赞扬自己，这样就会蒙蔽君主，从而达到自己想要实现的欲望。这就叫作“民萌”。

3. 解释

运用舆论为自己升官发财开路，这是相当聪明的办法。而运用舆论的办法又是拿公家的财物去收买人心，不用花费自己一分钱，不用自己费心去办多少正事。这办法可真够绝的！（此处“民萌”即“民氓”，就是百姓、民众）

4. 新说

八种腐败途径之五是不正当地利用公共权力将公共财物分给群众，为自己收买人心，以便提高声望，巩固地位或得到提拔。

利用公家的财物来为自己收买人心，拉拢群众，为自己捞取名誉，作为向上攀升的资本。古代的官员具体怎样运作，韩非没有细说。但在今天，有这样几种情况值得注意：一是有的领导干部在自己管辖的范围内，擅自决定乱罚款、乱收费，利用这样获得的收入私设小金库，为本单位本部门的人谋利。这样的干部，人们往往不以腐败视之，反而以为能干、关心群众，认为是好干部。实际上这种行为是集体腐败行为，较之个体腐败与团伙腐败，危害更大。二是一些地方的干部违反国家政策，制订土政策，实行地方保护主义，为群众中的不法行为大开绿灯，其结果使国家或其他地方蒙受损失，使自己管辖范围内的部分群众得到不应得到的好处。这样的干部也会得到当地部分群众的支持。三是有些地方的干部，放手让群众砍伐山林、乱垦乱种、滥行渔猎、任意开采地下矿藏、任意盗挖古墓……这样的干部在当地群众眼里，或许是好干部，但是他们给国家造成的损失是相当大的。这类行为在今天比较难以发现，难以解决，因为这样的干部所在的单位群众大都拥护他。特别是有些乱发钱物的干部在内部分配很公平，自己表现得不贪不占，更能得到群众的好评。有些支持地方群众违法行为的干部，表面上看来也确实是兢兢业业，勤勤恳恳，为当地的经济发展殚精竭虑，任劳任怨。这些貌似不腐败的行为，实际上是比常见的腐败行为更大的腐败行为。腐败，简单说来是以权谋私。准确一点说，是政府官员利用权力，以不正当的方式（违法违纪违规），为自己或他人（亲属或非亲属）或群体（包括单位、部门、地方）谋取不正当的利益（经济利益或非经济利益）。

5. 对策

韩非说："其于德施也，纵禁财，发坟仓，利于民者必出于君，不使人臣私其德。"我们可以把这句话中的"君"看作是国家或政府。国家发给每个公务员的工资奖金应该是固定的，是从财政按照规定发给每个人的。而各级干部不能以任何方式私自给公务员增加工资或奖金，或其他收入。如有这种行为，就是非法行为。应受到惩处。地方干部制订与国家政策相违背的土政策，实行地方保护主义，或者对某些违法行为采取放任态度，与单位内部乱发钱物一样，都是集体腐败行为。在这种情况下，就不能以该单位群众意见为准，而应以法律为准，去衡量干部的好坏。对这样的干部，必须制定严厉的法律，予以惩办，才能煞住歪风。这里还要注意，既然本地方、本单位的群众拥护，怎样才能发现问题？这就需要新闻媒体的舆论监督，这种监督也需要一个更加民主的环境才能真正实现。

七　第六种腐败方式

1. 原文

六曰流行，何谓流行？曰：人主固壅其言谈，希于听论议，易移以辨说，为人臣者，求诸侯之辨士，养国中之能说者，使之以语其私，为巧文之言，流行之辞，示之以利势，惧之以患害，施属虚辞，以坏其主。此之谓“流行”。

2. 意译

八奸的第六种是“流行”。什么叫作“流行”呢？回答是：君主不让人们讲话，很少听到议论，但是比较容易被雄辩之言词所打动。有的作为人臣的人，就寻找各地善辩之人，收留国内能言之士，让这些人为自已说话，运用花言巧语，制造流言蜚语，分析怎样有利，怎样有害，用一些虚假言词，影响君主，使之做出错误的决策。这就是“流行”。

3. 解释

从韩非后边所说的对策来看，“流行”就是官员互相制造流言，混淆视听，以假舆论诱使上级在用人时犯错误。

4. 新说

八种腐败途径之六是有些干部制造流言蜚语，抬高自己，贬低他人，以此影响上级领导干部。领导干部不能明察，偏听偏信，就会造成错误决策，在干部任用上出问题，提拔一些品质不好的人，排斥一些好干部。结果是用人腐败。

“流行”是指流言，也就是利用舆论。有的是自我吹嘘，浮夸假报；有的是在干部队伍中拉帮结派，互相吹捧，或者制造流言，打击他人。今天做这种事情的手段比古代有很大发展。吹嘘自己可以利用报纸、杂志、电台、电视，而打击他人仍不外造谣、诬告、陷害、刁难、孤立。这种风气会严重影响干部队伍的团结、稳定、纯洁和廉明。

5. 对策

韩非说：“其于说议也，称誉者所善，毁疵者所恶，必实其能，察其过，不使群臣相为语。”关键是“实其能，察其过”，实事求是，明辨是非。不能听任干部之间互相吹捧或互相攻击，而要接受人民群众的监督和评议，形成民主的干部监督制度，才是解决问题的根本之道。这些办法，也是韩非所不能想到的。这是因为，专制与民主不同，在专制的方式下，君主收集信息的手段有限，范围有限，信息分析也只靠君主本人的能力和好恶。在这样的情况下，“实其能，察其过”就很难做得好。在民主的方式下，才有可能做到信息收集手段科学，范围全面，信息分析公正、合理、符合实际。信息源不是干部之间的相互吹捧或攻击，而是人民群众的民意表达。信息分析不是领导干部个人权力行为，而是有关部门特别是民意代表的权利。信息处理的目的不是为某一领导干部服务，而是为人民的利益服务。在这样的条件下，干部队伍中的拉帮结派、相互吹捧或相互攻击就没有多少意义了。这种不正之风也会收敛。所以我们在考虑如何评价干部时，要想一想我们采取的方法是属于民主的范畴还是属于专制的范畴，这一点是极为重要的，否则我们就还停留在韩非子的时代和水平上。

八　第七种腐败方式

1. 原文

七曰威强。何谓威强？曰：君人者，以群臣百姓为威强者也。群臣百姓之所善，则君善之。非群臣百姓之所善，则君不善之。为人臣者，聚带剑之客，养必死之士，以彰其威，明为己者必利，不为己者必死，以恐其群臣百姓，而行其私。此之谓“威强”。

2. 意译

八奸的第七种是“威强”。什么叫作“威强”呢？回答是：做君主的，以群臣百姓作为自己强大的后盾。凡是群臣百姓认为好的，君主就予以承认；不是群臣百姓认为好的，君主就不予以承认。但是有些作为人臣的人，养着一批流氓打手，显示自己的威风，为自己办事的人会得到好处，不为自己办事的人，就会被害死。他们以这种手段恐吓群臣百姓，以便实现自己的私利。这就叫作“威强”。

3. 解释

威强，显然就是以威胁、恐吓、打斗、凶杀服人。与第五种腐败方式“民萌”相似之处是，都以人民群众为利用的对象。但“民萌”是唱文戏，给人民群众以甜头，获得人民群众的赞誉；“威强”是唱武戏，给人民群众以恐惧，使之害怕自己。二者的目的都是为自己捞到好处。

4. 新说

腐败的第七种方式是领导干部培养个人势力，借助流氓打手，恐吓干部群众，显示个人威风，实现和维护自己的私利。

这种人其实就是今日时有所闻的“土皇帝”“土霸王”“地头蛇”。他们的主要特点是特权思想极为严重，主要表现是为所欲为，横行霸道。当今有这样几种领导干部可以归于这一类型：一是雇用杀手，杀害其他领导干部，为自己升官打开一条血路，或者对揭露自己恶行、影响自己升迁的干部实行打击报复。二是纵容子弟作恶行凶，为害城市乡里的。三是借助公安警察之力，随意捕人关人，显示威风的。四是某些地方或某些部门为了乱罚款、多收费，采取不正当手段诬陷好人或强征暴敛的。

5. 对策

韩非说：“其于勇力之士也，军旅之功无逾赏，邑斗之勇无赦罪，不使群臣行私财。”把重点放在行凶打人者身上，虽属必要，但是还没有说到点子上。擒贼先擒王，对这一类情况，必须直接对“土皇帝”开刀。追究责任，严格执法，该判刑的要判刑，该开除的要开除。归根到底，这类情况在专制的统治方式下易于出现，难于防治。在民主的方式下，则比较难于形成。因此，彻底消除这种情况，应该从民主监督的角度寻找对策。这里还是要强调民意，人民群众的意愿能够发挥作用，而不是人民群众长年艰难上访，各级官员铁心官官相护。同时，必须加强法制，对这样的领导干部予以严厉打击，做到除恶务尽。

九　第八种腐败方式

1. 原文

八曰四方。何谓四方？曰：君人者，国小则事大国，兵弱则畏强兵。大国之所索，小国必听。强兵之所加，弱兵必服。为人臣者，重赋敛，尽府库，虚其国，以事大国而用其威，求诱其君，甚者举兵以聚边境，而制敛于内，薄者数内大使，以震其君，使之恐惧。此之谓“四方”。

2. 意译

八奸的第八种是“四方”。什么叫作“四方”呢？回答是：做国君的，如果国小就要对大国俯首帖耳才行。如果军队弱小就要对军队强大的国家表示畏惧。大国索要什么东西，小国就要献上。强大的军队打来，小国就要认输。有些做人臣的人，重重的向老百姓收取赋税，把国库弄空了，都献给大国，以便借用大国的威力，压服自己的国君。有的人甚至让大国大兵压境，自己以此为由制服君主。还有人多次让大国的使臣来自己国内，威胁自己的国君，让他害怕。这就叫作“四方”。

3. 解释

韩非所处的战国时代，小国林立，互相之间，关系复杂，有些为人臣者，就利用这种局面为自己谋利。把这种情况移至今日，就是一些干部为自己寻找强大的后台，给领导干部施加压力，从而达到个人目的。

4. 新说

第八种腐败方式是有些干部在官场或社会上寻找强有力的人物作为后台，向领导干部施加压力，以实现个人目的。

今日社会上有时会听到议论，说某人是“通天人物”。或者说某人“有后台”。这样的人做了干部，在地方上或在单位里，不管做什么坏事，一般都无人敢惹。

5. 对策

韩非说：“其于诸侯之求索也，法则听之，不法则距之。”也没有说到地方。这在古代也是做不到的。因为小国对于大国的恐惧决定了小国的国君不敢不听命于大国。在战国时代，基本上是“有强权，无公理”。

在今天，要消除这种依仗强大后台从事腐败的现象，只有斩断各种不正常的关系网。斩断关系网不是说一说就可以解决的事情，也不是制定一两项制度就可以解决的事情，只有加强民主建设，才是最后的出路。

韩非写《八奸》的本意是指出官员为了私利而要腐蚀或影响君主时利用了哪些人或事。他将这些人或事称为“奸”，希望君主防范。以这样的人或事为标准划分出腐败行为的八种方式，这种作法肯定有其局限性，但也肯定能够在一定程度上反映腐败现象的真实情况。甚至可以说，它包括了今日腐败的大部分情况。相信这样的分析，能够对领导干部提供一些有益的参考，使他们更加明确从何处预防腐败。对专制条件下的腐败及其对策分析，也会坚定我们建设民主政治的信念。民主，才是遏制腐败的根本出路。

注：原载王浦劬、傅军主编《政府管理研究》（第一辑），中国经济出版社 2003 年版

中国近代历史与政治研究

传统幕僚制度对当代公共管理的启示

在中国历代政治制度史上，幕僚制度是非常值得研究的一种制度。虽然到目前为止，有关幕僚制度的研究已经有了一些论文和专著，其中有些研究达到了较高水平。但是从整体看来，研究的数量并不多，深度还不够。本文对这一制度及其产生的幕学，从政治学与公共管理相结合的角度，做一些分析，希望能够提出新的见解，引起更多的注意和研究。

一　幕僚、幕僚制度、幕学

（一）幕僚

幕僚，又称幕府、幕宾、幕友等等。

研究幕僚，先要给幕僚下一个定义。而定义是由必须具备的要素决定的。幕僚定义的要素包括：

1. 幕主。是幕僚投靠、依附、服务、效忠的主子。因为本文是从政治学与公共管理学的角度来研究幕僚的，所以这里要进一步将幕主限定为政治人物，包括政府官员、军队将帅、政治要人等。其中军队将帅包括近代以来的军阀。政治要人包括先秦的贵族，也包括当代政治家，如政党领袖。

2. 身份。幕僚一般是独立身份。幕僚不同于官吏，不是幕主的下属，而是以师、友、宾客的身份为幕主做事的人。他们受到幕主的尊重与礼遇。

3. 职责。幕僚的职责是向幕主提供顾问、咨询、参谋或做秘书工作，或管理其他具体公共事务。有些研究者将幕僚简单地称为秘书，这是不完全符合历史事实的。

4. 待遇。幕僚的待遇主要由幕主负担。在历史上，幕主多是政府官员，所以也有的幕僚经过幕主的奏请，其薪俸由政府负担。其待遇一般可称优厚。

5. 特点。幕僚有政治与行政方面的学识、有公共管理的专业特长，积累有丰富的实际公共管理经验，能够胜任某项公共管理工作。

根据以上要素，给幕僚做出定义如下：

幕僚是幕主优礼聘请的、为幕主提供顾问、咨询、参谋、辅佐或担任管理工作的高级专业人才。——这是一个宽泛的定义，适用于古今中外各类幕僚。

（二）幕僚制度

从先秦典籍中可以看到幕僚的萌芽或雏形，《册府元龟》中说，“周礼六官并有吏属，大则命于朝廷，次则皆自辟除。”①战国之贵族也有养士之风，称为门人、食客或舍人，“当是时，魏有信陵君，楚有春申君，赵有平原君，齐有孟尝君，皆下士喜宾客以相倾。吕不韦以秦之强，羞不如，亦招致士，厚遇之，至食客三千人。”②这些都是幕僚制度之滥觞。其实幕僚作为非正式官吏，应该在人类社会出现公共管理人员时就已经出现了，就是主要公共管理人自行聘用的协助、辅佐人员。在中国，秦以后这一制度逐渐发展，秦汉三公“开府”就是一种公开的、正式的幕僚制度。具体的幕僚职称有：从事、参军、记室、长史、别驾……“古者州郡以上得自辟从事、参军、记室之属，故英隽之兴，半由幕职。唐汾阳王郭子仪精选幕僚，当时将相多出其门。”③ 此后各个朝代都有不同的变化。但幕僚制度一直相沿不绝。清代则是中国幕僚制度发展的鼎盛时期。说它是鼎盛时期，理由如下：

1. 幕僚人数远远多于正式在编官吏。比如，清代一个县的编制，应该有县令、县丞、巡检等近十名官员。但是实际上朝廷并不派遣足额官员，往往只派几名官员，甚至只派一名县令。这样，每个县令必须聘用至少三四名、最多十多名幕僚。而在战争时期，将帅征招幕僚，数量更多。如：大将军年羹尧“网罗英杰，凡瑰闳奇特之士，与博弈挞鞠，擅一长

① 《册府元龟》九，《幕府部》。

② 《史记・吕不韦列传》。

③ 薛福成：《庸庵文编》第四卷。

一技者，靡不收罗幕下”。① 又如，曾国藩组建湘军后，自行聘用的幕僚多达四百余人。

2. 幕僚实际上成为国家公共事务管理“官员”，当然幕僚名义上不是正式官员，没有官称、官俸、官爵等，他们很多甚至不能亲自出面管理政务。他们也不受政府管理官员的法律制度管辖。他们来去自由。但他们具体负责管理的事务都是正式官员应该管理的行政事务。所以说他们无官员之名，而有官员之实。

3. 沿袭传统，幕僚有机会转为正式官员。入幕，也是士人寻求入仕的一条道路。幕僚制度，也可看作政府发现人才，选拔人才，任用人才的一条途径。

4. 幕僚成为一个特殊的社会阶层。他们以师、友、同乡、亲戚等关系为纽带，上下联络，左右贯通，互相提携，互相扶助，在官场上纵横驰骋，无往不利。作为一个社会阶层，它是依附于官僚阶层的，可说是“准官僚阶层”，有关幕僚的制度，虽然可称为“潜规则”，但也是官僚制度的组成部分。

5. 由于清朝中央到地方的各级政府都由幕僚充斥其间，实际政务主要由他们把持操控，所以政风好坏，也在一定程度上决定于他们。清朝后期政府腐败，也有他们的责任。

6. 但是幕僚的积极作用也不可忽视。比如，曾国藩幕僚就为中国传统政府管理向近代政府管理的过渡起了一定的作用，洋务运动的兴起与持续，幕僚们在其中发挥了重要作用。曾国藩幕僚在政治、经济、外交、文化、科技、军工……很多方面都有突出表现。

7. 幕僚能够作出贡献，是由于幕僚制度是一项发现人才、任用人才的较好的制度。而人才的专业化也是其中一个重要原因。幕僚专业化是因为形势需要，同时也有了相关的教育培养机制。

8. 清代幕僚制度发展到一个高度，还因为出现了幕学。就是有关幕僚培养的教材。也出现了教育培养幕僚的幕馆，就是相关教育机构。当然，那时的幕学，主要形式是师徒相授，是在实践中学习。

9. 清代幕僚有了分类。在总督、巡抚衙门的称为幕僚或幕府，在中央各部门的称为经丞，在州县衙门的称为师爷。师爷又因专业及管理事务

① 俞蛟：《梦厂杂著》，上海古籍出版社1988年版，第72页。

的不同而有不同名目，如刑名师爷，负责司法；钱谷师爷，处理税收事务，管理政府公共开支；征比师爷，专管赋税征收；书启师爷，负责起草文书；挂号师爷，处理往来公文，等等。

10. 清代幕僚实际上是官僚队伍的组成部分。在清末民初，传统的幕僚逐渐转化为正式公务员。清代官僚、幕僚及其他政府工作人员可以同现在的公务员相比较（以清代州县为例，表左为清代，表右为当代）：

县令—县长
师爷—科长
胥吏—副科及科员
衙役—公安、警察、城管等
长随—勤杂人员

总之，幕僚制度在中国是从先秦开始，历代不断发展变化，到清代达到一个高峰，制度化程度较高，是公共管理队伍的一个重要组成部分，在公共管理方面发挥了重要作用。①

一般而言，幕僚很少庸常之辈，这是因为幕僚本身的要求是做具体政务，而非闲官、清客、词臣、俳优之流。清代出现了一大批著名的幕僚，如魏源、李鸿章、左宗棠、郭嵩焘、冯桂芬、薛福成……，这些人大都由幕僚转为正式官员，为清代政治做出了很大贡献，特别是在洋务运动中，为推动中西交流和中国的现代化起了很大作用。②

（三）幕学

清代出现了一批幕学著作，如汪辉祖《佐治药言》《续佐治药言》，万维翰《幕学举要》，王又槐《办案要略》，无名氏《刑幕要略》，张廷骧《赘言十则》（此书附在《刑幕要略》之后），范玉琨《佐治刍言》，邓绎《幕府瑺言》，庄鼎臣《幕粤剩稿》，姚镇《幕学启蒙》等等。

与此相类似的是被称为“仕学著作”的书，如汪辉祖《学治臆说》

① 参看邵冬霞《试论晚清幕僚的桥梁作用》，《太原市委党校学报》2002 年第 5 期。

② 这一部分内容可参看徐明德《中国幕府制度的渊源、特征与嬗变》，《贵州文史丛刊》1997 年第 6 期。魏鉴勋、袁闾琨《试论清代幕僚及其对地方政权的作用》，《史学月刊》1983 年第 5 期。张学继《论近代军阀幕府》，《浙江社会科学》2002 年第 1 期。许金芳《略论幕僚与中国早期近代化运动》，《镇江师专学报》1994 年第 3 期。

《学治续说》《学治说赘》，徐栋《牧令书辑要》，刘衡《庸吏庸言》《读律心得》《蜀僚问答》，何耿绳《学治一得篇》，高廷瑶《宦游纪略》，田文镜、李卫《钦颁州县事宜》等等。

还有合辑二类的丛书，如张廷骧辑《入幕须知五种》，丁日昌辑《牧令全书》，无名氏辑《牧令书四种》，王文韶辑《牧民宝鉴》，许乃普辑《宦海指南五种》等等。

虽然在清代，由于作者或者阅读对象有区别，故有幕学与仕学之分，但是，如果按今天的情况而言，这些书都是有关行政管理学的教材、资料集，或经验总结性的公共管理学著作。

鲍廷博在《佐治药言跋》中说："律己以立品为先，佐人以尽心为尚。以俭为立品之基，以勤为尽心之实。读律以裕其体，读书以通其用，乃知佐治之不易。"

张廷骧对幕僚的看法是："自古全才难得。习幕而可以佐人者，约有三等：识力俱卓，才品兼优，例案精通，笔墨畅达者，上也；人品谨饬，例案精熟，笔下明顺者，次也；人品不苟，例案熟练，而笔墨稍逊者，又其次也。此三者，上等半由天资，半由学力，固未易得。中次二等，皆可勉为，是在立志以求，循序渐进，自可出而问世。"①

由此可知，要作幕僚并非易事，是有很高的要求的，其实如在今天，就是要精通行政管理某方面的专门知识和技能。由于这个需要，清代才出现了幕学。②

二 研究幕僚、幕僚制度及幕学的意义

研究幕僚、幕僚制度及幕学，不仅仅是历史学的研究，即整理、考证、梳理历史事实，更为重要的是从中得到有益的借鉴，特别是对于政治

① 张廷骧：《刑幕要略·赘言十则》。注：《刑幕要略》是清代幕学书，撰者不详，张为之修订增补。

② 这一部分内容可参看蒋淑薇《从〈佐治药言〉看汪辉祖对幕学的贡献》，《贵州社会科学》1992年第2期。刘耀国《试论清代幕学和仕学的相辅相成》，《秘书之友》1995年第11期。鲍永军《汪辉祖的幕学思想》，《绍兴文理学院学报》2005年第12期。尚小明《论清代游幕学人的撰著活动及其影响》，《北京大学学报》1999年第5期。

学与公共管理学，更是如此。

幕僚在历代政治与行政系统中是一个重要组成部分，在政府公共事务管理中起了不可替代的作用，到了清代，政府公共管理的具体职能大多是由幕僚实际操作的。他们实际上就是地方督抚与州县官员之下的一个官员层级，当然他们没有官员的名分，只是在实际工作中执行这一层级官员的权力。

一般研究幕僚、幕僚制度及幕学的学者，比较注重历史的考据与整理，在这方面已有较多成果。从政治与行政角度研究的不多，所见较多的是对幕学著作中的思想加以整理，将其中对于今天仍有积极意义的部分提出来，作为值得学习与借鉴的内容予以宣扬。这种工作当然是有意义的。不过，我认为这种继承传统的方式虽然可取，但并非最佳选择。

学习和继承中国传统文化，在今天也有人称之为国学，我认为，继承传统文化的最佳方案不是照念照搬传统的字句，而是学习其内在的精神实质，借鉴与继承其精髓。对于传统幕僚特别是幕学，不能只是将幕学中的言语片段整理出来即可，而是要从这个制度与学问中摄取其精华。

本文不可能全面研究幕僚制度及幕学的各个方面，这里只提出一些初步的研究心得。

（一）幕僚制度存在的合理性

幕僚制度的产生与存在有其合理性。这是因为政治制度有其产生与发展过程，在这个过程中，官僚制度必然是不完善的。在先秦、秦汉时期，取士制度还不完善，政府不可能给每个政府机构配置足够的官员，这时，“开府”制度出现了，中央各部门长官及地方长官可以通过这个制度自行选择配备幕僚，从而满足行政管理之所需。即使是科举制度出现以后，选拔人数也是有限的，政府也不能够给予各个部门配备足够的人力资源，也还需要各部门或地方长官自行聘用幕僚。

幕僚制度使得政府负责官员能够从民间发现人才，任用人才，补充科举考试之不足。要知道，任何一种选拔公务员的制度都会存在弊端，都不能将有用人才全部选拔出来，甚至会将有用的人才拒之门外。此其一。其二，是从科举制度这种教育与选人方式中选取的人，绝大多数是读书人，会写文章会作诗赋，具体行政管理的能力与才干并不具备。这就需要具备专业技能的幕僚为之补充。

清末民初，幕僚制度发生变化，政府将幕僚纳入官僚体制内，过去的师爷正式进了公务员编制，先是被称为“委员”，后来成了县里的司法或财政科长等等。但是，幕僚制度实际上还继续存在，不过主要存在于高级官员那里。民国时期的军阀、总统、政党领袖，都有幕僚。① 这就说明了幕僚存在有其合理性，甚至必然性。在国外，比如美国总统候选人的竞选班子，就可以说是幕僚。就是候选人成了总统，他的幕僚仍然存在，可能会进入总统府成为办公室主任或其他官员，但其性质仍是幕僚，即为总统个人提供顾问咨询或负责具体某方面事务。另外也有的总统或州长会有自己的智囊团，这也可以看作是幕僚。② 尽管在很多制度的细节上，这些幕僚与中国古代的幕僚有区别，但是其实质未变。这个实质就是以长官为服务对象，是长官的宾客，不一定是政府官员，但能以其专业特长为长官出谋划策，提供咨询，处理特定事务。应付变化万端的政治环境，面对极其复杂的各种政务，长官的智力无论如何是有限的，长官的下属官员也不可能具备各种人才，能够应付一切，如果有一个智囊团为自己提供咨询甚至制订对策，是非常必要的。

所以，在现代公共管理中，政府主要官员需要有幕僚，这一点，希望官员们能够重视。现在的幕僚可以从大学教授、研究机构的研究员，以及各行各业的专家中选择，他们有自己的工作，但同时也可以作为政府官员的幕僚，在公共管理方面发挥其专长，给官员提供顾问咨询。

我们国家的政党领袖、人大委员、政协委员，也都可以有自己的幕僚，协助自己做好工作。在古代，幕僚制度在有的朝代是有明文规定的，这一点也可以借鉴。

清人黄濬曾说：“古人凡当一面者，无不妙选幕僚，其作用有二：一则如今所谓专家治事，一则罗致有声名气节能力之才人，资其见识以救匡疏失。丰其俸养，勿使去而为患。即论历代开国用人，其意义何莫如是。”③这一段议论可以参考。从某种角度看，专家治事与罗致人才，也包含着一些民主的因素在内，可以在一定程度上削弱政府管理中的专制成分。

（二）幕僚制度有利于人才的培养

幕僚制度是公共管理和官僚制度由不完善到完善的过程中的一种必然

① 参看阎团结《民国的幕僚》，《华夏文化》2000 年第 3 期。

② 参看袁瑞军《美国总统幕僚与阁员的权力消长》，《美国研究》1992 年第 3 期。

③ 黄濬：《花随人圣盦摭忆》，中华书局 2008 年版，第 362 页。说明：北京大学图书馆收藏有 1943 年出版的《花随人圣盦摭忆》（出版者不详），其中 233 页本引文末句为“何莫如是”。其他新版书改为“何莫非如是”，显然是错的。

现象。一方面它继承了古代贵族家养臣僚以及官员“开府”“征辟”的传统，另一方面它也适应了公共管理事务对管理人才数量的需求，同时也应注意到，它使得公务员制度逐渐得到完善。幕僚制度除了完善官僚制度、补充公务员制度之不足，满足政府部门对公共管理人员的需要外，还有一个作用值得重视，那就是它对公共管理人才的培养，包括罗致人才，锻炼吏才等。①

如果说早期的幕僚制度主要是发现人才，罗致人才的话，那么，清代幕学的兴起，就使培养幕僚人才的机制得到了加强。

入幕，是古代士人的一条出路。既为生计，也为实现抱负。入幕需要专业知识、技能和经验，必须是相关方面的人才。这样，幕学的出现，就为人们学习幕僚所需知识才能提供了途径。清代的幕学，采取的主要是师徒相授的方式，这是一种好方式。

清人曾说：要想成为一个好的刑名师爷，“必求申、韩老手，北面师之，朝夕切磨，积数年之力，方可出而应世。”②由此可见，刑名师爷这样的幕僚，他的学习是在有经验的前辈幕僚的带领下，不仅学习书面知识、熟读朝廷的法令律例，而且必须在刑法实践之中，不断揣摩，不断积累，必须学习锻炼数年才可以单独担任幕僚工作。

而担任幕僚工作，也是一个不断学习的过程。经过长期学习，有进步的幕僚就有可能进一步担任更高级的幕僚，有的甚至被幕主举奏推荐给朝廷，被任命为正式官员，直至成为地方大员或者朝廷重臣。如曾国藩从咸丰二年办团练到同治十一年去世，近十二年间，幕僚总数超过400人。据统计，出身曾幕而官至三品者多达50余人，位至督抚堂官者多达26人，其中大学士1人，军机大臣1人，大学士入值军机者1人，全国之名臣能吏，半出其门。③

官场上的师徒相授，以及在政务实践中锻炼从政才能，这是可以借鉴的历史经验。我认为它的优点在于：一是教者是有经验的幕僚，或者是经

① 李晚成：《中国幕僚制度考论》，《上海师范大学学报》1988年第1期。

② 俞蛟：《梦厂杂著》，上海古籍出版社1988年版，第87页。

③ 中国社科院近代史所编：《曾国藩未刊往来函稿》，岳麓书社1985年版，第273页。关于曾国藩幕府，还可参看朱东安《曾国藩幕府研究》，四川人民出版社1994年版。朱东安《关于曾国藩的幕府和幕僚》，《近代史研究》1991年第5期。张欣《论军阀幕僚机制的政治准则与军阀首领的驭下之术》，《台州学院学报》2007年第2期。

验丰富的官长。二是学习是在工作之中进行，是在教者实际示范下学习的。同今天的党校或行政学院的学习比较，其优点是教者富于实践经验。同今天的挂职锻炼比较，是习幕者作为学徒，而不是担任官职，这样以学徒身份学习，效果比有官员身份要好。

（三）幕僚的道德修养与官场腐败

有人研究清代名幕汪辉祖的幕学思想，总结为五点：一曰“辅佐长官以尽心为本”，二曰“要树立自己的良好品行”，三曰“要高度重视学习”，四曰“幕务之要在于勤”，五曰“交友要谨慎”。①

这样的总结对于今天也有借鉴意义。但是，我认为我们应该再深入一步，探讨幕僚道德修养的渊源以及它在抑制腐败方面有什么可以借鉴的经验。我初步提出这样几条：

1. 幕主的廉洁公正，有事业心。古语云：物以类聚，人以群分。又云：同气相求。历史事实也证明了这些道理。如前面提到的唐代郭子仪和清代曾国藩就是这样的幕主，他们的幕下就聚集了一批有志气、有抱负、有才干的幕僚，共同做出了一番事业。不过，廉洁公正，有事业心的官员，有的是因为自身修养达到了某种高度，但这是可遇不可求的。要保证高级官员的廉洁公正与有事业心，还需要制度的保证，也就是要有足够的压力，相应的监督，适当的标准与要求。

2. 传统儒家伦理道德思想的影响。儒家思想几千年来相沿不绝，读书人读之信之，并以之约束自身，说明儒家思想作为传统文化的一部分，在中国士人心目中有其崇高地位。其实传统所重视的忠孝、爱民、廉洁、信义等等道德信条，套用今天的一句话，可以说是具有“普世价值”的道德准则。我们必须重视“普世价值”，而不能以任何虚妄的理由否定它。清代幕学思想基本贯穿着儒家的道德伦理思想，其中必定有适用于当今的部分。

另外，传统文化中的某些准宗教观念也起着一定的作用，这是事实，在汪辉祖的书中有明确的表达。我认为，对于所有有助于人们维持一定道德水准的思想观念，都应该允许其并存。这是从汪辉祖的书中得到的一个启示。思想专制往往会导致言路受阻，导致自我约束降低，导致全体道德沦丧，进而导致政治与社会腐败，这也是历史一再证明了的。

① 眭达明：《清朝名幕汪辉祖及其幕学思想》，《秘书》2004 年第 12 期。

3. 官场腐败除了道德约束外，也有其他条件的约束。如果一个政府机构臃肿、人浮于事，特别是人事关系复杂，就有可能导致腐败的发生。清代政府机构相对来说是很小的，除了政府编制本身就小外，各部门与各级地方政府的长官，在自行聘用幕僚以治理政事时，一般是不会造成机构臃肿、人浮于事的情况的。这一点是否对于今天也有借鉴意义呢？我认为是值得讨论的。因为当代西方政府管理改革的理论也提出用管理企业的方式管理政府，而中国古代的幕僚制度就包含着企业管理的一些本质性的东西。地方官管理地方，并且自选幕僚，其实就带有承包的性质。他就会考虑成本与效率问题。在这样的情况下，如果长官本身廉洁，一般地方政府就廉洁，政府规模不会过大，一般也不会造成挥霍浪费现象。

当然，清代中后期，幕僚也出现了问题，主要是缺乏有效的管理，长期的幕僚制度使得幕僚成为一个特殊阶层，相互之间关系错综复杂，其中互相勾结，贪污腐化，中饱私囊的情况就越来越严重了。清政府的贪污腐败，幕僚制度的蜕化变质，也在其中起着一定的作用。这也是需要认真研究的问题。我的观点是，任何一种制度，经过长期使用，都会有一个自动衰变的过程，它的出路只有两条，一条是人为干涉，纠正它，防止衰变。另一条就是用新的制度取而代之。后一条出路是必然的和绝对的。但是旧制度中的有益成分是可以考虑借鉴的，这就是研究幕僚制度与幕学的意义。

三 结论

综上所述，中国传统的幕僚制度有其优点，也有其弊端。我们应该加以研究，对于它有益的部分，特别是其中合理的精华，要注意借鉴与吸取。

幕僚是幕主优礼聘请的，为幕主提供顾问、咨询、参谋、辅佐，或管理具体政务的高级专业人才。这是本文给出的幕僚的定义。本文认为，幕僚制度中国是从先秦开始，历代不断发展变化，到清代达到一个高峰，制度化程度较高，是公共管理队伍的一个重要组成部分，在公共管理方面发挥了重要作用。做幕僚要精通行政管理某方面的专门知识和技能，这样就发生了幕学这样的专门学问。

研究幕僚、幕僚制度及幕学，重要的是从中得到有益的借鉴，特别是对政治学与公共管理学而言。幕僚制度的合理性，是因为它是公共管理的需要，其一是专家治事，其二是罗致人才。从某种角度看，专家治事与罗致人才，也包含着一些民主的因素在内，可以在一定程度上削弱政府管理中的专制成分。清代幕学在培养公共管理人才方面，其师徒相授和在实践中学习，都被证明是有效的培养人才的作法。幕学重视行政伦理，保持传统道德，幕僚制度有利于政府机构的精简与效率，如果善加利用，有利于防止腐败。这些也都是值得研究的。

希望这样的研究能够对于今天的公共管理理论有所补益。

注：原载谢庆奎、佟福玲主编《传统文化与公共管理》，社会科学文献出版社 2011 年版，第 242—253 页

但明伦小传

在中国晚清历史上，但明伦应该算个名人。他作为清朝负有守土之责的大官，曾与侵犯中国的英国军队打过交道，也同反清的太平军周旋过。但他所使用的办法均非出于正道，因此，对他的所作所为，有人歌功颂德，有人则嗤之以鼻。

但明伦是贵州广顺州人（今贵州长顺县西北之广顺），字天叙，号惇五，一字云湖。嘉庆十五年（1810）中举人，二十四年（1819）中进士。在翰林院做过庶吉士、编修，被擢为御史。道光三年（1823）任湖南岳澧道，十年（1830）任山西河东道。再任山东盐运使，以失察降级。后在荆州襄阳盐法道任上，于道光二十年（1840）夏救水灾有功，补郧阳府知府。

第一次鸦片战争爆发时，但明伦任江苏常镇通海道。道光二十二年（1842）二月，升任两淮盐运使，驻扬州。六月十四日，英国侵略军攻占镇江。镇江距扬州仅 40 里。扬州城内人心惶惶，店铺关闭，民众外逃。连清朝三朝元老、退休享受半俸的大学士阮元也离扬远遁。六月二十二日，道光帝命令但明伦层层设伏，并填塞河道，以断英军来路。第二天又正式下诏给他加按察使衔，令他负责扬州至清江一带的防务，遇有应行陈奏事件，准其单衔入奏。可以说，但明伦是临危受命，道光帝对他也是寄予厚望的。

此时中国方面已经经历了一年多的反侵略斗争，在清朝官吏中涌现出一批忠于职守、勇于献身的忠臣烈士，如陈连陞父子、关天培、江继芸、葛云飞、郑国鸿、王锡朋、裕谦、陈化成、海龄等人先后为国捐躯，留下了不朽的英名。另一方面，也有一些官员畏敌如虎，或者临阵逃脱，如余步云、牛鉴；或者竖起降旗，如奕山、余保纯。他们的行为受到人们的唾弃。

在扬州城中担负守土之责的但明伦，既没有做忠臣烈士，也没有逃跑、投降。他走了另一条道路。

当时沿海城市个别绅商，看到官兵难以抵抗英军的入侵，他们深恐英军入城后，自己遭受重大损失，于是出面谋和。他们以商人的精明，对侵略者的掠夺本性看得很准。于是，他们根据经商的经验，试图采用贿赂英军的办法，乞求英军不要攻城。仪征盐商、候选运同颜崇礼曾出面同英军交涉，请求交纳银两，保全镇江，后未谈成。侵略军头子璞鼎查要求颜崇礼转告扬州官绅，要想保全扬州，必须交出 100 万两白银作为“赎城费”。在扬州开书画馆的商人江寿民随即出面同英军讨价还价，使英军同意将所谓的“赎城费”减半。按说敌军未占扬州，先交所谓的“赎城费”，实属荒唐。但是，但明伦却欣然同意，并借出公款，派江寿民等人携礼送往英军中。英军后来没有进攻扬州，而是直逼南京，迫使清朝政府与之签订了不平等的《中英南京条约》。

英军有无攻打扬州的计划，这是难以考证之事。但是，但明伦与江寿民的举动使英军不战而获巨款，确是帮了强盗的大忙。而所谓绅商公同认捐的“赎城费”，实际上还会以种种方式分摊到扬州百姓头上。

但明伦因为买通了英国侵略军，心里有了底，便在扬州城内大充英雄。当民众纷纷出逃、店铺相继关闭之际，但明伦亲巡街道，并派人挨户散发名帖，告喻百姓：“如夷人来警，不闭城门，公服坐大堂，听夷杀我，不伤尔等。”

扬州幸而未遭战火，于是一班士人绅商便一齐颂扬但明伦护城之功，有的绘图、有的题诗、有的送匾，但明伦一时间真成了人物。无名氏《扬州竹枝词二十首》中有“都转淮南仰但公，十分才胆十分雄”之句，可以看出此公当时在某些人心目中的“高大”形象。但明伦的作为在当时也遭到许多有识之士的斥责，时人所做《闻警纪实七绝十四首》中有一首诗：“纷纷和议更甚嗤，馈礼输银受弗辞。究竟扬人无见识，苟延残喘亦奚为?”对但、江等人的作为表示不满。夏燮《中西纪事》不仅说但明伦以守土之官买城求活，是无耻达官，而且还说，通过此事，“江寿民因之以为利，但都转贪之以为功”。这两句话活活勾画出了这一官一商的本来面目。

在第一次鸦片战争结束后，曾流行一首以“江浙乱纷纷，鸦片起祸根”开头的《五言诗》，其中对但明伦赎城之事这样写道：“扬州早降伏，八十万盐银。盐政岂无官，知几但明伦。”“降伏”二字，表明作者对但明伦赎城一事的看法。这首诗中还指出清政府中主和派是“攒凑黄白金，输敌买安静”。伊里布等人在给道光的奏折中也称英军于中英谈判时索要2100万元数目不大，商民“乐输”，“似于国家经费，不致周章”，“与其徒搏征剿之名，莫收实效，孰若竟作权宜之计，永息兵端?”这就是清廷签订不平等条约的“理论”。伊里布等人是面对兵临城下的局势走上这一步的，但已作为投降派，被钉在历史的耻辱柱上。但明伦则在敌锋尚远的情况下，采用了“攒凑黄白金，输敌买安静”的办法，可见他比伊里布等人还要等而下之。

不管后人如何评说，但、江二人对自己的所作所为还是颇为自得的。这种自得便为他们十年以后的结局埋下了伏笔。

咸丰三年（1853）二月，太平军在占领南京后，出兵一支，由林凤祥、李开芳率领，攻打镇江、扬州。在此之前，咸丰帝已命漕运总督杨殿邦督同两淮盐运使刘良驹（道光三十年继但明伦任此职）防守镇江、扬州，前任盐运使但明伦帮同办理扬州防务。

当太平军占领镇江后，但明伦、江寿民故伎重演，希图侥幸，给太平军行贿之后，双方居然达成协议：清朝官员暂避城外，太平军进城后再离去。这样，太平军不用费力攻城，清朝官员可得保全城市之功。

不过，但、江二人这次行动开始就不顺利。候补盐知事张翊国向上级上书坚决反对但、江之计，而且率领兵勇将江寿民捆绑起来交给杨殿邦处理。但是杨殿邦支持但、江二人，他为江寿民松了绑，打发他去实施他的奇谋妙计。随后，杨殿邦去淮安、刘良驹到奉州、但明伦走如皋，留下江寿民与太平军周旋。太平军不费吹灰之力占了扬州。但明伦、江寿民和清朝官员们不曾想到，太平军进城后并不想退出，反而借口清军调动，质问江寿民。江寿民反责太平军失信，结果受到鞭笞凌辱。他知道扬州是失定了，自己吃罪不起，只好自杀了事。

扬州失陷后，守城官员都受到处罚。咸丰下令将但明伦发往新疆充当苦差，仍暂留清江浦随同江南河道总督杨以增办理防务，戴罪自效。

夏燮《中西纪事》称但、江二人“侥幸于十年之前，厉梗于十年之后”。侥幸也罢、厉梗也罢，究其原因，是所采用的御敌之策荒唐过甚。用兵之道有正有奇，但没有但、江二人如此贿赂之术。对于此术，无以名之，姑且名之为“交易退敌术”。使用此术，不算投降也是屈辱，而其最大特点便是损己资敌。但明伦以堂堂三品官员，出此下下之策，实在可悲可笑。然此事出在政治腐败的晚清，并不奇怪。十年前与十年后，大清皇帝都不以贿敌为罪，而只以成败论功罪。可见，“攒凑黄白金，输敌买安静”已为大清上下一致认同。琦善、伊里布等人代表朝廷，即以此术对敌，清朝怎能不为外人所轻？怎能不日渐衰败？又怎能独怪但明伦这般行事呢？相对而言，但明伦者，小丑而已。

另外，从但明伦来说，他在重演故伎时犯了一个大错误，就是不明白太平军与英国侵略军是有区别的。英军之进犯，目的不在争城夺地，而在抢掠搜刮，贿敌之策正中强盗下怀。太平军却是要留正去邪、取代大清的，目的就是要争城夺地，贿敌之策正好为太平军所利用。但明伦最终获罪，实在是由于太糊涂。

但明伦因道光二十二年之事，与扬州商人建立了很密切的关系，后来他丢了官，仍来往于扬州。而且，他积攒了不少的钱，用这些钱，他办了两件事。一是在家乡广顺州兴建起一处宅第，其豪华精美甲于黔中。看来，他本有归隐打算，但没有来得及还乡（抑或舍不得离开繁华的扬州）便死去了。但明伦办的另一件事是出版了个人专著，使他在文学领域占了一席之地。他出的书被称为“但批聊斋”。据他自述，从小喜读《聊斋志异》，一读四十余年，后来就加以评点，终于在道光二十二年，完成批聊斋的工作。道光二十二年，是但明伦的得意之年。一方面他用金钱从英人手中买来扬州的安静，另一方面他利用这份安静完成了聊斋但氏评本，并且付梓成书，据说这书镂刻精致、朱墨灿然，在当时成了收藏珍品。他的批语也的确显示出他有一定的文学造诣。现在可以从商务印书馆出的《聊斋志异》会校会注会评本中看到但氏评语。

但明伦的传记，在《清代贵州名贤像传》（凌惕安撰）中有一篇。这篇传记只字未提但明伦两次施行贿敌之计，仅在记述道光二十二年之事时，大谈但明伦如何布置了有效的防御工事，成功地阻止了英军的入侵，好像但明伦是个了不起的军事家！这是欺世之谈。把但明伦视为地方“名贤”的传记作者，对但明伦的“交易退敌术”也讳之莫深，可见此术难登大雅。今人要了解真实的但明伦，只能从清人笔记、诗文中窥得一鳞半爪。所以本文综采诸说，为之立一小传。知道了但明伦其人，更可知关天培、陈化成等人守土抗敌精神之可贵，这就是为但明伦立传的意义所在。

注：原载《文史知识》1994 年第 11 期

第一次鸦片战争前后的曾国藩

在与太平军作战之前，曾国藩在北京住了十四年。《曾国藩全集·日记（一）》（岳麓书社 1987 年版）所记内容，反映了曾氏居京前七年的情况。时间是道光十九年至二十五年（1839—1845）。后七年的日记尚未见到。

黎庶昌在《曾国藩年谱》中说，曾国藩入都后经“翰林七迁”，到道光二十七年升授内阁学士，兼礼部侍郎衔。日记所记内容大体上是“翰林七迁”的时期。由翰林调至中央各部或地方，才有机会施展抱负。所以这七年对曾氏而言，便是等待与盼望的七年，是漫长而难挨的时光。因此，曾氏心绪不佳，是很自然的事。从道光二十一年起，曾氏充任国史馆协修官。道光二十三年，他在日记中写道：“予前冬入史馆而绝不供职”，想到同事们在史馆何等勤奋，不免“对之愧杀”。看来史馆的工作是凭良心做的，曾氏志不在此，连钟也不肯撞。从他的日记中可以看到，他的日常活动多是写诗、作文、读书、抄书、习字、围棋、会客、访友之类。其间也有充当四川考官及会试同考官等差事，但都只是临时性的工作。

曾国藩在这一时期感到怀才不遇，甚至有退隐的念头。从他在这一时期所作的诗文中便可看出：“无穷志愿付因循，弹指人间三十春”（《寄郭药仙浙江四首》）。“所忧非所职，所乐殊未央”（《杂诗九首》）；“怀璧误一投，已遭官长刖，我作燕山囚，衾裯冷如铁”（《寄怀刘孟蓉》）；“补天倘无术，不如且荷锄”（《秋怀诗五首》）。《曾国藩全集·诗文》中所收诗作以这一时期为最多，身闲与心忧，恐怕是主要原因。等到后来忙于征战，心中充实了，诗作明显减少，也很难再看到这一类幽怨的句子了。

在这种寂寞的日子里，第一次鸦片战争的消息，便愈发激起他的感慨。日记中有关记录约有五处，可见曾氏对此事的关心。但最能表露心迹的还是诗句。曾国藩的好友郭嵩焘于道光二十年至二十四年之间离开京师前往东南沿海抗英前线。曾国藩先后寄给他许多诗作，表达了他对战事的关心、对国家的忧虑。最初的诗中写道：“蝗螂竟欲挡车辙，髋髀安能抗斧斤?”（《寄郭药仙浙江四首》）对于天朝大国，尚有信心。但是清廷后来以议和了事，他万分感慨地在诗中写道：“昨来殊不适，日落独登楼。西北看辽沈，东南望海陬。苍茫怀百代，浩荡足千秋。画肚长思量，嗟我肉食谋。”（《得郭药仙书并诗却寄六首》）寥寥数句，从大清开国到海疆不靖，忧愤之情，溢于言表。《岁暮杂感十首》中更有“国仇犹未雪，何处著迂儒”之句，真是报国无门，徒呼奈何！

道光二十一年，曾国藩在《杂诗九首》中写道：“飓风扬海涛，潮平已复静，君子别有忧，众人恐未省。”“忧”什么呢?可以从他道光二十四年《题朱伯韩诗集后十首》中看出：“金陵昔歃血，裂眦激癃疲。事过付东风，沓沓如故时。岂非吾辈耻，痛巨不可思！三更荷戈起，四问夜何其。”他所深深忧虑着的正是清政府内部的腐败。

曾氏在第一次鸦片战争期间，站在主战一方，与一班志同道合的官员互相激励、唱和。朱伯韩（朱琦）即是当时一位极力主战的御史。另如黎越乔（黎吉云）也是一位御史，曾上书言战。曾氏有诗赞他在“逆夷昔烂漫，兵部御东南”之时，“夜半草万言，朝奏甘泉宫”，“自献虽不效，义愤俟贾终”（《送黎越乔侍御南归六首》）。又据《〈软尘私议〉考证》透露，台湾兵备道姚莹于第一次鸦片战争时因抵抗英军侵略，遭到主和派诬陷，而“被逮至京，舆论纷鸣不平。抵京，一时名公卿争相车骑出迎，凡至长辛店者二十余人，曾文正公其一也”。

曾国藩在第一次鸦片战争期间的态度是十分清楚的。年轻气盛，心忧国事，痛恨外敌入侵，深感报国无门，更为政府腐败、官员萎靡而忧心不已。此时的曾国藩是积极主战，颇有壮志的，这同后来处理天津教案时的曾国藩相差何啻天壤！曾氏前后近三十年间的巨大变化，实际上有一个渐变的过程。从思想政治上看，曾氏逐渐认识并提出“一意主和、隐图自强”的主张。这在中国与列强实力悬殊的情况下，不失为一种比较实际的主张。但在实践中，清政府日益腐败的大趋势却不是曾氏可以扭转的。“自强”仅是幻影。本为自强创造条件的主和，似乎成了目的。时势可以造英雄，也可以造懦夫。曾氏的悲剧本质上是封建王朝走向没落时代的历史悲剧。曾氏在事后的痛苦悲哀正与他早年在京时期的义愤填膺遥相呼应。

曾氏居京前七年中，还有一件大事就是对理学的向往与实践。这是从道光二十一年八月开始的。年谱中记载："善化唐鉴由江宁藩刁入官太常寺卿，公（曾国藩）从之讲求为学之方。时方详览前史，求经世之学，兼治诗古文词，分门记录。唐公以义理之学相勖，公遂以朱子之书为日课，始肆力于宋学矣。"唐鉴是曾国藩进入理学的领路人。对曾国藩影响较大的另一位理学家是蒙古倭仁，他年长曾氏十七岁，同唐鉴一样，也是曾的前辈。年谱中说，道光二十二年"公（曾国藩）益致力于程朱之学，同时蒙古倭仁公，六安吴廷栋，昆明何桂珍，窦垿、仁和邵懿辰及陈源兖等，往复讨论，以实学相砥砺。其为日记，力求改过，多痛自苛责之言。……每日必有记录，是为日课"。

正是在这一年，清政府在第一次鸦片战争中节节败退，最终同侵略者签订了南京条约。曾国藩则是报国无门，于郁郁之中跨入理学门槛。在这一年的日记中，他给自己定了许多戒律，强迫自己以程朱理学为宗，尽力克己，要"换一个人"。日记中确有许多"痛自苛责之言"。仅"晏起"一事，就多次自责。然而无所依托，空言修身，绝非易事。看着曾氏一而再、再而三地说要改正，却又再三再四地大睡懒觉，即可知理学之于曾氏并非一块净土，可以消除他内心的不平，可以使他振作起来。

自第二年的日记起，此类内容已经极少见到。但从两件事仍可以看出他还在理学之中苦苦挣扎。其一是道光二十三年四月"入正大光明殿应试，……出场……始悟有一大错，已悔之无及矣。"第二天还"因场屋有大错，心甚不安帖，与内人兀自相对。患得患失之心，憧憧靡已，强为制之，尚觉扰扰，夜不成寐。日日所谓知命者，至是何有，真可羞已。"尽管如此，第三日仍要"四处打探，行坐不安。丑极！"好在结果是中了二等第一，由翰林院检讨升为侍讲，一颗心方才安顿下来。其二是，道光二十四年日记中有几则："以后永戒不下棋也。"第二天日记中则写着"复蹈昨日之辙。"第三天日记中却是"与筠仙对弈。"隔两天后又写道："（与人下棋）头昏眼花，因戒永不下棋，誓曰：如再下棋，永绝书香也。"这以后是否"永不下棋"了？根本不是。

向往与实践理学不是曾国藩的归宿之地，他还在等待与寻找。直到再一个七年之后，太平天国起义才给他提供了发展的绝好机会。在这一番生死搏斗中，曾国藩固然要以卫道士的身份，以理学家的口吻声讨太平军破坏名教之“罪”，但他对付太平军的手段却非理学所能提供，而是以前研读史书、究心经世之术的心得同实践结合的结果。理学的修身实践，在无所依托之时，连睡懒觉的毛病也克服不了，而一旦身居戎旅之中，有了奋斗与追求，曾国藩也就立即“换了一个人”。许多当时人的记录中，都对曾国藩刻板、严谨的起居，严于律己、勤于治事的作风有较详细的描述。这种作风后来又为其弟子李鸿章所继承。梁启超在《李鸿章》中说：“李鸿章之治事也，案无遗牍，门无留宾。盖其规模一仿曾文正公云。其起居饮食，皆立一定时刻，甚有西人之风。其重纪律、严自治，中国人罕有能及之者。”“西人之风”颇合理学家之修养，这一点也耐人深思。特殊的境遇，使曾国藩能够实践他居京时期的理学心得。但是，曾国藩是既学习理学，又绝非理学所能限之者。否则，曾氏后来刊印王船山遗书就真是不可思议了。

学习理学而能有大作为，正是因为曾国藩没有局限于理学之中。这在有些人就做不到。倭仁即是一例。倭仁与曾国藩当初因理学而成为师友，但后来却分道扬镳，各有阵营，斗争形同水火。这集中表现在同治六年洋务派与顽固派关于设立同文馆的争论中。当时奕䜣主持总理各国事务衙门，曾国藩等人为封疆大吏，他们往复函商，共议设立同文馆（天文算学馆）。这是中国向西方学习的一个重大步骤。而倭仁却不幸充当了顽固派的首领。他在奏折中竟说：“窃闻立国之道，尚礼义不尚权谋；根本之图，在人心不在技艺。”“如以天文算学必须讲习，博采旁术，（中国）必有精其术者，何必夷人？何必师事夷人？”这些话，字字合于理学，但句句不切实用。同治的上谕也很有意思，倭仁既称中国有“精其术者”，就请他“酌保数员”，“另行择地设馆”，亲自“督饬讲求”，与同文馆“互相砥砺，共收实效。”这一招就逼着理学家把真面目暴露出来了。倭仁赶紧上奏称“奴才何敢再参末议？”“请不必另行设馆。”原因是自己“意中并无精于天文算学之人，不敢妄保。”原先所说“不过以理度之而已。”好个“以理度之”！幸亏曾国藩等人没有“以理度之”，中国才得以风气渐开，西学渐入，为以后的变法与革命打下了基础。

居京前七年的曾国藩，年龄是28岁至34岁。这时期，他可以说是一个诗人，一个理学家。就诗人而言，他有一腔爱国热情，对外敌入侵怀有极大的义愤，并为报国无门而痛苦忧愁。就理学而言，他是努力向上、积极进取的。在外在的事业无法展开时，追求内在的修身养性，这是不甘平庸的表现。年轻时期的曾国藩所表现出来的爱国热情与不甘平庸，为他日后能成就一番大事业打下了坚实的心理与思想基础。

这就是第一次鸦片战争前后的曾国藩。了解曾氏早年的思想与经历，对于今天树立爱国主义思想是会有所帮助的。

注：原载《文史知识》1995 年第 6 期

《皇朝政治学问答》：我国最早的政治学著作

我们知道，早在公元前3世纪，古希腊思想家亚里士多德（公元前384—前322）就写了一部叫作《政治学》的著作。而在中国历史上，直到19世纪90年代以前，虽然有关政治的书籍非常之多，但在书名上明确标明“政治学”的却没有。这也可以理解，因为中国的政治学学科，是在西方影响之下才出现的。在书名上采用“某某学”的作法，也是这以后才有可能出现的事情。政治学作为一门独立的学科，在西方是很晚才出现的。1880年美国成立“哥伦比亚大学政治研究院”被认为是现代西方政治学学科独立的标志[①]。而此时，正是中国走向世界的开端。随着洋务运动的兴起，中国人开始对西方的政治思想和政治制度有了一些了解。从维新变法期间到变法失败以后，知识分子通过译书、著书、创办报刊，开始大量地宣传西方的国家学说、契约论、三权分立、民主、自由、天赋人权等理念，也把议会、政党等国家制度介绍到中国来。可以说，当时的中国和西方在思想文化的交流上（主要是吸收），是比较畅通的。因此，政治学在西方开始成为一门独立学科的时候，就开始传入中国。当以《政治学》《政治学史》等命名的著作，在欧美及日本陆续出版之时，中国的有识之士，也及时地翻译过来在中国传播。据宝成关先生统计，“1901—1904年间各书社翻译出版西方政治学说专著共66部”。[②]其中，美国伯盖斯所著《政治学》就有“译书汇编”社（1900年）和上海作新社（1902年）两种中译本；德国那特硁所著《政治学》，也有上海广智书局（1902年）和上海商务印书馆（1904年）两种中译本。[③] 中国的大学也在这期

① 《中国大百科全书·政治学》，中国大百科全书出版社1992年版，第12页。

② 宝成关：《西方文化与中国社会——西学东渐史论》，吉林教育出版社1994年版，第410页。

③ 同上书，第410—414页。

间开始设立政治学学科。北京大学的前身——京师大学堂在1899年就设立了政治堂，政治学也早就成为其基本的学科门类①。

那么，最早由中国人自己编写的、在书名中标以“政治学”字样的书是哪一本呢？囿于见闻，尚不能确指，但我所读过的一部《皇朝政治学问答》，估计应当属于最早的完全由中国人自己编写的“政治学”书籍。《中国大百科全书·政治学》开头的“政治学”专文提到中国第一本政治学教材出现在1898年，但是那是一位德国教授的讲演录的翻译本，不是中国人自己撰写的。1905年还出现一部由中国人杜光佑署名“编辑”的《政治学》著作，但实际上是中国留日学生根据日本教授的讲授和教材整理而成的，不能算是自己的著作。在中国人刚刚开始向外国学习的当时，只能是进行翻译或编译，而由中国人自己来写一部像样的政治学著作，是不大可能的。正由于此，我所说的这部“政治学”著作才有可能是中国人自己撰写的第一部“政治学”著作。主要理由就是它不是一部像样的政治学著作。

这部《皇朝政治学问答》是由清末北洋官报总局印行的，二册一函，分为初编、二编，等于是上下册。原书编于“壬寅年”即光绪二十八年，公历1902年。我所看到的是增校补编过的本子，② 未标明增补印行时间，但增补极少，而且都注明哪些是新增的内容，所以此书初版本的原貌仍然是很清楚的。这部书的最大特点就是在书名中标明“政治学”字样，从而有可能成为我国第一部自己人撰写的“政治学”著作。但是它的内容却不能令人满意。

我们来看此书内容。“初编”分上、中、下三卷，在三卷之前还有一个十分重要的“首卷·龙兴篇”，所以实际上是四卷。“龙兴篇”简略地叙述满洲的起源以及清朝的开国史，然后逐一罗列历任皇帝，到光绪为止。对于光绪之前的每一位皇帝，都写明其庙号、年号、在位若干年、忌

① 王学珍等主编：《北京大学纪事（1898—1997）》，北京大学出版社2008年第2版，第8页。

② 《皇朝政治学问答增校》，清光绪年间，北洋官报总局印，北京大学图书馆藏。此书书名页仍题《皇朝政治学问答》，但增校者在“略例”中声明“仍用原名加增校二字以示区别”，并在书口处题名《皇朝政治学问答增校》。此书共二册，在书中题名后分别标明“初编”“二编”。北京大学图书馆著录为《皇朝政治学问答增校初编》，是把“初编”误为书名的一部分。（说明：本文引用原书时加了现代标点符号）

辰、陵墓、子女数目及夭死情况。仅此而已，没有介绍他们的生平政绩。对于光绪，则只写了一句："今上皇帝光绪万万年。"

"初编"的上、中、下卷才是正式的问答。首先分出许多类目，如："宗室觉罗""朝会行礼""祭祀行礼""宗室例禁""宗室官员""乘坐椅轿""赐谥""宗室觉罗犯罪"等，共有二十个类目。每个类目之下，再提出一些具体问题，予以解答。如在"宗室觉罗"这个类目下，解答的问题有"何谓宗室?""何谓觉罗?""黄册所载是何?""红册所载是何?""玉牒几年修一次?""何谓天潢一派?""何谓星源集庆?"等等。在"朝会行礼"这个题目下，解答的问题有"朝会大典，各按爵职行礼，御前大臣应在何处?""朝班次序若何?""何为乾清门外行礼?"等等。在"宗室例禁"这个类目下，解答的问题有"王公许与内廷太监往来否?""王公欲遣太监出口则何如?"等等。

"二编"分上下卷。上卷的类目有"圣主"、"坛庙祭祀"、"纶音"、"奏报"四个。下卷的类目有"大内"、"京师"、"省会"三个。编者自述上卷内容是"上自皇上修德行政，下至臣工具折言事"，大体属政治制度；下卷内容是"紫禁城内外各处，指其地，举其名，由京及外，由近及远"，实则是全国地理概述。

将全书内容归纳一下，主要包括六个方面。

1. 清代开国简史及历任皇帝简介

突出宣传"君权神授"观念。"龙兴篇"一开头就说："我国家龙兴东土，朱果发祥，天生圣人，生而能言，居长白山……"对历任皇帝的介绍则简洁到极点。这样做，一方面的确可以起到纪念的作用，另一方面则可能因为专制统治之下臣民不便议论皇帝，所以这一部分内容也不以问答形式出现。

2. 有关宗室觉罗的种种礼仪、制度、规矩

在清代，宗人府是排在政府机构之前的，而且宗人府人员之多也超过政府机关。在这部答问中也是将有关皇室的内容放在最前边。这是"家天下"的表现。在此书中，有关宗室觉罗的内容占了全书的一半。从此书内容可以看出，清朝在对皇族尊崇、重用和特殊照顾的同时，也有严格的控制和防范。这是君主专制时期政治统治的一个主要内容，在清代尤其明显。这一部分内容包括：有关皇族的婚姻、命名、过继、爵职、考试、任官、例禁、犯罪处理，等等。这里举几个例子：

在确立皇室地位方面，例如：问："何谓天潢一派？"答："天潢，星名也。言宗室尊贵，皆由列圣传下一派，上应天潢，至尊至贵也。"

在重用满人方面，例如：在涉及"考试应封"的一些条目中，可以明显看出清朝对皇室子弟的优待。考试内容非常简单，一般只考马箭、步箭、翻译三项。考试机会又非常多。也就是说，满人做官的机会比汉人多得多，而且条件却比汉人低得多。

在控制满人方面，例如：在"宗室例禁"中，谈到王公不许与太监往来，"宫内当差太监，即原由某府所进，亦不准又回某府，给旧主人请安。"又知清代虽不许太监出京，但"如有郡主、县主，与蒙古王公结婚，必须遣太监出口者，报官给太监随身护票。"

3. 有关巩固皇帝绝对权威的规定

这方面内容繁多，略举一二。

问："圣主之称何义？"答："言我皇上生有圣德，而为天下之主，凡属之皇上者，皆加圣字。如圣躬、圣颜、圣学、圣虑……圣驾是也。有用天字者，如天颜、天德、天语。有用宸字者，如宸衷、宸躬……皆与用圣字同。"这些皇上专用敬辞还有"御""钦""纶音""制""诏""敕"等。其他一些常用于歌颂皇上的词如"圣不自圣""圣圣相承""日理万机"等，也予以解释。还有一些则是官方常用术语但含有尊敬皇上之意的，如"御门办事""请训""陛辞"等。另外，对皇帝惯用的批语也做了介绍，如"依议""知道了""所奏甚是"等。

4. 有关大臣具折奏事的惯例、规矩、制度

在这一部分中，解答的问题很多，如"何谓风闻入奏？""何谓无事片？""何谓片奏？""何谓奏定章程？"以及对"表""笺""疏"等名词的解释。

5. 有关政府机构介绍

在"大内"这个题目下，介绍了"上书房""敬事房""奏事处""批本处"等。在"京师"这个题目下，几乎介绍了所有的政府机构。例如：问："都察院在何所？"答："在太常寺之南，院内大堂左右，分为各道，各有御史掌管。此衙门稽察京外各事。院内有圣祖御书'都俞吁咈'堂额。"

6. 全国地理略述

所谓略述，即不是面面俱到，而是有所侧重。在"大内"这个类目

下，介绍了“紫禁城”“内廷”“外庭”“风云雷雨四庙”等。在“京师”这个类目下，介绍了“首善之区”“京城几门”“京营地面”“八旗地面”“查城”“京仓”“堂子”“驯象所”“朝日坛”等。在“省会”这个题目下，介绍了“省会”“省城”“东三省”“盛京”“十八省”“通商口岸”“苗疆”“土司”“台站”“古北口”“独石口”等。可见作者侧重的是一些特定的地理名词，其中多数与政治、经济、军事、外交关系较为密切。

在地理这一部分也有一些内容，带有当时“天朝大国”的思想观念，比如在“省会”这一题目下，问“何谓有约之国？”回答则介绍了与中国订立条约的十六个国家。这显然是受了朝贡思想的影响，视北京为世界中心，与中国订有条约的国家就都是附属国，其地位同各省差不多。

以上是本书大致内容。现在我们看一下编者为什么要编这样一部书，以及编者与增校者对“政治学”的理解。

原编者在“叙目”之后说：“泰东西士夫来吾国者，研究我朝事实綦详，凡咨询所得，辄录小册，置夹袋中。还以叩之吾国士夫，大都皆拑口挢舌而不能答也。编者憾之……辑为此编，以便始学，不过九牛之一毛耳。呜呼，生大清国为大清民，并此九牛一毛者，不求知之，吾诚愧夫泰东西士夫之来吾国者。”显然，编者受到外国人了解中国政治的影响，也有不甘人后之意。

但是编者对“政治学”的理解实在受中国传统影响太大。增校者写的“叙”和“略例”中有这样的字句：“政治之有学，其由来旧矣。”周至春秋，官吏定期“读法而受禁”，使臣皆知“本邦之制为禁令”。秦朝开始“愚黔士民”，“赴吏乃得受诗书，而图籍之部，户口之数，非执事内府者无由窥见，历代相承，沿为成例”，至清代，则“凡玉牒方略所编，史宬地志之纪，久已勒为成书，公诸方畯，其为惠不已多乎！”增校者还提出此书是记“一代典章制度”，或者是“立国之制，治国之方”的。从这些词句中可以大致得知编者对“政治学”的理解。

结合这本书中的内容，我们可以说，这本“政治学”的小书，它所指的“政治学”主要包括这样一些内容：（1）清朝历史；（2）法律制度；（3）全国地理。这部书中的主要内容就是这三个方面。至于编者所说的“立国之制，治国之方”，书中涉及极少，尤其是“治国之方”。

如何评价此书？

第一，这本书在中国“政治学”的发展史上，属于新的政治学学科即将兴起的时候的产物。它使我们知道，在100年前，中国人自己曾经编写过这样一部称为“政治学”的书。并对“政治学”有一定的理解。根据这种理解，政治学就是对现实政治的说明、肯定与维护，而不是基于自由研究的一门科学。尽管它在书名上标有“政治学”字样，但它还不是现代意义上的政治学，而是传统的政治观念的发挥。

第二，这是官方出版的带有教科书或宣传性质的书，可以称之为是一部“君主专制政治学”的著作，其目的是宣扬君权神授，树立尊君观念，维护现实政治的。它不是探讨政治理论的，而是维护既有政治秩序的，不管这种政治秩序是否适合时代发展的潮流。

第三，这本书虽然与当时蓬勃兴起的西学热有关，但同争取政治改良、时代进步的思想是背道而驰的。不过，它也有代表性，就是代表了统治阶层的利益和愿望。正由于此，这本书也为我们留下了一些值得思考的问题。最重要的就是：什么样的“政治学”才是有利于政治改革、变化、发展、进步的？历史已经证明，在处于急剧变化的时代，象《皇朝政治学问答》这样的政治学，是于事无补的。真正的科学的政治学，应该是基于思想自由的基础上，对人类社会所处的时代，对它的发展变化，前进趋势进行研究，力求发现规律，为政治改革和社会进步指示方向，使得政治的演变能够沿着有利于人类，有利于国家人民的道路发展。而不是为已有的政治统治辩护，那不是真正的政治学，充其量只能算是政治宣传。

这本书尽管算不上真正的现代意义上的政治学著作，但是我们也不能否认它是一部政治学著作。它是在中国受到西方新学的影响，在现代政治学已经进入中国之时，中国官方一些对西方政治学不甚了解的人，抱着昌明中国政治的思想，编写出来的一部政治学著作。正如它的名称所显示的那样，它既有现代“政治学”的名称，也有传统君主政治的内容，是特殊时代的特殊产物。

政治学是有时代特色的。不同的时代有不同的政治学。同样，不同的政治制度也有不同的政治学作为它的理论基础。中国古代君主专制统治延续那么长的时间，却没有一部类似现代政治学的著作揭示其中的理论，这似乎也是一种欠缺。既然如此，这部《皇朝政治学问答》也可权充这样一部著作。尽管它并不能胜任，因为它缺乏理论性。

由于这部书的内容涉及许多清代政治方面的细小资料，正如增校者所言，“详于掌故而于政治似未甚着意”，所以，我们也可以把它看作是一本清代政治小辞典，通过翻阅它，可以了解一些清代典章制度、官方文书用语等等，多少还算是一部有用的书。当然，我认为，更重要的是在研究中国政治学发展的历史时，应该知道曾有过这样一部政治学著作。

注：原载《政治思想史》季刊 2015 年第 3 期

中国现代政治思想研究

孙中山的进化思想

一　本文研究之目的

孙中山被称为“中国革命的先行者”。这是毛泽东的评语。这个评语的前提条件是：它的时间范围是近代以至于现在。孙中山是近代最早领导革命的革命家。近代以来中国的革命不同于以前的革命造反（比如此前不远洪秀全领导的革命）。以前革命造反的目标总是难以脱离传统思想的影响，如果胜利了，也只能建立一个以儒学为主导思想的新的王朝（洪秀全起初虽然敬拜上帝，后来仍然恢复了儒学的地位）。近代以来中国的革命有了新的目标，这就是接受西方资产阶级新的思想观念，学习西方资本主义国家的政治制度。简言之，近代以来中国革命的目标就是建立民主政体取代专制政体。孙中山以毕生之力从事革命，不仅具体领导革命活动，而且从事思想建设。他的思想被人们用“三民主义”来作统称。三民主义的确是中国近代以来最有价值的政治思想体系之一。

评价一位思想家，要看他是否提出成体系的思想，这一思想是否带有创新的特色，是否为人类思想宝库增添了新的智慧。用简单的话来说，就是他的思想是否科学、合理、适应时代的需要。孙中山的三民主义符合这些要求，所以，孙中山无疑是一位伟大的思想家。他的思想不同于以往的改良思想（如康有为），他有更为开阔的视野，更为开放的思路，力求把握人类文明的发展趋势，从世界潮流中认识中国的发展前景，把西方资产阶级自由、平等、民主、博爱的思想，以及西方社会主义思想与中国发展的要求相结合，形成了自己的一套新的社会主义观，从而为中国革命提出明确的纲领，也为中国社会发展提出了明确的社会主义的目标。

研究孙中山的思想，是一个相当大的课题。我认为有两点需要认清。第一是思想归思想，实践归实践。这是因为孙中山的思想与其实践有一定的距离。知与行都是非常困难的事情，二者之间不相统一的情况是难免会发生的。研究思想，要把思想放在思想史上去研究，而不是放在革命史上去评判。不以实践否定思想。第二是研究最好以小见大，这里有两重意思，一则要善于发现小问题，这需要有学术眼光；二则只有问题小，才易于作深入研究。

还须说明的是，孙中山在构建其三民主义思想过程中，必定会受到一些人的影响或得到某些人的帮助，作为一个革命家和思想家，这是完全正常的。对此本文也不作考证，而是把三民主义作为一个系统的思想来看待，孙中山即是这一思想的唯一代表人。

本文确定以孙中山三民主义思想中的进化观作为研究对象。目的在于对其进化观作一番梳理工作，并且通过适当的对比（与其同时代思想）作出尽量客观真实的评价，并努力发现其思想的意义所在。还希望通过此文，对人们思考进化论在中国的影响会有些帮助。也就是说，希望我们这一代人能够通过对前人思想上的经验教训的总结，对进化论（主要是社会进化思想）能够有比较正确的认识。

二　时代与思想背景

（一）十九世纪是世界范围内进化观盛行的时代

中国近代以来的时代特点，最为重要的就是中国从一个自命为“天朝大国”的封闭国家进入世界政治的大局中。中国无论主动还是被动都不得不参与国际政治活动。中国不得不接受新的思想观念，从而产生严重的新旧思想冲突。中国不得不把资本主义国家作为革命建设的楷模，但却又认为社会主义才是最好的社会制度。

中国的近代史，在大陆学界有不同的时间划分，较为流行的说法是中国近代史始于1840年（第一次鸦片战争）。也就是19世纪中期。从世界范围来看，整个19世纪是人类历史发展史上的重要阶段之一。资产阶级革命、议会民主制、自由贸易政策、殖民主义、空想社会主义、无政府主义、马克思主义、法国工人起义、反对黑奴制度运动、保护劳工法案……

仅仅粗略浏览一下这些出现于19世纪的新词汇，就足以承认这确是人类社会发展的一个重要阶段。一般而言，凡是人类社会发展的重要阶段，一定会有不同的思想互相交锋。而在这些思想背后，往往会有重要的观念在起作用。我们身处21世纪，深知人权观念的重要影响。人权观念应为21世纪最为重要的观念之一。那么，19世纪人类社会最重要的观念是什么？人们可以举出较多的不同观念。但是，其中最为重要的不能不说是“进化观念”。

引一段较长的文字：

> “黑格尔用他的‘合理的就是现实的’这一句话结束了始于希腊人的唯理论的循环。给予进化创造观念以哲学形式和融贯性的也是黑格尔，这种进化创造观念不管是唯物主义的还是唯心主义的，都是十九世纪占统治地位的观念。马克思主义是一种进化论，达尔文、斯宾塞以及后来的柏格森和德日进虽各有其偏好，但都知道世界是一个广阔的生成过程，既融贯统一而又生气勃勃。”①

进化创造观念，即进化观，是19世纪占统治地位的观念。这在哲学史上已经成为定论。进化观念影响了整个19世纪的各个方面。其中较为著名者有：达尔文是生物进化论的著名代表（在他之前已经有很多进化论者了），斯宾塞被认为是“社会达尔文主义”的创始人，美国作家爱德华·贝拉米（Edward Bellamy，1850—1898）的作品《回顾，2000—1887》（*Looking Backward*，*2000—1887*）一书（中译本书名为《百年一觉》，1894年由上海广学会出版；商务印书馆1963年出版新译本名为《回顾：公元2000—1887年》），是把进化观念溶入文学作品的第一人，② 1880年英国史学家罗伯特·麦肯齐（Robert Mackenzie）出版了他的史学著作《十九世纪史》（*History of The Nineteenth Century*），被英国著名历史学家柯

---

① ［法］约瑟夫·祁雅理：《二十世纪法国思潮——从柏格森到莱维—施特劳斯》，吴永泉等译，商务印书馆1987年版，第11页。

② 邹振环：《〈百年一觉〉与百年的乌托邦梦想》，见邹振环《影响中国近代社会的一百种译作》，中国对外翻译出版公司1996年版，第98—100页。

林武德评为“最乏味的残余与最风行的读物”[①]，但无论如何它是一本以进化观念为主导思想的世纪史。

应该注意的是，达尔文虽然是进化论的重要人物，名气非常大，但他并非进化论的首创者。在他之前，进化观念早就产生并发生了重要影响。无论是自然界的生物进化现象还是人类社会的进步观念，都是早已出现的思想。我们所熟知的“适者生存”这种观点，也是在中西思想界早就有的观点。在达尔文（Darwin，Charles Robert，1809—1882）之前，法国生物学家拉马克（Lamarck，Jean Baptiste，1744—1829）首先创造了“进化论”这一名词。而对中国影响较大的斯宾塞（严复通过《天演论》在中国传播了他的社会进化思想），就是受拉马克的影响形成他的社会进化思想的。

但是应该肯定的是，达尔文的《物种起源》出版以后，对于进化论的传播与推广起了难以估量的巨大作用，不仅是对自然科学，同时也给社会科学带来了巨大影响，这都是不容否认的事实。一项科学研究成果能够产生如此大的影响，只能说因为它占了天时地利与人和，是时代需要这样的思想，而它也正好出现了。我们不说自然科学，只说社会科学，由进化论产生的社会达尔文主义以及其他社会进化思想，确实对全世界都发生过重大影响，大大推动了资本主义社会的发展，推动了无产阶级革命和社会主义事业的发展。在很长时间里，几乎全世界的人都沉浸在进化思想之中，大家都感觉到社会的飞速发展，很多人都愿意积极地推动社会的进步。不仅欧美的知识分子在讲进化论，亚洲的知识分子同样在讲进化论。日本学者研究进化论取得了相当多的成果。中国当然也是如此。[②]

哲学思想与政治思想是人类思想中影响最大的精神产品。而政治思想对于人类社会的发展尤其直接。19 世纪产生的重要思想，大都以进化观作为其一个重要的理论基础，或者说大都和进化观有联系。比如：机械进化论、伦理进化论、互助进化论、生命进化论、实用主义进化论、突创进化论、种族进化论，还有空想社会主义、马克思主义、无政府主义等等，

① ［英］柯林武德：《历史的观念》，何兆武、张文杰译，中国社会科学出版社 1986 年版，第 212 页。

② ［英］彼得·狄肯斯：《社会达尔文主义——将进化思想和社会理论联系起来》，涂骏译，吉林人民出版社 2005 年版。［美］霍夫施塔特：《美国思想中的社会达尔文主义》，郭正昭译，台北：联合出版事业公司 1981 年版。

中国的维新变法思想、辛亥革命思想、毛泽东思想也都是如此。

特别提请注意的是：上面所讲的虽然简略，但已经可以看出：所谓进化论，不过是一种普遍思潮的总称。这一普遍思潮就是在 19—20 世纪人类社会发生急剧变化之时，人们迫切希望找到思想上的指导，找到一种能够指导行动的理论。这种思想或理论的任务是解释人类社会发展变化的规律。但是不幸的是，进化论本身远没有满足人们的精神需求。原来“进化”一词的本义就是展开、发展、变化。但是其中的规律是什么，则很难得到一个公认的解释。所以，在进化论这样一个总的名称下，就出现了各种不同的进化观念或进化思想。比如关于人类社会进化的动力问题，有些人认为是生物本能即生存竞争，有的人认为是人的意志起决定作用，还有的人认为是阶级斗争推动人类社会进步。又比如，关于人类社会进化的模式问题，有的人认为是生存竞争适者生存，也可以被理解为弱肉强食优胜劣汰；有的人则认为是互助才使得物种得以生存与延续。再比如关于进化的过程问题，有的人认为进化是一个缓慢的渐进的过程，有的人认为是突然事件起了决定作用。还有关于人类社会与自然界的关系问题，有的人把自然界的生物学上的进化观念搬到人类社会，强调人与人之间的竞争，强调适者生存，而有的人则主张人类社会不同于生物界，因为人是有道德约束的物种，需要以道德来制约竞争，这样人类社会才有普遍和平与共同发展。总之，十九至二十世纪风行全球的进化论，只是一种有关人类社会变化发展的思潮的总名称，根本没有达成共识，没有统一的认识。但它也有共同之处，那就是共同关心人类社会的变化与发展，寻找发展的动力，确定人类社会发展的方向与目标，努力推动社会进步。其实也可以说，有关人类社会的进化论，主要就是一种进步观念，即认为人类社会无论如何都是在不断进步的，而这一进步观念在后来受到广泛的质疑。当然同样受到质疑的还有把人类社会进化解释成单线式的过于简单武断的观点。由于“进化”一词易于被人们简单地理解为“进步”，所以有人认为翻译为“演化”更好。但是这并不能改变人们对于这种理论的普遍的误解。

进化论对于各种思想的影响似乎都有，甚至对有的思想影响还比较大。但是我们其实已经发现，各种思想之所以要宣称是以进化观为基础的，是因为进化这一名词能够打动渴望社会进步的人们，以进化论作为宣传容易为人们所接受。但是经过上百年的宣传，进化论其实对于大多数人来说还是一个说不清的东西。有些自认为懂得进化论并经常挂在嘴上的人，其实只是接受了某种经不起推敲的很不科学的说法而已。

因此，弄清什么是进化论，看来是个很重要的问题了。但是我认为，认清进化论在很多情况下不过是皇帝的新衣，从而分析它，认识它，明白它带给我们的许多错误观念也是非常重要的。

（二）20世纪是进化观在中国盛行的时代

“十九世纪学说思潮，其影响于邦国种族个人最巨者，厥惟进化论（Theory of Evolution）与福乐论（Utilitarian Theory）。为进化说者曰：世间万类，共竞生存，劣弱消灭，优胜传存。……地球之面积富源皆有限，人类之孳生与人类之欲望皆无限。故人类邦国，时有利益冲突，生存竞争，永不能免。统古今之历史观之，邦国战争，多原于生计问题。国家民族，共争此有限之地积富源。以偿其无限之欲望需求。惟优胜之民族，得以纵横地球，功及苗裔。”[①] 这是陈长衡所著《中国人口论》中的一段话，此书初版于民国七年，公元1918年。那时已经进入二十世纪了，进化论对于国人来说，已经非常熟悉了。[②]

前边说过时代需要是思想产生的重要原因。在西方进化思想传入中国之前，康有为、梁启超等人已经将中国《春秋公羊传》中的“三世说”改造成为一种进化思想，并以此作为维新变法思想的一个理论基础。正式将进化论介绍到中国的是严复，他于1895年发表的《原强》一文提到了达尔文与斯宾塞的名字，但没有提到“进化”一词。康有为自己说，他提出“三世进化说”是在1884年。[③] 显然康有为的“三世进化说”没有受到外来进化思想的影响，完全是由中国知识分子根据传统儒家学说（公羊传）发展出来的。由此可见，进化观的出现是时代的需要。近代中国处于一个朦胧中感觉到需要大变革的关头，人们迫切需要对社会发展能够做出解释。也就是需要关于社会发展的理论和学说。进化观应运而生。

1859年达尔文在伦敦出版《物种起源》一书，同年，中国出版了一

---

① 陈长衡：《中国人口论》，商务印书馆1924年第6版，第136—137页。

② 清末民初进化论对中国影响巨大，以下论著可以参考：王天根《〈天演论〉传播与清末民初的社会动员》，合肥工业大学出版社2006年。曾乐山《中西哲学的融合——中国近代进化论的传播》。安徽人民出版社1991年版。郝翔、钟兴锦《进化论与中国近代社会观念的变革》，武汉水利电力大学出版社2000年版。

③ 吴丕：《进化论与中国激进主义：1859—1924》，北京大学出版社2005年版，第73、89页。

本自然科学的翻译书《谈天》（李善兰与伟烈亚力合译），其中已经有进化思想在内了。尽管如此，我们也只能说是有些进化观念在内，逐渐改变中国人的传统观念，还不能说是进化论正式传入中国。直到后来，严复翻译的《天演论》1895 年出版，标志着进化论正式进入中国，对于渴望变革的中国人来说，真如甘霖初降，进化思想于是风靡一时，对中国产生了长久的影响。

我曾试图对中国的进化思潮作一个流派的划分。也就是说，进化论传入中国之后，在其影响下，中国的思想界形成了不同的流派，对社会如何进化做出不同的解释，大体上可以分为改良进化思潮、调和进化思潮、激进进化思潮三派。孙中山当然应归入激进进化思潮一派了。①

当然划分流派只是为了把复杂的事情简单化，好让人对于进化论在中国的影响能够作到一目了然，有个基本的了解。实际上进化思潮是多种多样、极其复杂的。从进入中国的进化思想来说，就有斯宾塞的机械进化论、赫胥黎的伦理进化论、克鲁泡特金的互助进化论、柏格森的生命进化论……而中国的各种政治思想几乎都以进化论作为其基础之一，比如：无政府主义、国家主义、基尔特社会主义、马克思主义、三民主义……还有一些独立知识分子也对进化论做过深入的研究，其中突出的有章太炎、杜亚泉等人。

不过，更多的人所接受的进化论，并没有那么复杂，而只是接受社会进化与优胜劣败的观念而已。这样的影响范围更广，影响更深。正是从这个意义上讲，近代以来的知识分子或有识之士，以及普罗大众，几乎没有不受到进化论的影响的。那些著名的思想家、政治家且不说，就是许多社会活动家、实业家、作家、艺术家、宗教家等，都受其影响。可以随手举几个例子：

其一，中国现代史上的一位重要的实业家卢作孚，曾经创办过民生实业股份有限公司（1925 年），有人在论及他的思想时说："他与和他同时期的挚友恽代英以及众多志士仁人一样，接受'五四'科学民主精神的启蒙，殊途同归，走上另一条探求强国富民的奋斗之路。""他心仪达尔文、赫胥黎、卢梭和甘地等先哲，他们的学说和实践，'是投射在青年卢

① 吴丕：《进化论与中国激进主义：1859—1924》（北京大学出版社 2005 年版）就是以此为分析主线的。

作孚心灵中的第一缕近代文明的曙光’，使他在剧烈的人生和商战竞争中，恪守‘物竞天择，适者生存’的信念，以坚忍不拔的牺牲精神，不仅在振兴民族工业方面功绩卓著，而且在弘扬‘培养民力、民智、民德的主张’方面，也进行了很有意义的实验。”① 这是进化思想影响企业家的一个例子。

其二，1936年（民国二十五年）国民党元老、著名书法家于右任在为新出版的《标准草书》写的自序中写道：“传云：‘工欲善其事，必先利其器’，此事虽细，可以喻大。且今之所谓器者，乃挟之以与各国各族竞其优劣，观夫古今民族之强弱，国家之存亡，天演公例，良可畏也！”② 这是把进化论与中国书法艺术联系起来的一个例子。

其三，今人研究王国维的诗词，也曾“指出其中蕴有‘物竞天择’、‘优胜劣败’进化论之理”。③ 王国维有诗《咏史二十首》，其中有句云“憯憯生存起竞争”，就是受了严复1895年3月4—9日发表于天津《直报》上的《原强》一文的影响而写的。《原强》中说：“物竞者，物争自存也。天择者，存其宜种也。民民物物，各争有以自存。”④ 这是诗词受到进化论影响的例子，实际上是思想上受其影响之例。但是王国维后来却作了清退帝溥仪的“南书房行走”，给溥仪进过《论政学疏》⑤，其中对进化论作了激烈批评，对于西学，他“痛切陈斥‘以权利为天赋，以富强为国是，以竞争为当然，以进取为能事’，‘西说’风靡一时，每致中国‘纪纲扫地，争夺相仍，财政穷蹙，国几不国’”。⑥ 从这里也可看出进化论对国人的影响的复杂性。

其四，再举一个道教的例子，可以看出进化论也促使中国固有的宗教思想发生变化。1937年（民国二十六年）杭州市道教会成立，发表《浙江省杭州市道教会宣言书》。其中写道：“道教为中华固有之国教”，需

---

① 章仲锷：《卢作孚：不应该被遗忘的人》，《中国文化报》2003年6月5日第3版。章仲锷此文是对卢作孚传记的书评。传记为：雨时、如月著：《紫雾——卢作孚评传》，作家出版社2003年版。卢作孚死于“三反五反”运动中。有《卢作孚文集》行世。

② 于右任：《标准草书》，说文社1947年第3版，自序。

③ 陈鸿祥：《王国维传》，人民出版社2004年版，第304页。

④ 同上书，第57页。

⑤ 同上书，第540—544页。

⑥ 同上书，第54页。

"因时而制宜"。又说老子"立说著书，特揭橥后世自由平等之真相"。"今幸世界潮流，倾注和平，始信太上之教，持之有故矣。……他日人群愈进化，则太上之言，益信而有征矣。""以世界眼光印证之，知老子之教，实为古今中外一大哲学家，欧洲之先觉，如亚里士多德、柏拉图、梭格拉第各种学说，及晚近之卢梭民约论、孟德斯鸠之万法精理、康德之魂学、赫胥黎之天演论，其中精理名言，太上之经，早已见及。"宣言针对有人关于道教不讲竞争的说法，极力说明道教主张的"谦让"是"竞争之极也"。"以谦让为竞争"优于"以竞争为竞争"。"夫惟不争，乃能神其争，妙其争，天下莫能与之争。"宣言还将中国道家思想中的进化思想与新思想结合起来，指出人类社会"由小康而昇平，而太平，而大同"的进化轨迹。最有意思的是，宣言还批评道教中有些守旧分子"硜硜自守，顽石难移，语以天演之如何淘汰，人群之如何进化，则掉头不顾，充耳不闻，惟以募化为生涯，经谶为事业，在人类中为寄生物，为附属品，无怪乎道教之江河日下，而为社会所鄙弃，士林摧残……"①

其五，现代中国著名的佛学大师太虚对于进化论也有过论述，他说过："最近广东中山大学教授罗广廷试验的结果，把达尔文的进化论根本推翻，而近于佛法的业感论。所以，现在最新的科学，已不是唯物的，而是与佛法相符了。"② 又说："菩萨是改良社会的道德家。""佛教的原理，简单说，宇宙万有都是众缘所成、唯识所变的。佛法不许另有造物主的，而各人都有创造的心力，虽有创造的心力，而亦是众缘所成，转变为人生万物。利他则自他俱利，害他则自他俱害。造因善则结果良，造因恶则结果坏。而众缘所成，既不违科学，唯识所变又都是各人自心之力，不须外求矣。"③这虽然是否定进化论的一种说法，其实也是一种进化论，是佛教的进化论，因为它也是讲人类社会的变化以及进步的动力的。

历史需要研究，现实也不可忽视。时至今日，进化思想在中国仍有不小的影响。国人大讲"竞争"，讲"淘汰"，其言语常见诸书刊报章。虽然说有一定益处，但其负面影响也很大。本文研究进化思想史，还有一个目的就是让人们真正认识到有关人类社会的进化论是一把双刃剑，既可推

---

① 《浙江省杭州市道教会宣言书》，《杭州玉皇山志》，杭州图书馆印，1985 年版，第八册第十九卷。

② 明立志、潘平：《太虚大师说人生佛教》，团结出版社 2007 年版，第 26—27 页。

③ 同上书，第 33 页。

动人们积极进取，也会造成一定的甚至是严重的社会问题。这个社会问题在今天的中国大陆已经很明显了，那就是社会失序、失范，形成了恶性竞争。是真正把自然界的竞争用之于人类社会了。赫胥黎所强调的道德规范已经不那么受到重视了。

中国大陆对于进化论的重新认识与反思激进主义有关。为此，我出版了《进化论与中国激进主义：1859—1924》一书。我之所以研究进化论与激进主义的关系，是因为看到王元化先生写的一段话，其中说："对激进主义的批判是我这几年的反思之一。这种认识不止我一个人，学术界还有别人也对激进主义思潮作了新的评估。过去我并未接触这方面问题，也许无形之中对激进主义倒是同情的。仔细分析，这也是由于受到'五四'进化观思潮的影响。""如果要探讨进化论对二十世纪中国思想界的消极影响，就应着眼于今天仍在支配思想界的新与旧的观念。这种观念认为新的都是好的，进步的，批评新的就被目为顽固。在进化论思潮下所形成的这种新与旧的价值观念，更使激进主义享有不容置疑的好名声。"① 可惜的是王元化先生对进化论与激进主义的关系没有更多的论述，而他的这些议论又容易使人产生错觉，形成一种简单化的看法，即：进化论传入中国——在其影响下出现了激进主义——激进主义在中国产生了坏的影响和坏的结果。如果全面深入地研究进化论在中国的影响，人们会发现：第一，进化论只是对某些企图套用生物进化论来解释人类社会发展变化规律的说法给出的一个总的名称。就如同"人性论"一样，它没有确定的内容，更没有公认的公理，而是众说纷纭，形态各异的。第二，不仅是激进主义，而且还有改良主义、调和主义都受到进化论的影响，它们的观点是截然不同的。因此不能说进化论只有某一方面的影响。第三，就拿激进主义来说，虽然进化论是它的一个理论基础，但却不能说是重要的理论基础。无政府主义的理论基础恐怕主要还是空想社会主义；共产主义的主要理论基础当然是马克思主义了。第四，既然进化论在中国的影响如此复杂多样，它肯定有利有弊，因此就要一一去分析，分析的目的除了弄清进化论是如何影响中国人的思想的之外，更重要的还是为了今天能够树立正确的进化观以利于国家社会的发展变化特别是进步。

---

① 王元化：《关于近年的反思答问》，见王元化《清园近思录》，中国社会科学出版社 1998 年版，第 57—58 页。

（三）中国历史上的“进化时代”和“激进时代”

其实进化论之传入中国，乃是达尔文《物种起源》出版之后不久。拙著《进化论与中国激进主义：1859—1924》一书，对进化论在中国的传播有过简明扼要的说明。这里引述该书“引言”中的一段话如下：

> 自从19世纪末，严复通过《天演论》把西方的进化论介绍到中国，进化论就成为影响中国政治与社会的重要的思想观念。中国近现代史上许多思潮、主义往往都只能流行于一定时期，而“进化”一词却常常出现于各个时期的各种思潮、各种主义之中。在社会政治发展过程中，各种立场的人，他们的思想无论是激进、改良、保守以及调和，都有可能受到进化论的影响。但是比较而言，进化论对于激进思想的影响要大得多。中国近现代史是一部风云激荡、急剧变化的历史，因此，我们也可以说，进化论主要是通过激进主义从而对中国发生重大影响的。从进化论传入中国直到“文化大革命”时期，在政治思想和政治实践上，激进主义一直都占据主流地位。……从19世纪末到20世纪70年代，前后大约80年，这一时期可以称为中国的“进化时代”，因为进化论在此期间有非常重要的影响；这一时期也可称为中国的“激进时代”，因为受进化论影响最大而且在中国最为突出的是激进主义。研究进化论对中国的影响，应该将这一时间段作为重点。①

我写此书，一是梳理了进化论的来龙去脉，二是讲清了进化思想本身的复杂性，三是对近代以来进化论影响中国政治思想的各种表现作了分析。最重要的是想说明，尽管中国人接受进化论并受其影响至巨，然而时至今日，中国人对于进化论还没有一个清醒的认识，因而进化论的负面影响仍然危害国人的思想，危害社会环境（主要表现是思想混乱、恶性竞争造成道德滑坡、乱象丛生，贫富分化，阶层固化造成社会对立、矛盾加剧），这是值得注意并需要加以改变的。

我想通过这篇文章进一步研究孙中山先生的进化思想。通过这一研究，更好地认识进化论的本来面目并且努力树立正确的进化观。

---

① 吴丕：《进化论与中国激进主义：1859—1924》，北京大学出版社2005年版，第1页。

三 孙中山的进化思想

对于孙中山进化思想的研究，中国大陆与台湾都有一些论著。[①] 这里我把我在《进化论与中国激进主义：1859—1924》一书中论述孙中山进化思想的内容提供给读者，以便大家对孙中山进化思想有个比较全面与清晰的认识。[②]

（一）孙中山的宇宙观和进化观

孙中山对西方思想的吸收和引用带有强烈的现实目的，正如他所说："大凡一种思想，不能说好不好，只看他合我们用不合我们用。如果合我们用便是好，不合我们用便是不好。"[③]

1905 年孙中山在日本组织同盟会，被推为总理，确定了"驱逐鞑虏，恢复中华，建立民国"的政纲。他在《民报》"发刊词"中提出三民主义的革命思想，指出："余维欧美之进化，凡以三大主义，曰民族，曰民权，曰民生……是三大主义皆基本于民，递嬗变易，而欧美之人种胥冶化焉。"[④] 三民主义是中国近代以来最重要的关于社会主义革命的思想体系之一。"如果说严复是达尔文进化思想和 F. 培根科学方法论的介绍者和阐发者，那么，孙中山就是一位思想体系的建立者。孙中山自称的'孙文学说'既包括了进化世界观，又融进了来自科学的实证态度。"[⑤] 这一评价仅以孙中山同严复相比较，实则孙中山的学说最好同康有为相比，因为康有为同样是思想体系的创建者，而孙中山同他相比，显然进入一个更高的境界。一则康有为的理论是改良的，而孙中山则是革命理论，二则康

---

① 有关孙中山进化思想的研究论著有：大陆方面：张启承、郭先坤编：《孙中山社会思想研究》，安徽人民出版社 1985 年版。周宁、宁宁：《孙中山的互助进化思想》，《兰州学刊》2006 年第 2 期。我国台湾地区方面：黄镇荃：《三民主义的进化思想》，台北中央文物供应社 1978 年版。高正仪：《中山先生进化思想试析》，台北中正书局 1992 年版。

② 这一部分的内容基本照录笔者在《进化论与中国激进主义 1859—1924》一书的第五章第三节，略有改动。特此说明，尚希鉴谅。

③ 《孙中山全集》第九卷，中华书局 1986 年版，第 126 页。

④ 《孙中山选集》上卷，人民出版社 1957 年版，第 71 页。

⑤ 任定成：《在科学与社会之间——对 1915—1949 年中国思潮的一种考察》，武汉出版社 1997 年版，第 15 页。

有为的大同理想无法实现，只是空想，而孙中山的三民主义是较为现实可行的政治主张，三则孙中山吸收了更多的自然科学与社会科学的成果，其进化思想远非康有为的三世进化说可以相比。

孙中山对于西方进化论及其发展有相当多的了解，对达尔文进化论予以高度评价。他在《建国方略》第4章中说《物种起源》发表后，“进化之学，一旦豁然开朗，大放光明，而世界思想为之一变，从此各种学术，皆依归于进化矣”。[①] 他在1918年的《建国方略》和1924年的《三民主义》中，较为系统地表达了他的进化观。他同严复等人一样，把进化论升华为一种哲学的世界观和历史观。

孙中山认为世界上的一切都是进化来的，进化是不断发展的。世界进化经历了三个时期：“其一为物质进化之时期，其二为物种进化之时期，其三为人类进化之时期。”[②] 进化不仅是生物发展的规律，而且也是宇宙、自然界及人类社会的发展规律。世界起初只有无生命的物质，经过进化才出现有生命的物种，再经进化才出现人类，人类本身还在不断进化之中。

孙中山描述物质进化时期的情景是，“元始之时，太极（此用以译西名以太也）动而生电子，电子凝而成元素，元素合而成物质，物质聚而成地球，此世界进化之第一时期也。今太空诸天体多尚在此期进化之中，而物质之进化，以成地球为目的”。

物种进化时期的情景是，地球形成以后，逐渐形成了生元（细胞），再进化为植物、动物等物种，又经过千万年后形成人类。“由生元之始生而至于成人，则为第二期之进化。物种由微而显，由简而繁，本物竞天择之原则，经几许优胜劣败，生存淘汰，新陈代谢，千百万年，而人类乃成。”[③]脱离动物状态后，便是人类进化时期了。

关于人类进化时期，孙中山说，“人类初出之时，亦与禽兽无异。再经几许万年之进化，而始长成人性。而人类之进化，于是乎起源。此期之进化原则，则与物种之进化原则不同，物种以竞争为原则，人类则以互助为原则。社会国家者，互助之体也，道德仁义者，互助之用也。人类顺此原则则昌，不顺此原则则亡。此原则行之于人类当已数十万年矣。然而人类今日犹未能尽守此原则者，则以人类本从物种而来，其入于第三期之进

① 《孙中山选集》上卷，人民出版社1957年版，第141页。

② 同上。

③ 同上。

化，为时尚浅，而一切物种遗传之性，尚未能悉行化除也。”[①] 孙中山显然不同意某些社会达尔文主义者把生物界的进化规律照搬到人类社会，从而把生存竞争看成普遍规律的看法。他接受了赫胥黎把人类社会同自然界区分开来的作法，也吸收了克鲁泡特金的互助论思想。

孙中山还从认识进化的角度区分人类进化过程，他说进化可以区分为三个阶段：“夫以今人眼光，以考世界人类之进化，当分为三时期：第一由草昧进文明，为不知而行之时期；第二由文明再进文明，为行而后知之时期；第三自科学发明而后，为知而后行之时期。”[②]他是从认识论角度说明人类对客观世界的认识，有一个由不知到知，由感性认识到科学理论的不断发展过程。“草昧”“文明”“科学”既是人类认识的进化过程，同时也是人类社会进化的阶段。

为了说明中国必须革命的道理，孙中山还从各种不同的角度对人类进化做了解释。

在谈到民生主义时，孙中山从社会经济发展水平的高低来区分人类社会的发展阶段，将人类社会发展阶段分为：太古吃果实时代，渔猎时代，游牧时代，农业时代，工商时代。[③] 历史发展到工商时代，是用机器进行生产，带来了大量社会财富，也节省了大量人力，同时也造成许多人失去生计，少数人因为拥有机器而发了大财，从而产生两极分化，社会出现巨大的不平等。因此，必须进行社会主义革命，使所有人都平等地享受文明成果，实现全体人民的共同幸福。

人类社会还根据物质生活水平的不同而划分为三个阶段：需求时代，安适时代，繁华时代。孙中山说：“欧美学者有言：‘人类之生活程度，分为三级：其一曰需要程度，在此级所用之货物，若有欠缺，则不能生活也。其二曰安适程度，在此级所用之货物，若有欠缺，则不得安适也。其三曰繁华程度，在此级所用之货物，乃可有可无者，有之则加其快乐，无之亦不碍于安适也。’”[④] 繁华时代是大机器发明和使用以后出现的，这时，生产过剩，社会财富大量增加，人们的生活应当没有问题，但是由于社会制度不合理，造成一系列社会问题，出现了空前的贫富不均，所以革

① 《孙中山选集》上卷，人民出版社 1957 年版，第 141—142 页。

② 同上书，第 145—146 页。

③ 《孙中山选集》下卷，人民出版社 1957 年版，第 771 页。

④ 《孙中山选集》上卷，人民出版社 1957 年版，第 123 页。

命风潮大起，社会主义革命也就提到了日程上来。

孙中山也从政治的角度对人类社会的发展做了分析。在阐述民权主义时，他将人类社会分为四个时代：洪荒时代、神权时代、君权时代和民权时代。“第一个时期，是人同兽争，不是用权，是用气力。第二个时期，是人同天争，是用神权。第三个时期，是人同人争，国同国争，这个民族同那个民族争，是用君权。到了现在的第四个时期，国内相争，人民同君主相争。”① 在君权时代末期，专制统治使一般人不能容忍，于是发生民权革命。中国两千年来都是君主专制，而世界历史发展到今天，已经是民权时代了，“我们要希望国家长治久安，人民安乐，顺乎世界潮流，非用民权不可。”② 实行民权主义，就是顺应世界历史的潮流，这个历史潮流是不可阻挡的。

孙中山根据财产制度，把人类社会分为三个阶段：原始共产主义时代，私有财产时代，未来共产主义时代。人类社会最初是财产共有，共同享受的原人共产时代。后来出现了商品和货币，打破了原始共产制度，进入私有财产时代。机器发明后，占有机器的人成了资本家，“资本家有了机器，靠工人来生产，掠夺工人的血汗，生出贫富极相悬殊的两个阶级”。③ 为了解决这个矛盾，就必须进入共产时代，他认为，到了20世纪，人类就进化到了共产时代，共产主义提到人类历史的日程。孙中山还认为，社会主义可分为“集产社会主义”和“共产社会主义”两个阶段，只有到了后一阶段，才能实现天下一家，世界大同。所以，推翻封建专制，建立民主共和，还不是人类社会发展的最后目标，人类社会进化的最终目的，是“大道之行也，天下为公”。“我们三民主义的意思，就是民有、民治、民享……就是国家是人民所共有，政治是人民所共管，利益是人民所共享。照这样的说法，人民对于国家，不只是共产，什么事都是可以共的。人民对于国家要什么事都是可以共，才是真正达到民生主义的目的，这就是孔子所希望之大同世界。”④

（二）革命突变与进化动力

孙中山能够把复杂的社会现象从各个角度予以分析，他的进化思想比

① 《孙中山选集》下卷，人民出版社1957年版，第668页。

② 同上书，第670页。

③ 同上书，第791页。

④ 同上书，第805页。

起康有为的三世进化说显然要精致得多。康有为的新三世进化说是从社会由动荡不安到稳定发展这样的历史事实中推论出来的，是从人们对美好生活的追求中发挥出来的一种理想，不能说明发展的根本原因与发展的动力何在，没有实践的可能性，所以，他只能把这种理想推到遥远的未来。在现实的实践上，他也只能是改良渐进，甚至保守。孙中山则是革命进化论，是同实践紧密结合在一起的，他也找到了推动这一进化的动力。

虽然人类社会进化有其客观规律，但是这并不能否认人在历史发展中的作用。孙中山就很重视“人力”在进化中的作用。“大凡社会现象，总不能全听其自然，好像树木由他自然生长，定然支蔓。社会问题，也是如此。”① “世界中的进化力，不止一种天然力，是天然力和人为力凑合而成。人为的力量，可以巧夺天工，所谓人事胜天。这种人为的力，最大的有两种，一种是政治力，一种是经济力，这两种力关系于民族兴亡，比较天然力还要大。”② 但是由于列强欺侮中国，中国从外部受到上述三种力的压迫，因而要用民族主义来战胜它们。“夫事有顺乎天理，应乎人情，适乎世界之潮流，合乎人群之需要，而为先知先觉所决志行之，则断无不成者也，此古今之革命维新、兴邦建国等事业是也。”③

他说的“人力”是“国民之力”，因为“国家之本，在于人民”。④必须重视人民的力量，推动社会发展，而不能坐等变化。中国“决不要随天演的变更，定要为人事的变更，其进步方速。”⑤ 当时改良派认为中国各方面都还幼稚，人民的程度还不够，所以中国要一步一步来，先由专制变为立宪，再由立宪进到共和，这是天然顺序，不可躁进。孙中山以日本为例，指出日本曾经“一跃而为头等大国”，由此推想，中国人“取法西人的文明而用之，亦不难转弱为强，易旧为新”。中国不但可以“凌驾”日本，甚至“能凌驾全球，也是不可预料的”。⑥ 他说：“我们决不能说我们同胞不能共和，如说不能，是不知世界的进步，不知世界的真文明”。他还预言说，“中国此时的改革，虽事事取法于人，将来他们各国定要在

① 《孙中山选集》上卷，人民出版社 1957 年版，第 78 页。

② 《孙中山选集》下卷，人民出版社 1957 年版，第 602 页。

③ 《孙中山选集》上卷，人民出版社 1957 年版，第 168 页。

④ 同上书，第 82 页。

⑤ 《孙中山全集》第一卷，中华书局 1981 年版，第 281—282 页。

⑥ 同上书，第 279、278、279 页。

中国来取法的。"[1] 此文中的"凌驾"在另一篇同题异文中写作"突驾"[2]，因此被称为"突驾说"，即急起直追可以超过日本甚至欧美。还应注意的是，孙中山强调学习西方要"取法乎上"，"取法他现世最文明的"。[3]这是一种实事求是的态度，现实主义的态度。

孙中山认为革命的原动力是"民生"和"民生主义"。"民生就是人民的生活，社会的生存，国民的生计，群众的生命。"[4] 古今一切社会的人们之所以要奋斗，就是为了求生存。"人类因为要不间断的生存，所以社会才有不停止的进化，所以社会进化的定律，是人类求生存，才是社会进化的原因。"[5] 民生主义"不但是最高的理想，并且是社会的原动力，是一切历史活动的重心"。[6]

（三）反对把生物进化原理直接用于人类社会

人类求生存就是进化的原动力，由此可以推测，孙中山有可能吸收了意志哲学的成分。既然国民及其求生存的心理是进化的动力，而且孙中山特别强调互助是人类社会进化的特征，那么，阶级与阶级斗争是怎么回事？孙中山头脑中也有阶级这个概念，但是同马克思主义完全不同。他把民族关系上的压迫民族和被压迫民族称为"种族上不平等之阶级"，把资本主义制度下的阶级称为"社会上不平等之阶级"，把政治上的压迫者和被压迫者称为"政治上不平等之阶级"。[7] 他认为，民族主义是对外打不平的，如果外国人与中国人地位上不平等，就应该推翻民族压迫，实现民族平等。民权主义是国内打不平的，如果政治上不平等，就必须通过革命，消灭君主专制，实现人人政治平等。民生主义是对资本家打不平的，如果社会贫富悬殊，就要进行民生革命，实现人民的经济平等。"芸芸众生，原属平等，合作互助，生存之本。强权竞张，公理斯泯，种种阶级，为进化梗。"[8] 可见，他是不同意阶级斗争之说的，是要打破阶级界限的。

---

① 《孙中山全集》第一卷，中华书局 1981 年版，第 281 页。

② 同上书，第 282 页。

③ 同上书，第 281 页。

④ 《孙中山选集》上卷，人民出版社 1957 年版，第 765 页。

⑤ 《孙中山选集》下卷，人民出版社 1957 年版，第 779 页。

⑥ 同上书，第 791 页。

⑦ 《孙中山全集》第六卷，中华书局 1985 年版，第 27 页。

⑧ 《孙中山全集》第五卷，中华书局 1985 年版，第 471 页。

他当然也看到资本主义国家阶级斗争的现实，也知道马克思主义是主张阶级斗争的。他认为阶级斗争是人类进入资本主义后才出现的，而资本主义是社会发展中的一种“病态”。在此之前，人类之所以存在各种矛盾和斗争，是因为人是由动物进化来的，还没有完全消除其动物的本性。因此在资本主义社会，可以用马克思列宁主义的办法，用阶级斗争的办法，来实现社会主义。但在中国，实业不发达，阶级斗争还没有发展起来，因而马克思主义的阶级斗争理论就不适用。他虽然承认马克思是社会主义的集大成者，是科学社会主义创始人，但却认为：“马克思研究所有问题的心得，只见到社会进化的毛病，没有见到社会进化的原理。所以马克思只可以说是一个‘社会病理学家’，不能说是一个‘社会生理学家’。”①

孙中山对于马克思主义的批评是值得注意的。首先他认为“历史的重心是民生，不是物质”。② 他认定人类求生存是社会进化的原因。“阶级战争不是社会进化的原因，阶级战争是社会进化的时候，所发生的一种病症。”③ 他指出马克思的一些见解或预见后来被事实证明是错误的。④他的结论是由资本主义到社会主义要通过和平的方法，而不是马克思所说的革命的办法。⑤

他坚持认为，人类社会不同于生物界，反对把生物进化原理直接用于人类社会。对弱肉强食的社会达尔文主义持反对态度。“天演淘汰为野蛮物质之进化，公理良知实道德文明之进化也。”⑥ 但是，中国的现实处境却很危急。世界正处于“竞争生存之时代，天下列强高倡帝国主义，莫

---

① 《孙中山选集》上卷，人民出版社 1981 年版，第 817 页。

② 《孙中山选集》下卷，人民出版社 1957 年版，第 775 页。

③ 同上书，第 779 页。

④ 同上书，第 793、782—785 页。孙中山不同意马克思的观点有：（1）不同意物质是历史的重心，而认为民生才是历史的重心。（2）不同意阶级战争是社会进化的原动力，而认为社会进化是由于“社会上大多数的经济利益相调和”，社会进化要通过改良的方式，由国家来调和经济利益，为大多数人谋利益。（3）不同意资本家剥夺工人之说，认为资本家在生产与消费方面也有贡献。孙中山指出马克思的一些见解或预言被历史证明是错的，比如：（1）对资本家只能革命，不能调和，共产党员不能参加议会活动。（2）认为资本主义发展到一定时候会引起革命，资本主义必然崩溃。（3）认为工人要求八小时工作制，资本家不会同意。（4）认为资本家剥削工人一定要减少工钱、延长工作时间、抬高出品价格。

⑤ 《孙中山选集》下卷，人民出版社 1957 年版，第 788—799 页。孙中山的办法是“平均地权”和“节制资本”。

⑥ 《孙中山全集》第二卷，中华书局 1982 年版，第 507—508 页。

不以开疆辟土为心”，“不竞争则无以生存”。[①] 因此，就要进行革命，扫除障碍，以便前进。

（四）进化是有极限的，三民主义是最高的境界

如果政治革命取得成功，中国还要发展经济，要学习西方先进的东西。孙中山是从历史高度来研究人类社会发展的，一方面承认中国落后，文明不发达，另一方面认为中国可以通过吸收人类先进文明的成果，而成为世界上最文明最进步的国家。他号召国人跟上世界潮流，学习欧美国家的长处。“万众一心，急起直追，以我五千年文明优秀之民族，应世界之潮流，而建设一政治上最修明、人民最安乐之国家，为民所有、为民所治、为民所享者也”。[②]

孙中山还认为，人类进化是“后来居上”，“夫人类之进化，当然踵事增华，变本加厉，而后来居上也。”[③]“近代文明进步，以日加速，最后之百年，已胜于以前之千年，而最后之十年，又胜已往之百年。”[④]“我们要学外国，是要迎头赶上去，不要向后跟着它。譬如学科学，迎头赶上去，便可以减少两百多年的光阴。……现在我们知道了跟上世界潮流，去学外国之所长，必可以学得比较外国还要好，所谓‘后来者居上’。从前虽然是退后了几百年，但是现在只要几年便可以赶上，日本便是一个好榜样。……我看中国人的聪明才力，不亚于日本，我国此后去学欧美，比较日本还要容易。”[⑤]

孙中山还有一个观点，即进化是有极限的，三民主义就是最高的境界。“民权为人类进化之极则，而民国为世界最高尚之国体。”[⑥] 三民主义是人类社会发展的最高阶段，实现了三民主义就是彻底解决了一切问题，中国就不再需要发展了。孙中山一再强调，三民主义就是共产主义，其中以民生主义为根本。实行民生主义就是要建立一个好国家，“国家的大作用，就是设官分治，替人民谋幸福的。”“人民有了这样的好国家，一生自幼到老，才可以无忧无虑，才可以得安乐。”“在这个国家之内，我们

---

① 《孙中山全集》第一卷，中华书局 1981 年版，第 260—261 页。

② 《孙中山选集》上卷，人民出版社 1957 年版，第 168 页。

③ 同上书，第 145 页。

④ 同上书，第 142 页。

⑤ 《孙中山选集》下卷，人民出版社 1957 年版，第 658—659 页。

⑥ 《孙中山选集》上卷，人民出版社 1957 年版，第 341 页。

四万万人不是一代可以享幸福的，是代代可以享幸福的。”[①] 孙中山以这样朴实的语言，告诉人们三民主义是真正为人民考虑的。他还说过三民主义如同“发财主义”，[②]经常告诉人们三民主义就是为人民考虑“吃饭问题”的。[③]

以上是我经过研读孙中山先生的著作后，对他的进化思想做出的一个较为系统的说明。相信读者由此可以了解孙中山进化思想的大概，并且可以看出孙中山有较为完整系统的进化思想，而且是有比较精深的研究的。进化思想是孙中山三民主义思想的一个重要基础。

四　就孙中山的进化思想同浦嘉珉商榷

美国当今研究进化论与中国的学者浦嘉珉（James Reeve Pusey）著有《中国与达尔文》（*China and Charles Darwin*）一书，对于进化论与中国有很好的研究。我对他的研究工作十分佩服。同时在某些地方我也有一些略微不同的看法，在这里也提出来以供对此问题有兴趣者继续研究。

（一）关于孙中山的“真正的革命性见解”

浦嘉珉一方面称孙中山为“真正的革命家”，一方面又说他“没有多少真正的革命性见解，至少他们没有多少关于达尔文和革命的真正的革命性见解。不过，他们的革命意识形态肯定符合达尔文学说”。[④] 这个评价不容易使人理解。因为达尔文学说并没有革命的含义，孙中山怎么可能对此有什么见解呢？他的革命意识形态怎么会“符合达尔文学说”呢？这里需要说明的是，达尔文始终是个自然科学家，他一直是研究生物进化的，并没有对人类社会的进化做过研究。顺便说得多一点：达尔文所讲的生物进化，第一，它是经历漫长的过程、是逐渐演变而来的。如果硬要把这一看法应用到人类社会，那也只能得出进化是渐进的，不是激烈的（另外有突变论的进化学说但不是达尔文的观点）这样的观点。第二，动物与植物的进化基本上不带主观能动性在内，它们的渐进变化只能说是内

① 《孙中山选集》下卷，人民出版社 1957 年版，第 561 页。

② 同上书，第 685 页。

③ 同上书，第 805 页。

④ ［美］浦嘉珉：《中国与达尔文》，钟永强译，江苏人民出版社 2009 年版，第 317 页。

在的基因的缓慢改变。如果把这一看法应用到人类社会，那也只能得出进化是被动的，不是主动的这样的观点，不可能会主动发动革命采取暴力行动来改变社会。由此可知，人类社会中应用的进化论，与达尔文关系并不大，只不过在自然科学领域达尔文因为机缘凑巧出了大名而已。对人类社会影响较大的是所谓的社会达尔文主义，其主要人物是斯宾塞。但是斯宾塞虽然年轻时有过激进的思想，但他形成他的社会达尔文主义以后就归于保守了。他并不主张革命，甚至反对政府干预经济，而是认为顺应经济规律人类社会可以自然而然地经由资本主义发展到社会主义。当然他是支持自由竞争的，也同意适者生存的观点。所以说，孙中山的革命思想（以及其他中国革命者的思想）都是另有所本的，其实就是受到世界上已经发生的革命行动的影响，受到包括马克思主义在内的革命思想的影响(并不是说孙中山全然赞同马克思主义，他是一个能够进行独立分析的人)。

孙中山如同其他革命者（如邹容，章炳麟等）一样认为革命本身就是进化的形式与内容。梁启超说："革也者，天演界中不可逃避之公例也。"[①] 邹容说："革命者，天演之公例也。革命者，世界之公理也。"[②] 孙中山则认为，无论革命还是建设，都是世界进化的潮流。换言之，在这个进化时代，孙中山其实是把自己所主张和领导的革命看作是执行社会进化的工作。

在革命派的早期言论中不难看出，他们都把革命、暴力看作是进化的必然步骤，而反对任何改良的主张；他们都有强烈的排满思想和民族主义思想，认为汉民族必须夺回统治权，认为多数优等民族去统治少数劣等民族是天经地义的事情，他们主张汉人要向满洲人复仇；基于这些想法，他们都大体上赞成中国实行国家主义或军国主义即成为强国，因为只有适者强者才可以生存。所以这种革命思想带有浓重的血腥味，也使很多人感到恐惧。孙中山较早地从这种极端思想中跳了出来，表示民族革命并不是要去恨满洲人。[③] 不过尽管如此，革命派心目中的大汉族主义一直存在着，

① 梁启超：《释革》，《新民丛报》1902 年 12 月第 22 号。

② 邹容：《革命军》，见张枬、王忍之编：《辛亥革命前十年间时论选集》第 1 卷下册，生活·读书·新知三联书店 1960 年版，第 651 页。

③ ［美］浦嘉珉：《中国与达尔文》，钟永强译，江苏人民出版社 2009 年版，第 319—330 页。

有很多人主张一国之中的多数民族应该同化其他少数民族。当然在孙中山的主持下，中华民国的政策是五族共和，这是革命派民族思想不断进步形成的结果。所以在我看来，孙中山是有“真正的革命性见解”而且超出其同辈人的。

（二）关于天演与人事的关系

孙中山于1905年开始谈民主政体，一开始就“不仅试图把民主政体而且把三民主义应用到进化学说之中。他使自己的‘主义’成为一种达尔文的‘主义’”。[①] 他的三民主义进化论认为社会进化分为三个阶段：“各国都是先由民族主义，进到民权主义，再由民权主义，进到民生主义。”[②] 当然，帝制是专制主义的，决不能与共和制竞争。这是进化的规律。

这里，进化决定论的影子显然可见。似乎冥冥之中有一个进化的必然之路，人们所做的只不过是被它所决定的，不得不做的事情。暗中似有天定之意存焉。进化决定论虽然也号召人们行动，但它不认为人有决定历史发展方向的主观能动性，而只是按照命定的进化路线前进。可是，这只是事物的表面现象。孙中山与其同时代人即那些也同意民主是发展方向的人也有意见的不同、主张的不同，其实质仍然是思想主张的不同。维新派虽然也认为民主是大方向，但坚持认为当前中国只能先实行君主立宪制，以后才能进入到共和制。其理由主要是民智尚未达到实行共和制的程度。如果强行实行共和制则必将天下大乱。梁启超、严复等人都有这方面的议论。梁启超甚至认为当前向君主立宪发展还需要先经过一个“开明专制”的阶段。

浦嘉珉作了一个类比。他认为后来孙中山著名的民主三阶段（军政、训政、宪政），其中的“训政时期”实际上就是一个“开明专制”时期。

但是在当时，梁启超的理论显然是孙中山所不能接受的。他发表文章指出，进化的进程是允许有“破天荒”的情况出现的，“若世间已有其事，且行之已收大效者，则我可以取法而为后来居上也”。[③]

人世间的事情是非常复杂的。确实，如果外国有先进的东西，我们怎么不可以直接拿来利用呢？就像中国学习西方的火车，是可以直接买来使

---

① ［美］浦嘉珉：《中国与达尔文》，钟永强译，江苏人民出版社2009年版，第335页。

② 中国国民党中央委员会党史委员会：《国父全集》第三卷，1981年版，第215—216页。

③ 张其昀：《国父全书》，台北1960年版，第372页。

用，而不必把火车发明全过程都一一搬来。但是另一方面，民主政治的实现，又确实存在着一个“天演”即“自然进化”的过程。其中主要就是对民众的民主训练。可是这种训练又是人为的，那么人的作用究竟有多大？孙中山坚持说：“我们决不要随天演的变更。”“定要为人事的变更，其进步方速。”① 他还说：“不知不觉是天然的进化，是自然的。有知有觉是人为的进化，是非自然的。前者进化慢，而后者进化快。以进化快者补进化慢者，这是我们的责任。”②

这实际上牵涉一个古老的话题：信天命还是人定胜天。孙中山的进化思想是二者兼而有之。如他所言：“吾侪不可谓中国不能共和，如谓不能，是反夫进化之公理也。”在同一场讲演中他又说：“我们决不要随天演的变更，定要为人事的变更。”③ 我个人毋宁认为，他是把天演进化当作一个道具，必要时拿出来用一用，当然有时候他自己也信了，但实际上他重视的是自己的主张。也许浦嘉珉的猜度有一定道理：“最终，在催促他的国民抛弃进化之路而选择人为之路的时候，孙中山也不愿意把所有东西都划给‘人为’，他坚持‘天演’之‘天’而不肯与那些更多地受到斯宾塞影响的进化思想完全决裂。”④

浦嘉珉有时认为孙中山是一个信口开河的人，照他的说法是有多种腔调，好像他一会儿讲天演，一会儿讲人事，不知所从的样子。其实我认为孙中山对这样的一个两难的问题也有他自己比较成熟的考虑，而且提出比较切实的也比较合理的主张。实质上，进化只是人们思考和认识人类社会发展规律的一个工具，我们不可以拿进化来衡量人的思想，而是要看人的思想是否讲得圆满，是否有道理，是否符合实际需要。

（三）关于革命与改良思想并存

孙中山所说的民生主义就是社会主义，这是孙中山本人承认，其他很多信仰三民主义的人也都承认的。孙中山也和同时代的很多人一样——这很多人也包括欧美国家的人——都感觉到资本主义所造成的贫富分化必然会引起社会革命，因而社会主义是人类社会进化的方向。这一进化的方式，很可能是革命。但是革命必定会引起社会动荡并带来巨大破坏。所以

① 张其昀：《国父全书》，台北 1960 年版，第 365 页。

② 中国国民党中央委员会党史委员会：《国父全集》第三卷，1981 年版，第 253 页。

③ 张其昀：《国父全书》，台北 1960 年版，第 365 页。

④ ［美］浦嘉珉：《中国与达尔文》，钟永强译，江苏人民出版社 2009 年版，第 354 页。

如何防止革命也是很多人思考的一个问题。孙中山说："革命的事情，是万不得已才用，不可频频用之，以伤国民的元气。我们实行民族革命、政治革命的时候，须同时想法子改良社会经济组织，防止后来的社会革命，这真是最大的责任。"① 但他有时也说："我们不愿少数富人专利，故要社会革命。"② 浦嘉珉说孙中山"是一个有着多种腔调的人"。③ 我倒不想这样去批评孙中山先生，因为我觉得孙中山想利用革命来制止或减少革命的思想是一致的，当然如果用严格的语法和逻辑去审查他的言论时，会发现很多似乎矛盾的地方，这也和绝大多数人在谈论事情时一样。

孙中山同其他一些人（如梁启超）认为中国尚未实行资本主义，因而中国尚未出现严重的贫富分化现象；但是中国如果走资本主义的道路，就像西方世界一样，则必然会出现贫富分化现象并从而必然引发社会革命；中国的落后反而成了优势，中国可以预先采取措施来防止贫富分化。孙中山提出的办法就是：节制资本，平均地权。

这里面有个矛盾：资本主义是竞争的，贫富分化也是竞争的结果，照有些拥护资本主义的人的观点，这种社会机制才是真正的适者生存，不适者不能生存，这是合乎达尔文主义的。而想法抑制竞争的人，也就是拥护社会主义的人的观点，是要建立起来一种社会机制来消灭竞争，压制适者，使不适者得以生存。正如一位美国的社会达尔文主义者所说："我们必须了解，我们不可能有第三种选择：不是自由、不平等和适者生存；就是不自由、平等和不适者生存。前者推动社会进步，而且使所有最优秀的社会成员受惠；后者使社会退步，而且使所有最差劲的社会成员得益。"④

其实这种论调的问题在于失之于简单。为什么现代资本主义也吸收了社会主义的内容？一方面这是社会主义革命造成的一种有益的后果，是社会主义逼出来的结果。另一方面，资本主义社会的"适者"们认识到，如果不给"不适者"生存的机会，从而引起的社会革命对于"适者"并无好处，所以他们吸收某些社会主义的观念，对资本主义加以修正，使"不适者"也能较好地生存。——说到底，这也是人类社会竞争的结果。

---

① 张其昀：《国父全书》，台北1960年版，第480页。

② 同上书，第481页。

③ ［美］浦嘉珉：《中国与达尔文》，钟永强译，江苏人民出版社2009年版，第359页。

④ ［美］霍夫施塔特：《美国思想中的社会达尔文主义》，郭正昭译，联合出版事业公司1981年版，第51页。

而且西方国家的民主制度也给“不适者”提供了为自己争取权利的机会，这不能不说是社会的进步。

尽管浦嘉珉对于孙中山、梁启超等人企图超越资本主义的想法予以嗤笑，但我觉得，他们仍然不失为伟大的思想家，他们在中国预防资本主义弊病的思考是值得称道的。

五 结语

以下结语中，我首先基本照搬我在《进化论与中国激进主义》一书中有关孙中山一节的结论的原文。

孙中山的三民主义进化观有以下特点：（1）接受与建立科学的进化论。他以自然进化理论为基础，使他的进化理论更为复杂和精密。（2）他也赞成社会有机体论。即把社会看作有机体，但不同意把自然界的生存竞争用于人类社会，认为动物界是生存竞争，人类社会是合作互助。（3）认为整个宇宙都在进步之中。进化的范围更大，整个世界，包括自然界和人类社会都是不断进步的，由低级阶段向高级阶段发展的，人类到了共产主义即为最高阶段，不再有矛盾斗争了。（4）主张革命与建设。提出“人事胜天”的观点，进化是天演加上人为，在由专制进入民主和在解决民族矛盾的问题上，反对渐进改良，主张用革命手段扫除障碍，实现进化。（5）以民生为进化动力，反对阶级斗争学说。进化的机制是“人为”，人类求生存是社会进化的原因。反对阶级斗争和弱肉强食，主张道德文明的不断进化。在社会进化尤其是由资本主义向社会主义进化的方式上，主张和平方式，反对阶级战争。孙中山是一位革命家，他主张推翻专制制度，建立民主政权。仅仅在这一时期采用革命手段，以后便是和平建设时期，要用渐进改良的方式逐步向社会主义过渡。（引文到此结束，略有改动）

以上是我很多年前对孙中山进化思想的总体看法。

近十余年来，相当一部分大陆学者发起对革命的声讨，明确提出“要改良，不要革命”的主张（以李泽厚、刘再复为代表）。这不能不说有一定的道理，毕竟我们所说的革命主要是指暴力革命，而暴力革命肯定会给社会带来损害，这正是和平改良所体现出来的优越性。

其实已经有不少人由此观点进而否定辛亥革命（甚至包括维新变法中的激进行为，更包括共产党推动的历次革命），这是我不能完全同意的。我承认革命会给社会带来破坏，给生产和人的生命与财产带来巨大伤害，但是革命在某种特定情况下确实是不可避免的（想想革命的对象如果不被推翻会对社会造成多大损失就可以理解），这恐怕也是不由人们的善良意志为转移的！所以，我的观点一直是：革命也是人类社会变化或进步的手段之一，在必要时不得不用。既要尽可能避免革命。也要在非革命不可的时候必须进行革命。在革命成功后一定要尽快实现和平，进行渐进改良与和平建设。

当然对于孙中山先生的进化观我也有些不同看法：比如他精心描述的各种进化阶段，虽然他努力使之符合科学，但是，科学的一大特点就是随着研究手段的发展而发展，所以孙中山先生所说的进化阶段就不可能是完全科学的，我们还要跟随科学的进步而修正自然与人类社会进化的观念。又比如他认为三民主义是人类社会发展的最高境界，人类社会经过一定步骤必然顺利进入此境界，这样的说法在当时颇有鼓舞人心的作用，但对照事实可以知道这种说法是不准确的。一是把人类社会的发展看成单线式的这种观点已经被历史证明是错误的，因为人类社会的发展是呈现多样性的甚至是曲折反复的。二是人类社会的发展是没有止境的，这也是今天很多研究进化论的学者所认识到的。比如孙中山先生极力美化的民主共和在现在看来也有许多问题需要克服，我个人虽然看不到民主之后会是什么样的制度，但却坚信在民主之后必定会有更新的政治制度出现。因为人类社会的发展是没有止境的，其原因在于人类的思想是没有止境的。当然历史地看，孙中山无疑是伟大的思想家，他在他所处的历史关头，给中国人指出了正确的道路。

在回顾孙中山先生的进化思想之时，我们一定要注意吸取其中的精华，作为今后政治经济发展进步的参考。

注：写于 2011 年 11 月

五四时期的反孔与“孔子之精神”

关于五四时期的反孔斗争，历来有不同的评价。赞成者认为它解放了人们的思想，推动了中国的进步；反对者认为它割断了文化传统，造成了严重的后果。但是，五四时期人们为什么激烈地反孔？这个问题是关键所在。辛亥革命后，中国虽然在政权上建立了民主共和制度，但是思想观念还没有转变，民主制度没有基础。要想树立新的思想观念，就要解决新与旧的冲突。更为重要的是，康有为、陈焕章等人建立孔教会，大力宣扬封建伦理道德，抵制新思想新观念，并且要求在宪法中明确规定将孔教定为国教，全国各地形形色色的尊孔组织也参与其中，推波助澜。这一场复古运动持续数年，影响很大。袁世凯政府也公然恢复祭孔活动，目的是为复辟开路。这一幕一幕复古活动，都是在中国政治制度已经为民主的形式所取代以后，少数封建遗老遗少和窃取政权的封建残余势力为了恢复旧制度、旧思想在中国的统治，想从思想观念上做为突破口，用旧的所谓正统思想来抵制新思想，最终实现将中国重新拉回封建时代的目的。这种逆历史潮流而动的反动行为遭到一切进步人士的批评。复古与复辟分子打着孔子的旗号，进步人士必然要对孔子做出评价，这就是五四反孔斗争的起因。胡适曾经论述辛亥革命后孔教会的活动与反孔斗争的联系，他说：“后来东方文化与西方文化接近，孔教的势力渐渐衰微，于是有一班信仰孔教的人妄想用政府法令的势力来恢复孔教的尊严；却不知道这种高压的手段恰好挑起一种怀疑的反动。因此，民国四五年的时候，孔教会的活动最大，反对孔教的人也最多。”①五四新文化运动时期的反孔运动不是和孔子过不去，而是同利用孔子倒行逆施的那些反动分子做斗争的必然行动。仅仅了解一下历史背景，就应当明白，五四反孔斗争是推动中国向前发展

---

① 胡适：《新思潮的意义》，《新青年》1912 年 12 月第 7 卷第 1 号。

的必要行动。那么，五四时期反孔的进步人士都有什么样的言论，这些言论有什么意义？这是本文关注的重点。希望通过这样的研究，不仅对五四反孔斗争有较为正确的理解，同时也对如何正确评价孔子能够有所启发。

一 陈独秀："孔教与共和乃绝对两不相容之物"

陈独秀先后撰写了几篇文章驳斥尊孔复古派的谬论。在《驳康有为致总统总理书》中，他揭露了康有为言论的种种自相矛盾之处，并且特别指出"孔教与帝制，有不可离散之因缘"，要主张共和，就要反对帝制，就不能再推尊孔教。陈独秀认为，孔教早已是"失灵之偶像，过去之化石"。"孔教之精华曰礼教，为吾国伦理政治之根本"，而伦理上的觉悟是中国人民的最后觉悟，这个觉悟就是要同传统儒家礼教绝裂。他指出，根据宗教信仰自由之原则，不能将孔教定为国教。他也指出，孔教的核心是三纲五常，其实质是强调"片面之义务，不平等之道德，阶级尊卑之制度"，如果定孔教为国教就是"罢黜百家，独尊孔氏，则学术思想之专制，其湮塞人智，为祸之烈，远在政界帝王之上"①。

但是，同样从学术自由的观点出发，陈独秀并不完全反对孔学本身，他说，如果孔教会只是作为私人团体，与其他宗教团体有同等之自由，他是赞同的。再者，从历史的观点出发，他也肯定了孔学的历史地位，他说："此等别尊卑明贵贱之阶级制度，乃宗法社会封建时代所同然，正不必以此为儒家之罪，更不必讳为原始宗教之所无。愚且以为儒教经汉、宋两代之进化，明定纲常之条目，始成一有完全统系之伦理学说，斯乃孔教之特色，中国独有之文明也。"② 可见，陈独秀对孔子的历史地位与学术地位是充分肯定的。

但是他又指出："使今犹在闭关时代，而无西洋独立平等之人权说以相较，必无人能议孔教之非。"可是现在已经是共和时代，"别尊卑明贵贱之孔教"是与共和政体西洋文明绝对相反的东西，怎么能继续推尊它呢？他明确而坚决地指出："欲建设西洋式之新国家，组织西洋式之新社

① 陈独秀：《驳康有为致总统总理书》，《新青年》1916年10月1日第2卷第2号。

② 同上。

会，以求适今世之生存，则根本问题，不可不首先输入西洋式社会国家之基础，所谓平等人权之新信仰，对于与此新社会新国家新信仰不可相容之孔教，不可不有彻底之觉悟，猛勇之决心；否则不塞不流，不止不行！”①

陈独秀把针对儒教的彻底觉悟和反对封建伦理道德看作是至关重要的一次革命。他在《吾人最后之觉悟》②一文中说：西方文化之进入中国，经过七个时期，第一期是明中叶，“西教西器”初入中国，几乎无人相信。第二期是清初，“火器历法”被皇帝接受，天下群儒反对。第三期是鸦片战争以后，有人提倡“西洋制械练兵之术”。第四期是清末甲午海战之后，国内出现维新变法运动，“新思想渐拓展领土，遂由行政制度问题一折而入政治根本问题”。第五期在民国初年，“一部分优秀国民渐生政治根本问题之觉悟，进而为民主共和君主立宪之讨论。第六期就是五四时期，“三年以来，吾人于共和国体之下，备受专制政治之痛苦。自经此次之实验，国中贤者，宝爱共和之心，因以勃发；厌弃专制之心，因以明确”，出现“新旧思想之大激战”。但是要在根本上解决中国问题，还需等待“第七期吾人最后之觉悟”。“最后之觉悟”的第一步是破除专制思想，知道“国家为人民公产，人类为政治动物”。第二步是“弃数千年相传之官僚的专制的个人政治，而易以自由的自治的国民政治”。第三步是多数国民对于政治“自觉其居于主人的主动的地位”。以上各项觉悟都是政治觉悟，而最根本的觉悟则是伦理的觉悟。他说：“伦理思想，影响于政治，各国皆然，吾华尤甚。儒者三纲之说，为吾伦理政治之大原，共贯同条，莫可偏废。三纲之根本义，阶级制度是也。所谓名教，所谓礼教，皆以拥护此别尊卑明贵贱制度者也。近世西洋之道德政治，乃以自由平等独立之说为大原，与阶级制度极端相反。此东西文明之一大分水岭也。”他又说：“自西洋文明输入吾国，最初促吾人之觉悟者为学术，相形见绌，举国所知矣；其次为政治，年来政象所证明已有不克守缺抱残之势。继今以往，国人所怀疑莫觉者，当为伦理问题。此而不能觉悟，则前之所谓觉悟者，非彻底之觉悟，盖犹在惝恍迷离之境。吾敢断言曰：伦理的觉悟，为吾人最后觉悟之最后觉悟”。陈独秀的这一段话可以说是概括了五四时期尊孔与反孔两派的斗争焦点。

① 陈独秀：《宪法与孔教》，《新青年》1916年11月1日第2卷第3号。

② 《青年杂志》1916年2月15日第1卷第6号。

陈独秀认为孔子之道与现代生活格格不入。他认为宗教与政治学说不同，宗教“出世远人”“不随人事变迁”，所以能长久流传；政治学说（他称为“人伦日用之世法”）则要“以社会组织生活状态之变迁为兴废”，“一种学说，可产生一种社会；一种社会，亦产生一种学说。影响复杂，随时变迁”。孔学不是宗教，所以它不能长久流传，不能适用于现代生活。“现代生活，以经济为之命脉，而个人独立主义，乃为经济学生产之大则，其影响遂及于伦理学。故现代伦理学上之个人人格独立，与经济学上之个人财产独立，互相证明，其学说遂至不可摇动；而社会风纪，物质文明，因此大进。中土儒者，以纲常立教。为人子为人妻者，既失个人独立之人格，复无个人独立之财产。”所以，与个人人格独立相反的儒家学说不能适用于现代社会。在现代社会中，政党发挥着重要作用，但儒家学说主张“父死三年，尚不改其道；妇人从父从夫，并从其子”，“岂能自择其党”？这又说明儒家学说不能适用于现代社会。儒家学说轻视妇女，有什么“妇人者，伏于人者也”、“男女不杂坐”、“嫂叔不通问”等等规矩，而“妇人参政运动，亦现代文明妇人生活之一端”，孔子之道怎能适用于现代社会？

“孔子生长封建时代，所提倡之道德，封建时代之道德也；所垂示之礼教，即生活状态，封建时代之礼教，封建时代之生活状态也；所主张之政治，封建时代之政治也。封建时代之道德，礼教，生活，政治，所心营目注，其范围不越少数君主贵族之权利与名誉，于多数国民之幸福无与焉。”孔子之道“即在数千年前宗法时代封建时代，亦只行于公卿士大夫之人伦日用，而不行于庶人，更何能行于数千年后之今日共和时代国家时代乎？”①

陈独秀描写民国初年的情况说：“分明挂了共和招牌，而政府考试文官，居然要用‘上天下泽，履君子以辨上下，定民志’，‘百姓足，君孰与不足’，和‘学则三代共之，皆所以明人伦也，人伦明于上，小民亲于下’为题。……分明挂了共和招牌，而国会议员居然大声疾呼，定要尊重孔教。按孔教的教义，乃是教人忠君，孝父，从夫。无论政治伦理，都不外这种重阶级尊卑三纲主义。……若用此种道理做国民的修身大本，不是教他拿孔教修身的道理来破坏共和，就是教他修身修不好，终久要做乱

① 陈独秀：《孔子之道与现代生活》，《新青年》1916年10月1日第2卷第4号。

臣贼子。……若一方面既然承认共和国体，一方面又要保存孔教，理论上实在是不通，事实上实在做不到，”“这腐朽思想布满国中，所以我们要诚心巩固共和国体，非将这班反对共和的伦理文学等等旧思想，完全洗刷得干干净净不可。否则不但共和政治不能进行，就是这块共和招牌，也是挂不住的。”“因为民主共和的国家组织社会制度伦理观念，和君主专制的国家组织社会制度伦理观念全然相反，——一个是重在平等精神，一个是重在尊卑阶级，——千万不能调和的。若是一面要行共和政治，一面要保存君主时代的旧思想，那是万万不成。”①

袁世凯的帝制复辟和张勋、康有为策划的复辟虽然失败了，但是共和政治仍然不能真正在中国实行起来，陈独秀指出，这是因为“与复辟论相依为命之尊孔论，依旧盛行于国中也。孔教与共和乃绝对两不相容之物，存其一必废其一”。他指出，张、康虽败，而所谓“孔教会”“尊孔会”仍遍布中国，尊孔必然复辟。所以，反孔斗争实际上就是反对那些借尊孔而妄图复辟的人。他明确指出：“愚之非难孔子之动机，非因孔子之道之不适于今世，乃以今之妄人强欲以不适今世之孔道，支配今世之社会国家，将为文明进化之大阻力也。”②

总之，陈独秀之反孔不是反对孔子本人，而是反对那些借尊孔的名义要把中国拉回到封建时代的复古分子；不是认为孔子在历史上一无是处，而是坚决认定孔学不适用于现代中国。中国必须从西方吸取先进的思想，建立新的精神文明。

二　吴虞：“只手打孔家店的英雄”

在五四新文化运动中，吴虞是以反孔著称的，被胡适誉为“只手打孔家店的英雄”。

吴虞早年家庭生活不幸，和父亲关系破裂以至反目成仇，使他很早就对传统的“孝”的观念产生怀疑和批判。他对儒家片面强调为子之“孝”而不制裁为父之“不慈”极为不满。他说：“夫为人父止于慈，为人子止

① 陈独秀：《旧思想与国体问题——在北京神州学会讲演》，《新青年》1917年5月1日第3卷第3号。

② 陈独秀：《复辟与尊孔》，《新青年》1917年8月1日第3卷第6号。

于孝，似平等矣：然为人子而不孝，则五刑之属三千，罪莫大于不孝；于父之不慈者，固无制裁也。”[①] 他在《说孝》一文中指出，提倡孝道“徒养成君主圣人家长的威势”[②]。他把自己家庭的不幸和当时国家社会的黑暗联系起来，认为都和孔教有关。“家国涂炭如此，孔教之力大矣。”[③]

在旧中国，推动民主，必须反封建。反封建从根本上讲，要从封建的家庭伦理道德反起。在新文化运动之初，许多有识之士，对此都有认识。比如李大钊就曾说过：“中国现在的社会，万恶之源，都在家族制度。”[④] 吴虞就是从家庭伦理道德上反封建的。吴虞研究家族问题，从非孝入手，这的确是抓住了儒家思想的核心。伦理道德是儒家思想对中国封建专制主义影响最深的一部分内容。吴虞说：“详考孔子之学说，既认孝为百行之本。故其立教，莫不以孝为起点。”[⑤] 儒家是将孝作为起点，从家庭训练入手，使人能够学会按照封建道德之要求来处理好社会上的一切人与人之间的关系，从而形成贵贱有等、尊卑有序的社会秩序。所以吴虞总结说：“盖孝之范围，无所不包，家族制度之与专制政治，遂胶固而不可以分析。”[⑥] 封建统治者以孝治天下，目的即是使人不再犯上作乱。“儒家以孝弟二字为二千年来专制政治与家族制度联结之根干，而不可动摇。”[⑦]“他们教孝，所以教忠，也就是教一般人恭恭顺顺的听他们一干在上的人愚弄，不要犯上作乱。把中国弄成一个‘制造顺民的工厂’。”[⑧] 吴虞指出，封建统治者为了推行孝与忠，就制定出“礼”来约束人们，为了保证“礼”的实行，就用“刑”来强制施行。“君主既握政教之权，复兼家长之责，作之君，作之师，且作民父母，于是家族制度与君主制度遂相依附

---

① 吴虞：《家庭制度为专制主义之根据论》，《新青年》1917 年 2 月 1 日第 2 卷第 6 号。

② 吴虞：《说孝》，原载《吴虞文录》上卷，转引自蔡尚思主编《中国现代思想史资料简编》，浙江人民出版社 1982 年版，第一卷第 370 页。

③ 吴虞：《日记》1912 年 1 月 9 日。

④ 李大钊：《万恶之源》，《李大钊选集》，人民出版社 1959 年版，第 227 页。这是李大钊 1919 年 7 月 13 日发表在《每周评论》上的一篇短文，只有 97 字。

⑤ 吴虞：《家庭制度为专制主义之根据论》，《新青年》1917 年 2 月 1 日第 2 卷第 6 号。

⑥ 同上。

⑦ 同上。

⑧ 吴虞：《说孝》，原载《吴虞文录》上卷，转引自蔡尚思主编《中国现代思想史资料简编》，浙江人民出版社 1982 年版，第一卷第 368—369 页。

而不可分离。”①

吴虞反对封建专制主义有独特的观点。他看出了封建时代是理论上的儒家伦理学说、社会组织上的家族制度和政治上的君主专制制度三位合为一体的。也就是说，在封建时代有“三大部专制”。辛亥革命只重视对后一项的改革，所以这次革命是极不彻底的，很容易地被袁世凯之流破坏了。为此，他提出了三大部改革之说。他说：“此余所以谓政治改革而儒教、家族制度不改革，则尚余二大部专制，安能而得真共和也夫！”吴虞既从思想理论上分析了儒家思想与专制政治的关系，也以历史事实论证儒家思想对于中国封建社会长期停滞不前所起的作用。他说：“孔氏言‘民可使由之，不可使知之’为秦始皇愚黔首政策之本，而实李斯承荀卿之说以启之”，“然则，吾国专制之局，始皇成之，李斯助之，荀卿启之，孔子教之也。”② 西汉初，儒家叔孙通为刘邦制礼，“汉高知皇帝之贵，始溺孔氏之儒冠，终享孔氏以太牢，自汉迄今，滔滔不返，变本加厉，而其害酷矣！”③

在三十年代，南京杨文騄所著《现代名人录》把吴虞和陈独秀并列为“打孔家店者”，吴虞为此深感自豪。但是，尽管吴虞以反孔著称，他对孔子的态度也还有比较公正的一面。吴虞反孔，但他曾对学生说：“我不是要除掉孔子。我不过不要他一人高高在上，要把他请下来，和诸子百家坐在一起，讨论是非。”他还说过：“我与李卓吾稍有不同，他是非孔，我是非儒。孔子是豪杰之士，但用他的思想统治中国，是不好的。”④ 吴虞在《对于祀孔问题之我见》一文中曾引用蔡元培同日本服部宇之吉博士（前清京师大学堂教习，民国后曾来京）的谈话，服部宇之吉说：“北京大学近遂不尊崇孔子，且又废讲经，大不可也。”蔡元培答：“北大崔适教授讲《五经要义》《春秋复始》，陈汉章教授讲《经学通论》，黄节、沈尹默教授讲《诗经》，梁漱溟教授研究孔家哲学，北大何常废讲经？不过北大于孔、墨、老、庄、管、晏、荀、韩之说，均一视同仁，平等研究；而对于诸人，亦即平等待遇，不似君主专制时代，推孔子一人独尊，

① 吴虞：《读荀子书后》，《民国丛书第二编·吴虞文续录》，上海书店 1990 年版。

② 同上。

③ 《礼论》。

④ 以上均见唐振常《章太炎吴虞论集》，四川人民出版社 1981 年版，第 114 页。

高立于诸家之上耳!”[①]吴虞《致陈独秀书》中也说;“不佞常谓孔子自是当时之伟人,然欲坚执其学以笼罩天下后世,阻碍文化之发展,以扬专制之余焰,则不得不攻之者,势也。”

三 胡适:“重新估定一切价值”

一贯温和的胡适也是积极反孔的。他主张“重新估定一切价值”,对于孔学也是如此。他在《中国哲学史大纲》中对孔学有比较客观的评价。但在辛亥革命后尊孔派最为嚣张之时,他也是坚决反对“尊孔读经”的。袁世凯为了复辟帝制,曾经颁发过“尊孔令”。胡适斥责“尊孔令”“非驴非马”,不识时务,批驳了其中的种种谬论。吴虞积极反孔,受到胡适的热烈赞扬。他在给《吴虞文录》写的序中,推崇吴虞为“只手打孔家店的英雄”,是“中国思想界的一个清道夫”,又称他和陈独秀是“近年来攻击孔教最有力的两位健将”。他表示完全赞成反孔,“因为二千年吃人的礼教法制都挂着孔丘的招牌,故这块孔丘的招牌——无论是老店,是冒牌——不能不拿下来,捶碎,烧去!”[②]胡适还把孔学同封建迷信联系起来,认为“尊孔读经”就是提倡宗教迷信。他说:“中国儒家的宗教提出一个父母的观念,和一个祖先的观念,来做人生一切行为的裁制力。所以说,‘一出言而不敢忘父母,一举足而不敢忘父母。’父母死后,又用丧礼祭礼等等见神见鬼的方法,时刻提醒这种人生行为的裁制力。所以又说,‘斋明盛服,以承祭祀,洋洋乎如在其上,如在其左右。’又说,‘斋三日,则见其所为斋者;祭之日,入室,僾然必有见乎其位;周还出户,肃然必有闻乎其容声;出户而听,忾然必有闻乎其叹息之声。’这都是‘神道设教’,见神见鬼的手段。这种宗教的手段在今日是不中用了。”[③]

胡适在1918年发表的《易卜生主义》,主要思想是反对封建主义和提倡自由主义的。在这篇评论外国文学的文章中,他有一段话描述的是中国的情形:“明明是男盗女娼的社会,我们偏说是圣贤礼义之邦;明明是

① 以上均见唐振常《章太炎吴虞论集》,四川人民出版社1981年版,第166—167页。

② 胡适:《吴虞文录序》,《吴虞文录》,黄山书社2008年版。

③ 胡适:《不朽》,载《新青年》1912年2月第6卷第6号。

赃官污吏的政治，我们偏要歌功颂德；明明是不可救药的大病，我们偏说一点病都没有！却不知道：若要病好，须先认有病；若要政治好，须先认现今的政治实在不好；若要改良社会，须先知道现今的社会实在是男盗女娼的社会！”他批评了法律和宗教之后，又对封建道德做了这样的评价：“社会上所谓‘道德’不过是许多陈腐的旧习惯。合于社会习惯的，便是道德；不合于社会习惯的，便是不道德。正如我们中国的老辈人看见少年男女实行自由结婚，便说是‘不道德’，为什么呢？因为这事不合于‘父母之命，媒妁之言’的社会习惯。但是这班老辈人自己讨许多小老婆，却以为是很平常的事，没有什么不道德。为什么呢？因为习惯如此。……因为社会的习惯如此，所以不道德的也觉得道德了。”“这种不道德的道德，在社会上，造出一种诈伪不自然的伪君子。面子上都是仁义道德，骨子里都是男盗女娼”。胡适说，看了易卜生的作品，“叫人觉得我们的家庭社会原来是如此黑暗腐败，叫人看了觉得家庭社会真正不得不维新革命：——这就是‘易卜生主义’”。旧道德的“最大罪恶莫过于摧折个人的个性，不使他自由发展”。因此，反对旧道德的出路就是“发展个人的个性”①。胡适提出反对旧道德的武器就是要宣传个性解放与自由主义。

胡适从美国接受了西方自由主义思想、实验主义思想，是一个具有新思想的学者。他从资产阶级人生观道德观出发，反对封建主义的人生观和道德观。这主要是指为封建复古分子鼓吹的“三纲五常”“忠孝节义”等封建意识和封建道德说教。胡适指出：“‘三纲五伦’的话，古人认为真理，因为这种话在古时宗法的社会很有点用处。但是现在时势变了，国体变了，‘三纲’便少了君臣一纲，‘五伦’便少了君臣一伦。还有‘父为子纲’‘夫为妻纲’两条，也不能成立。古时的‘天经地义’现在变成废语了。有许多守旧的人觉得这是很可痛惜的。其实这有什么可惜？衣服破了，该换新的；这支粉笔写完了，该换一支；这个道理不适用了，该换一个。这是平常的道理，有什么可惜？”②根据这种看法，他提出应该把“孝”字“驱逐出境”。因为中国古人把一切做人的道理都归结为“孝”，由此延伸，产生许多陈腐的教条。胡适反对旧思想旧伦理是为了树立新的思想和新的伦理。他的反孔、反儒思想是从实验主义出发的。但肯定是顺

① 胡适：《易卜生主义》，《新青年》1918年6月第4卷第6期。

② 胡适：《实验主义》，《胡适文集》，北京大学出版社1998年版，第2卷。

应历史发展的大趋势的。

四　李大钊："孔子者，历代帝王专制之护符也"

李大钊在1917年孔教会鼓吹定孔教为国教之时，就旗帜鲜明地表示反对。他从两个方面阐述了自己的观点。

第一是从孔学与宪法的关系上，说明"孔子与宪法，渺不相涉者也"。在《宪法》草案中规定"国民教育以孔子之道为修身大本"是十分"怪诞"的事情。他从四个方面证明孔子与宪法是格格不入的。一是"孔子者，数千年前之残骸枯骨也。宪法者，现代国民之血气精神也。以数千年前之残骸枯骨，入于现代国民之血气精神所结晶之宪法，则其宪法将为陈腐死人之宪法，非我辈生人之宪法也……"二是"孔子者，历代帝王专制之护符也。宪法者，现代国民自由之证券也。专制不能容于自由，即孔子不当存于宪法。"如果让孔子入于宪法，宪法就为野心家所利用，是为"专制复活之先声""乡愿政治之见端"。三是"孔教者，国民中一部分所谓孔子之徒者之圣人也"。宪法者，中华民国国民全体"所资以生存乐利之信条"也。以一部分人的信仰强加于全体人民的头上，会引起国家分裂。四是"孔子之道者，含混无界之辞也。宪法者，一文一字均有极确之意义，极强之效力者也"。将孔教写进宪法，宪法就会成为无效之宪法，制定宪法就没有意义了。①

第二，李大钊从伦理观对孔子之道做了分析。他认为"道德者便利于一社会生存之习惯风俗也。古今之社会不同，古今之道德自异"。伦理道德是一个自然进化的过程，是随着社会发展而自然变迁的，因而总是有旧的道德被淘汰，新的道德为人们所选择。道德既是自然产生的，是适于人生与社会的，就不能是"神秘主宰之惠与物"或"古昔圣哲之遗留品"。"孔子之道，施于今日之社会为不适于生存，任诸自然之淘汰，其势力迟早必归于消灭。"

李大钊虽然称孔子为"数千年前之残骸枯骨"，指出孔子之道不适于今日社会，但他也公正地评价了孔子的历史作用。"孔子于其生存时代之

① 以上引文见李大钊《孔子与宪法》，《甲寅》1917年1月30日。

社会，确足为其社会之中枢，确足为其时代之圣哲，其说亦确足以代表其社会其时代之道德。”“孔子生于专制之社会，专制之时代，自不能不就当时之政治制度而立说，故其说确足以代表专制社会之道德，亦确足为专制君主所利用资以为护符也。”①

五　易白沙：“揭破”“中国二千余年尊孔之大秘密”

易白沙也是五四时期著名的反孔人物。

他在《孔子平议》一文中，首先指出，迷信孔子，把解决社会风气问题的出路寄托在崇拜孔子身上，是毫无道理的。“国人为善为恶，当反求之自身，孔子未尝设保险公司，岂能替我们负此重大之责。”一味推崇孔子，是一种惰性。把孔子奉为“素王”，是“大愚”。反求自身也就是个人自由和思想解放。

对于一批尊孔派极端推崇孔子的做法，易白沙指出，“孔子当春秋之世，虽称显学，不过九家之一”。而且，从汉武帝时开始，封建皇帝懂得了要“蔽塞天下之聪明才智，不如专崇一说，以灭他说；于是罢黜百家，独尊儒术，利用孔子为傀儡，垄断天下之思想，使失其自由”。所以，历代尊孔，都是为了巩固封建专制统治。专制必然产生许多社会弊病。越是尊孔，越是强化专制，社会越是混乱。“所谓尊孔，滑稽之尊孔也。典礼愈隆，表扬愈烈，国家之风俗人心学问愈见退落。”时间一久，人们习以为常，如果有人反对尊孔，就会引起众人群起而攻之。这其实是封建专制的毒害造成的一种社会风气，是人们心理的畸变，是愚民政策的结果。

易白沙自称将“中国二千余年尊孔之大秘密”“揭破无余”。虽然尊孔是皇帝为了巩固专制统治而推行的一种愚民政策，但是孔子本身思想也的确有可以被利用之处。易白沙指出孔子思想有 4 条缺点：

一是“孔子尊君权，漫无限制，易演成独夫专制之弊”。“君主独裁，若无范围限制其行动，势将如虎傅翼，择人而食。故中国言君权，设有二种限制：一曰天，一曰法。”也就是说，中国传统思想中对君权的限制，一是靠天来监督皇帝，“人君善恶，天为赏罚”；二是靠法来限制，“国君

① 以上见李大钊《自然的伦理观与孔子》，《甲寅》1917 年 2 月 4 日。

行动，以法为轨”。前者是墨家思想，后者是法家思想。但是，“孔子之君权论无此二种限制，君犹天也，民不可一日无君，犹不可一日无天”。“以君与天为一体，较墨翟以天制君者绝异，所以不能维持天子之道德。”“言人治不言法治”，“较管、商、韩非以法制君，又迥然不同，所以不能监督天子之行动。天子既超乎法律道德之外，势将行动自由，漫无限制，则修身、齐家、治国、平天下诸空论，果假何种势力迫天子以不得不遵?”

二是“孔子讲学不许问难，易演成思想专制之弊”。他从《论语》中举了许多例子说明孔子“师徒受授，几杖森严”，“一门之中，有信仰而无怀疑，有教授而无质问”。

三是“孔子少绝对之主张，易为人所借口”。“孔子圣之时者也……其立身行道，皆抱定一‘时’字”。“美其名曰中行，其实滑头主义耳！骑墙主义耳！……以此道为前提，小德不逾闲，大德出入可也。后世暴君假口于救国保民，污辱天下之名节，皆持是义”。

四是“孔子重作官，不重谋食，易入民贼牢笼”。“君子谋道不谋食”，“儒家生计，全陷入危险之地，三月无君，又焉得不皇皇耶?”“惟流弊所趋，必演成哗世取宠，捐廉弃耻之风俗”①。

易白沙痛斥尊孔派想通过尊孔恢复封建专制统治，他把当时鼓吹尊孔的人称为“今之董仲舒”，他们“欲以孔子一家学术代表中国过去未来之文明”，“以孔子统一古之文明，则老、庄、杨、墨、管、晏、申、韩、长沮、桀溺、许行、吴虑，必群起否认，开会反对。以孔子网罗今之文明，则印度、欧洲，一居南海，一居西海，风马牛不相及。闭户时代之董仲舒，用强权手段，罢黜百家，独尊儒术；开关时代之董仲舒，用牢笼手段，附会百家，归宗孔氏；其悖于名实，摧沮学术之进化，则一而已矣”②。

易白沙的意思是，孔子思想只是中国文明的一部分，不能把孔学当作中国文明的全部；自古以来，利用孔子的人都是利用孔子学说中的糟粕，或者只是把孔子作为傀儡，使之为专制统治服务。所以他的反孔不是一味地反对，不是不加分析地反对，他对于孔子思想中的好的一面，是予以肯

① 以上引文见易白沙《孔子平议（上）》，《青年杂志》1916年2月15日第1卷第6号。

② 以上引文见易白沙《孔子平议（下）》，《青年杂志》1916年9月1日第2卷第1号。

定的。比如，孔子“非世卿，倡均富，扫清阶级制度之弊，为平民所喜悦，故天下丈夫女子，莫不延颈举踵而愿安利之”。但是自从封建统治阶级借尊孔而实行专制之后，孔子学说中原先受到平民欢迎的内容，都被弃诸一旁，只剩下“滑稽尊孔”① 了。他还提出“孔学革命”的说法，对于孔子予以肯定，他说：“若论孔子宏愿，则不在素王，而在真王，盖孔子弟子，皆抱有帝王思想也。儒家规模宏远，欲统一当代之学术，更思统一当代之政治。彼之学术，所以运用政治者，无乎不备。”统一学术与统一政治，本来都含有专制之义，但易白沙却把这种做法看作是“革命”，他说：“千载以后，遂无人敢道孔子革命之事。微言大义，湮没不彰。愚诚冒昧，敢为阐发，使国人知独夫民贼利用孔子，实大悖孔子之精神。孔子宏愿，诚欲统一学术，统一政治，不料为独夫民贼作百世之傀儡，惜哉!”②

六　鲁迅：孔夫子——权势者们的“敲门砖”

鲁迅对于尊孔、复古与复辟也是旗帜鲜明地予以反对的。

鲁迅在反孔斗争中表现得尤为出色。首先，他指出孔子被权势者和反动派利用的历史事实。他说：“孔夫子之在中国，是权势者们捧起来的，是那些权势者或想做权势者们的圣人，和一般的民众并无什么关系。”但是这些人也不过是想利用孔子，达到自己的目的后，便不再理会孔子了。所以，“孔子这人，其实是自从死了以后，也总是当着‘敲门砖’的差使的”。他更指出现代复辟派对孔子的利用：“从二十世纪的开始以来，孔夫子的命运是很坏的，但到袁世凯时代，却又被从新记得，不但恢复了祭典，还新做了古怪的祭服，使奉祀的人们穿起来。跟着这事而出现的便是帝制”。但是时代不同了。尊孔的人们并没有达到他们的目的，即完全恢复封建制度。孔子和中国人民是疏远的，人民“对于他，是恭谨的，却不亲密”。因为孔子不过“是大人老爷们的物事”，对那些人有利用的价值，对于人民却是“并无关系”。“不错，孔夫子曾经计划过出色的治国

① 以上引文见易白沙《孔子平议（上）》，《青年杂志》1916年2月15日第1卷第6号。

② 以上引文见易白沙《孔子平议（下）》，《新青年》1916年9月1日第2卷第1号。

的方法，但那都是为了治民众者，即权势者设想的方法，为民众本身的，却一点也没有。这就是‘礼不下庶人’。成为权势者们的圣人，终于变了‘敲门砖’，实在也叫不得冤枉”①。

鲁迅的分析尖锐地揭露了反动分子只不过是利用孔子而已，并非真正尊孔，并非实事求是地尊重孔子及孔子学说。像康有为、陈焕章、袁世凯、张勋等一班尊孔派人物，他们在哪一点上对孔子学说有像样的研究，留下什么有价值的东西呢？从现代史看来，尊孔派只是扮演了滑稽可笑的角色。确如鲁迅描绘的那样，是把孔子当作“敲门砖”，做着复辟之梦，想爬上高位，当皇帝或者当“圣人”。这些人满脑子封建思想，和新时代格格不入。但是他们却很有能量，凭借手中的一点权力，或者凭借封建残余势力的影响，掀起一股复古浊流，想把中国重新拉回到封建专制时代。要同这些人斗争，就必须打掉他们的“敲门砖”。因此五四反孔斗争是十分必要的。

再者，鲁迅反封建伦理道德的思想极为深刻，他善于以小见大，由浅入深，把看似平常的封建道德现象揭露到最深层，展示其最无价值的内在本质。

辛亥革命以后，政权落入代表封建势力的反动军阀手中，他们反对民主与进步，竭力复古倒退，企图以封建伦理道德继续愚弄和控制中国人民。从袁世凯到其继任者，都由政府出面提倡封建道德，“表彰节烈”就是一种做法。直到“五四”时期，报刊上仍然时有表扬“节妇”“烈女”的记事与诗文，宣扬封建伦理道德。鲁迅于1918年发表《我的节烈观》，强烈谴责这种现象。鲁迅揭露这种做法对女子的极端不公平。他提问道：不节烈的女子如何害了国家？现在的“种种黑暗，竟和古代的乱世仿佛，况且政界军界学界商界等等里面，全是男人，并无不节烈的女子夹杂在内。也未必是有权力的男子，因为受了他们蛊惑，这才丧了良心，放手作恶。至于水旱饥荒，便是专拜龙神，迎大王，滥伐森林，不修水利的祸祟，没有新知识的结果；更与女子无关。只有刀兵盗贼，往往造出许多不节烈的妇女。但也是兵盗在先，不节烈在后，并非因为他们的不节烈了，才将刀兵盗贼招来”。他分析说，“只有自己不顾别人的民情，又是女应

① 鲁迅：《在现在中国的孔夫子》，原载《且介亭杂文二集》，转引自《鲁迅著作选》，人民出版社1976年版。

守节男子却可多妻的社会，造出如此畸形道德，而且日见精密苛酷，本也毫不足怪。但主张的是男子，上当的是女子”。他“断定节烈这事是：极难，极苦，不愿身受，然而不利自他，无益于社会，于人生将来又毫无意义的行为，现在已经失去了存在的生命和价值”。①

在《我们现在怎样做父亲》②中，鲁迅说他要研究怎样改造家庭，因为父权太重，所以要对从来认为神圣不可侵犯的父子问题发表意见。他指出，“只要思想未遭锢蔽的人，谁也喜欢子女比自己更强，更健康，更聪明高尚，——更幸福；就是超越了自己，超越了过去。超越便须改变，所以子孙对于祖先的事，应该改变，‘三年无改于父之道可谓孝矣’，当然是曲说，是退婴的病根。”在中国，总是认为父辈们掌握了永恒的真理，要求子孙后代永远不要改变。这是非常可笑的事情。在这一方面，教育的方法又极其落后与荒唐，鲁迅说：在中国“汉有举孝，唐有孝悌力田科，清末也还有孝廉方正，都能换到官做。父恩谕之于先，皇恩施之于后，然而割股的人物，究属寥寥。足可证明中国的旧学说旧手段，实在从古以来，并无良效，无非使坏人增长些虚伪，好人无端的多受些人我都无利益的苦痛罢了”。从家庭角度，鲁迅提出，中国的做父母的，要觉醒起来，“中国觉醒的人，为想随顺长者解放幼者，便须一面结清旧帐，一面开辟新路。”“自己背着因袭的重担，肩住了黑暗的闸门，放他们到宽阔光明的地方去；此后幸福的度日，合理的做人。”

这里还应提及鲁迅的白话小说《狂人日记》，这是鲁迅的第一篇白话小说，也是他开始用鲁迅笔名射向封建礼教的第一支投枪。这篇小说发表在1918年5月的《新青年》杂志上。小说揭穿了延续几千年的封建礼教的真面目：“我翻开历史一查，这历史没有年代。歪歪斜斜的每页上都写着‘仁义道德’几个字。我横竖睡不着，仔细看了半夜，才从字缝里看出字来，满本都写着两个字是‘吃人’！”鲁迅揭露封建伦理为害之深：“他们可是父子兄弟夫妇朋友师生仇敌和各不相识的人，都结成一伙，互相劝勉，互相牵掣，死也不肯跨过这一步。”“他们会吃我，也会吃你，一伙里面，也会自吃。”“四千年来，时时吃人的地方，今天才明白，我也在其中混了多年。”他警告那些维护封建礼教的人：“你们立刻改了，

① 鲁迅：《我的节烈观》，《新青年》1918年8月第5卷第2期。

② 《新青年》1919年11月第6卷第6期。

从真心改起：你们要晓得将来是容不得吃人的人。”《狂人日记》是一篇影响很大的小说，是对封建礼教的控诉书。“打倒吃人的礼教！”从此成为中国人民的一句行动口号。

七　结论：怎样才是真正的尊孔？

应该指出，五四反孔一方是极具理性的，并非盲目偏激的一概否定孔子及其学说。而其对立面即尊孔派却往往偏激、冲动、摆出决战的姿态，在国会表决宪法草案之时，孔教会曾组织人马游行示威，张勋等一批军人通电政府以武力相威胁，最后便是张勋与康有为的复辟。反孔一方则重点在澄清理论是非，宣传民主与科学等新思想。这些人对孔子及其学说的评价至今仍是极有价值的。所谓反孔决非全盘否定，而是客观地、实事求是地予以评价。既否定孔子学说在新时代的思想统治地位，又承认孔子学说为一家之言，可以与众家并存，还充分肯定了孔子学说的历史作用。

上文已经说明，陈独秀、李大钊、吴虞、胡适、易白沙、鲁迅等人对孔子的历史地位都持肯定态度。当然在肯定中也有否定，比如鲁迅就是，他承认孔子曾经设计过出色的治国方案，同时也指出这种方案主要是为统治者出谋划策的。但不论如何肯定其历史地位，如果将其思想拿来想在今日继续统治中国，是决不能答应的。因为这是一个由专制向民主转化的时代，需要的是民主自由的新思想。李大钊明确指出：“故余之掊击孔子，非掊击孔子本身，乃掊击孔子为历代君主所雕塑之偶像的权威也；非掊击孔子，乃掊击专制政治之灵魂也。”①一言以蔽之，五四反孔就是反专制，争民主。反孔是势所必然，其目标是对着那些借孔子之名行复古与复辟之实的反动分子的。孔子是被这批人用作工具而利用的。这些人利用孔子学说中已经不适合时代需要的内容，企图阻止历史车轮向前滚动。

还应指出，五四时期的反孔人士不仅承认孔学是一家之言、承认孔子的历史地位，而且还表示要学习孔子的精神。李大钊说过：“使孔子而生于今日，或更创一部学说以适应今之社会，亦未可知”。“使孔子而生于

① 以上见李大钊《自然的伦理观与孔子》，载《甲寅》1917年2月4日。

今日，或且倡民权自由之大义，亦未可知。”① 儒家人物孟子说孔子是“圣之时者”，就是说孔子能够考虑时代需要，改进自己的思想。但是五四时期那些自称孔子信徒的守旧者，实际上在某种方面背叛了孔子的精神。

李大钊在《民彝》一文中说：“尧、舜、禹、汤、文、武、周、孔之嘉言懿行，传流虽久，施之今世，决非所通。盖尧、舜、禹、汤、文、武、周、孔之所以承后世崇敬者，不在其法制典章示人以守成之规，而在其卓越天才示人以创造之力也。吾人生千百年后，俯仰今昔，惟有秘契先民创造之灵，而以创造新国民之新历史，庶以无愧于先民。若徒震于先民之功绩，局于古人之成规，堕其自我之本能，蔽其秉彝之资性，是又尧、舜、禹、汤、文、武、周、孔之罪人矣。”也就是说，要学习孔子适应时代需要的创造精神，而不是照搬他的框框套套。他又说：“孔子云：‘舜何人也，予何人也。有为者亦若是。’是孔子尝示人以有我矣。孟子曰：‘当今之世，舍我其谁?’是孟子亦示人以有我矣。真能学孔孟者，真能遵孔孟之言者，但学其有我，遵其自重之精神。”② 那些对五四反孔有着不同看法的人士应该读一读李大钊的这段话。也许我们可以说，尊孔应该分清真假，像辛亥革命以后的康有为、陈焕章等人其实是假尊孔，真复辟。而李大钊这样的人才是真正的尊孔，是用一种民主与自由的精神去尊重真正的孔子，尊重他的创造精神，为中国谋求发展与进步。所谓中国优秀的传统文化，主要的应该是一种创造精神，一种自强不息的不断去旧迎新的精神。五四时期反孔人士正是在这一点上把反孔与尊孔正确地联系起来，给中国人民指出了前进的方向。五四时期提出的另一个目标是科学，这个科学不单单是自然科学或科学技术，更重要的是一种科学精神。李大钊等人这种尊重孔子创造精神的做法，就是科学精神，与之相反的，其实就是迷信。

注：原载王浦劬、时和兴主编：《政治与行政管理论丛》第二辑，天津人民出版社2000年版

① 以上见李大钊《自然的伦理观与孔子》，载《甲寅》1917年2月4日。

② 《民彝》1916年5月15日创刊号。

从新旧文化调和论到复旧开新论
——章士钊的政治思想

“五四”新文化运动是由袁世凯复辟帝制而引发的一场思想文化战线的大论战、大宣传。帝制复辟是以中国封建专制时代落后的旧文化、旧思想、旧道德、旧观念为基础的。复辟是走回头路，要将辛亥革命的成果彻底葬送。一批先进的中国知识分子认识到必须彻底批判旧文化、旧思想、旧道德、旧观念，接受来自西方的现代新文化、新思想、新道德、新观念，中国才有可能由封建专制的旧中国转变为自由民主的新中国。他们一方面向封建落后的旧东西发起猛烈的批判，一方面积极宣传国外的新知识、新思想。“五四”新文化运动在政治思想、科学技术、语言文字、文学艺术等各个领域展开。“民主”与“科学”是这一运动的鲜明旗帜。这场运动是新旧两大阵营的激烈冲突和斗争。在思想文化上表现为西方现代新文化的输入对中国传统旧文化的冲击。

一般说来，“五四”新文化运动持续了十多年的时间，到北伐战争结束、蒋介石以武力统一中国为止。但在实际上，这场运动所涉及的有些问题到现在都还没有得到很好的解决。如何对待中国传统文化就是其中一个很重要的问题。在“五四”新文化运动时期人们曾就这一问题展开过激烈的争论。大致归纳起来，人们对这一问题的意见有三种：守旧拒新、去旧迎新、新旧融合或新旧调和。在每一种意见内部，又会因人而异，形成不同的看法。随着历史的发展，守旧拒新的观点已经被大家所抛弃。后两种观点仍然并存，仍在讨论之中。而且这种讨论还远远不到结束的时候。现在回过头去了解“五四”新文化时期人们在这两种意见上的不同看法，肯定会对现在的讨论有所借鉴、有所帮助。

本文打算介绍和分析章士钊的政治思想。他在“五四”新文化运动时期先是提出“新旧调和”论，后来又变为“复旧开新论”。

一 激进革命与输入西学

章士钊（1881—1973），字行严，笔名有青桐、秋桐、孤桐等，湖南长沙人。

章士钊曾有过辉煌的革命经历。他是由爱国救国走上反清革命的道路的。他 1902 年在南京江南陆师学堂学习军事。1903 年，沙俄妄图强占中国东北，章士钊“废学以救国”[①]，率陆师学堂学生 30 余人赴上海参加蔡元培、章太炎等人组织的爱国学社，被聘为军事教习。随后他又被《苏报》聘为主笔，在该报发表激进革命文章，其中包括章太炎为邹容《革命军》写的序言。他自己也在 1903 年 6 月的《苏报》上撰文称赞《革命军》。《苏报》案发，清政府逮捕了章太炎、邹容。章士钊又与陈独秀创办《国民日日报》，继续鼓吹革命。同时还创建东大陆译印局，出版反清革命书籍。章士钊在上海还组织爱国协会，任副会长，会员有黄兴、蔡锷、陈独秀等。他还参与过华兴会的组建及筹备起义的工作。后协助万福华行刺前广西巡抚王之春，事未成而被捕。他在蔡锷等人的营救下出狱。他的激进革命生涯到此为止。

章士钊出狱后到日本东京。他看到日本明治维新的成果，便对以前的激进革命产生怀疑。在日本，他拒绝加入同盟会，闭口不谈革命，主张“求学救国”[②]。他的调和思想很可能在此时已经埋下了种子。

从 1905—1911 年辛亥革命前，章士钊一直在国外留学，先在日本，后于 1907 年到英国爱丁堡大学政治法律系学习。他曾研究过中文语法，研究过逻辑学，并且在这两个学科都取得了一定的成果。他后来又回到政治上来，1910 年在北京《帝国日报》上发表大量文章，介绍西方的内阁制度、政党制度等，也对国内政治发表看法。这里列举一些文章篇名：《论葡萄牙革命》《国会万能说》《何谓政党》《论吾国当组织新闻托辣斯》《论中国政党内阁当应时发生》《论畸形内阁》《政党政治果适于今日之中国乎》……从这些篇名可以看出，章士钊这一时期是热衷于向国

---

① 章士钊：《新时代之青年》，《当代名人新演讲集》，上海广文书局 1921 年版。

② 同上。

内介绍西方的政治理论和政治制度的。而这时的中国仍在清朝政府的统治之下。章士钊似乎想通过清朝政府来使中国走上政治现代化的道路。

正在这时，辛亥革命发生了。

二　反对专制与主张调和

从 1911 年到 1924 年，章士钊思想的突出内容是反对专制与主张调和。

辛亥革命后，章士钊应孙中山之约，辍学归国。他没有加入同盟会，却担任同盟会机关报《民立报》的编辑。袁世凯当了民国的总统，对资产阶级革命派实行打击，章士钊却主张与袁世凯“调和”。1912 年，袁世凯和黎元洪勾结，杀害湖北同盟会会员张振武和方维。同盟会向袁世凯发出谴责。而担任《民立报》编辑的章士钊在评论此事时，却不追究袁世凯的政治责任，只强调杀人的手续不合于法制原则。因此他与同盟会的人发生争论，并退出《民立报》。随后他自己创办《独立周报》，不断发表政见。这时，他的思想是资产阶级自由主义。他主张自由，反对专制，但却认为中国可以在袁世凯的统治下实行法制。袁世凯曾委任他为北京大学校长，未就。1913 年宋教仁被刺，章士钊在北京闻风南下，参加讨袁。二次革命失败后，章士钊流亡日本。1914 年 5 月，由黄兴提供经费，他在日本创办了大型政论杂志《甲寅》月刊（1914 年是旧历甲寅年）。他撰写了大量文章，抨击袁世凯的专制独裁。其文引证中外，持论严正，颇为时论所重。不过在反对专制的同时，他也宣传“调和救国论”。随后陈独秀也流亡东京，协助他编辑这个杂志。李大钊也在这个杂志上发表过文章。他们都曾被称为“甲寅派”。

章士钊曾以“烂柯山人”为笔名写过一篇小说《双枰记》。1914 年 9 月，陈独秀为这本书作序说：“烂柯山人素恶专横政治与习惯，对国家主张人民之自由权利，对社会主张个人之自由权利，此亦余极表同情者也。”他又说：“团体之成立，乃以维持及发展个体之权利已尔，个体之权利不存，则团体遂无存在之必要，必欲存之，是曰盲动。”① 陈独秀当时的这种看法也就是章士钊的思想，意思是反对孙中山在组织革命党时要党员宣誓服从他本人的作法，认为这种作法侵犯了“个体之权利”。这是站在资产阶级自由派的立场上批评孙中山的。章士钊实际上从辛亥革命一开始就同孙中山分道扬镳了。他后来站到孙中山的对立面，再后来投入反动军阀的怀抱，都是由他的资产阶级自由主义立场所决定的。

尽管如此，章士钊反对封建主义的思想在当时还是很有影响的，即使今天读起来也仍能感受到它对专制独裁的揭露与批判是多么痛快淋漓。

1913—1914 年，形形色色的尊孔派正为定孔教为国教一事闹得乌烟瘴气。这股反动逆流为袁世凯复辟帝制起了推波助澜的作用。康有为于 1914 年 4 月在《不忍》杂志上发表《以孔教为国教配天议》。章士钊也于这一年 5 月在《甲寅》杂志发表《孔教》一文，指出：“今之尊孔者，舍其所习，丧其所守，离学而言教，意在奉孔子以抗耶稣使中华之教定于一尊，则甚矣其无当也。”② 这是对思想专制的批评。

章士钊对专制的根源作了分析，他在《政本》一文中提出“为政有本，不好同恶异，斯诚政之本矣”，“好同恶异”就是专制的根源。“专制者何？强人之同于己也。人莫不欲人之同于己，即莫不乐专制。故专制者，兽欲也。”③ 针对袁世凯解散国会、大权独揽的行径，章士钊在《国家与责任》一文中指出：“一人负责者，专制之别称也。专制者，强天下人悉同于己也。”他要求给人民以权利，他说：“国民者，宜享权利者也。何也？无权利不足以自行避苦而趋乐也。苟无权利，则贱种而已矣，国民云乎哉？国家者，宜建立于权利之上者也。何也？无权利，则所含之分子不足以避苦而趋乐也。苟无权利则奴圈而已矣，国家云乎哉？”④

1914 年，袁世凯的政府顾问美国人古德诺在《亚细亚日报》上发表文章，为袁世凯复辟帝制制造理论依据。古德诺宣称代议制不适合中国国情，因为中国“人民不习于代表之政治，而又有服从命令与夫反抗暴虐之积习，一旦取数千年专制之政体，一变而为共和，……苟非其政府实有

① 《甲寅》1914 年 11 月第 1 卷第 4 号。注：本文此段参考了李龙牧先生《五四时期思想史论》(复旦大学出版社 1990 年版)，引文亦由此书转引。

② 《甲寅》1914 年 5 月第 1 卷第 1 号。

③ 同上。

④ 《甲寅》1914 年 6 月第 1 卷第 2 号。

维持秩序之能力，盖必不可得之数矣。是故今日切要之图，在建设一巩固有力之政府，而人民参与政事之权，犹在其次也。”其中“巩固有力之政府”就是袁世凯所鼓吹的“开明专制”。章士钊撰文对古德诺的谬论加以批驳。其中针对古德诺对中国人民能力的估价，提出“代议政体者本为少数人谋多数幸福之事，而非使多数人自谋幸福之事。号为多数政治，多数云者，特少数中之多数，而非全人民之多数也。”① 的确，专制统治者总是借口全体人民的能力如何如何，而把民主推向遥远的未来。其实民主最起码的做法就是给有参政能力并且要求参政的人以参政的机会，而不是镇压他们。章士钊在这一点上讲得很清楚。章士钊也谈了对“开明专制”的看法。他说：“开明专制者，人治政治也。愚固从根本上不以为然。”“即其说求之实政治，自杀之愚计也。”“专制不可行，而开明专制尤无是物也。”② 专制而称开明，实际上是在专制受到抵制时，欲行专制者对民众的一种欺骗。这种所谓的开明专制比专制更为可憎。

章士钊虽然激烈地反对专制，但并不主张用革命的手段推翻专制统治。他指出消除专制可以有三种方法：“抗之以变，则为革命；抗之以常，则为立宪；抗之于无可抗，则为谏诤。”他否定用谏诤的方法来消除专制，同时也反对使用革命的方法，因为中国历史上的每一次革命都“非能创一主义”取代专制，而是在革命成功后“复为专制如故”，即使辛亥革命实行共和制也是这样的结果。他总结道：“大凡共和之成，每由革命，旧制初覆，首难者即欲出其理想上之组织施之国家，势将与国中旧有之利益方方冲突。于斯时也，一国最强之权握于少数之主动者，彼恒易滥用其权，强人就己……其极也必至反动大起，国本以摇，时则反对中之强者，又每能收拾人心，翻而覆之……其所以致此者，无他，皆好同恶异之一念误之也。”③

既然革命只能在消除旧的专制之后又出现新的专制，那么，用什么方法可以真正消除专制呢？章士钊认为用立宪的方法可以消除专制。他非常欣赏英国的立宪政治。他说：“立宪之国，民意流通，有时且较共和愈形

① 《古德诺与新约法》，《甲寅》1914 年 6 月第 1 卷第 2 号。

② 《开明专制》，《甲寅》1914 年 5 月第 1 卷第 1 号。

③ 《政本》，《甲寅》1914 年 5 月第 1 卷第 1 号。

活泼。"[①]"立宪云者，以法律遏君之欲，使不得为同以乱政也。"[②]他赞成两党制，主张一个国家应该有执政党和反对党，"无论何种国家两力又必同时共具"，"保持向心力"，"使两力相剂，范成一定之轨道，同遵共守而不至横决而已。此外无他道，他道皆政治自杀之愚计也"。[③]他在反对袁世凯实行专制不容国民党的同时，也批评国民党在辛亥革命后排斥其他党派（如康有为的宪政党），失去人心，导致革命失败。

章士钊因此提出"调和立国论"，他说："调和者，立国之大经也。""调和者，实际家之言也。首忌有牢不可破之原则，先入以为之主。吾国调和事业之无成功，病即在此。"他认为袁世凯的原则是"大权独揽主义"，革命党的根本原则是"共和建设主义"。前者有"独裁帝制之精神"，"与近世民主政治，若冰炭之不相能"。但是袁世凯还要打着"共和"的名义，"阳奉共和之名，阴行君权之实"。实际上是"民主专制"。"民主专制之弊，较之君主专制犹深也。"[④]"民主专制"就是假民主、真专制。正是这种"民主专制"的"伪共和"才激起复辟的浊浪。章士钊坚决反对专制统治，反对袁世凯的帝制复辟。他积极宣传实现真共和的主张，在《共和平议》一文中批驳了那些认为在中国不宜实行共和的谬论。他反对专制、宣传共和的呼声在当时很有影响，对于抵制袁世凯的帝制复辟起了积极的作用，但是他鼓吹用立宪来消除专制的"调和论"在根本上是行不通的。因为其前提是矛盾双方放弃"牢不可破之原则"。无原则的调和是不可能的。袁世凯决不会放弃"大权独揽主义"，革命党岂能放弃"共和建设主义"？如果革命党放弃了"共和建设主义"，章士钊积极宣传共和还有什么意义呢？在这一点上，他是自相矛盾的。尽管如此，他仍然参加了反袁斗争。1916 年，他到广东肇庆护国军两广都司令部任秘书长。

章士钊的"调和论"不能解决中国的问题，袁世凯是被革命赶下皇帝宝座的。反袁斗争结束后，章士钊到北京大学任教。并曾去过日本。在这期间，中国的政局依然混乱，虽有国会而无能为力。新与旧、革命和反革命的斗争仍在继续。章士钊仍然坚持他的"调和论"，但在内容上有了

① 《读严几道民约平议》，《甲寅》1914 年 5 月第 1 卷第 1 号。

② 《政本》，《甲寅》1914 年 5 月第 1 卷第 1 号。

③ 《政力向背论》，《甲寅》1914 年 7 月第 1 卷第 3 号。

④ 《复辟平议》，《甲寅》1915 年 1 月第 1 卷第 5 号，。

变化、有了发展。此前他希望袁世凯和革命党在专制和民主上调和，现在他开始鼓吹新旧思想的调和。1917 年，章士钊在东京的一次演讲中，向中国留学生讲到德国倭铿、法国柏格森、美国詹美士的哲学思想时，他说："柏格森既能祖述赫拉丽达（heraclitus）为欧洲思想界开一纪元，吾辈何不能从《周易》变动及自强不息之论，中经周秦诸子，下至宋明诸儒，而归结于王阳明，寻出一有系统的议论？……从前欧洲思想之变迁乃食文艺复兴之赐，现在的思想，仍略含有复古的臭味。吾国将来革新事业，创造新知，与修明古学二者关联极切，必当同时并举。"[①] 章士钊从欧洲的文艺复兴得到启发，开始宣传新旧思想的调和了。

在护法运动中，军阀岑春煊排挤孙中山，改组广州军政府。章士钊应岑春煊之邀赴广州工作。1919 年，南北议和，章士钊作为南方和议代表到上海参加和议。这一年正是"五四"运动发生的那一年。章士钊在上海发表题为《新时代之青年》的演讲。[②] 在演讲中，他否认有"新时代"，只承认"世世相承，连绵不断"。他认为时代是"新旧杂糅"，这就叫作"调和"。他说："调和者，社会进化之精义也。社会进化无日不在进化之中，……无日不在调和之中。故今日之为青年者，无论政治方面、学术或道德方面，亦尽心于调和之道而已，万不可蹈一派浮薄者之恶习，动曰若者腐败当吐弃，若者陈旧当扫除，……"章士钊所说的"浮薄者"中包括提倡白话文的胡适。章士钊在古文和白话文之间不讲"调和"，而是对白话文深恶痛绝。胡适说过："说话须说现在的话，不可说古人的话。"章士钊反驳道："今试考字书，何字不有几千年或几百年之历史"，既然今人还必须用古人的字，就一定"有说古人话的必要。"章士钊明确表示在文字上要坚持"守旧论"。他正由调和派转变为复古派。这不仅表现在对待白话文的态度上，更突出的是表现在对新思想、新道德的态度上。他觉得人们"昌言排斥""中国旧道德"是"至可骇叹"之事。他认为民国八年以来，"其所迎者新之伪，而旧之真者已破坏无余也"。因而主张"旧德不可忘。"他提出要在"物质上开新"，"在道德上复旧"。而这种"复旧""必甚于开新"。他的思想从新旧调和论转变为复旧开新论。

① 《欧洲最近思潮与吾人之觉悟》，《东西文化批评》，商务印书馆 1923 年版。

② 此演讲见《当代名人新演讲集》，上海广文书局 1921 年版。

三 “农国论”和全面复古

1920年10月，孙中山讨伐桂系军阀，岑春煊下台，章士钊因依附岑春煊而被广州参议院开除名籍。1921年，他在黎元洪的资助下，到欧洲考察政治。他在伦敦访问了基尔特社会主义的先驱者潘悌，还和威尔斯、萧伯纳等人讨论中国政局，这些人对资本主义的批评和对中国传统的盲目赞赏，对他产生了很大影响。他的思想迅速转向全面复古。

1922年，章士钊回国后，任北京农业大学校长。1924年10月，曹锟被逐，皖系军阀段祺瑞上台。章士钊应邀出任司法总长，第二年4月又兼任教育总长。从这时起，他完全投入军阀的怀抱，在政治上和思想上都顽固地同进步势力对抗。他恢复了早已停刊的《甲寅》杂志（由月刊改为周刊），发表复古议论，在政治上为军阀统治的倒行逆施辩护，在思想文化上与新文化运动对抗。

民国以后，由于袁世凯等反动分子的破坏，民主制度形同虚设，有时则干脆被抛弃掉。章士钊没有追随革命党人继续为实现民主政治而奋斗，反而对民主制度产生怀疑，开始反对他曾经积极宣传过的西方代议制度，转而到中国传统政治制度中寻找救国途径。

章士钊把民国以后政局的混乱归咎于学习西方。他说：“特自稗贩外说，创行宪政，以资格为不便，视树党为天经，夸诞其本能，奔竞乃得美任，于是一无所知之辈，崇朝而无所不知，一无所能之夫，转瞬而无所不能。共和十二年，政局之无宁日，沐猴之戏，愈演愈不成形，小人之无忌惮，一往而无底止。”① 他揭露一些国会议员“楚胜则奔楚，齐胜则奔齐”，“转徙流离于军阀代兴之下”。② 为什么会出现这种局面？章士钊得出的结论是：“盖尝谓代议制不适于吾农业国。其所以然，则吾之所谓士者，本属游民，不能事事，古来以禄代耕之意，久已无存，益以浮滥淫靡本土不具之习，所以腐人心性，而隳人节操者，又随工业国之代议制转徙而来，外圬中粪，不可究诘……此而不改，不仅国将不国，抑且人将不

① 《充无论》，《长沙章氏丛稿》，商务印书馆1929年版。

② 《有所不为》，《长沙章氏丛稿》，商务印书馆1929年版。

人……故今之救时上策，所有工业国虚伪之制宜一切罢去……”[①] “工业国虚伪之制”指的是西方资本主义国家的国会、政党、选举、宪法、总统、民治，等等。章士钊把学习西方民主制度称为“自忘本末，削足适履”，称这种作法“自清末以至于今，坏尽国事，误尽苍生，而仍无底止”。自称出国考察之后，“顿悟吾国迩来之画虎类猫之伪工业制，尤不可一日以留”。[②] 那么，把所有这些都“罢去”之后，中国该怎么办呢？章士钊说中国应该“筚路蓝缕，再启山林，德行政事，一唯农国所需是务”。[③] 章士钊提出了“工业国”或“工国”、“农业国”或“农国”的概念，前者指的是西方资本主义国家，后者则是传统的封建的旧中国。他的意思很清楚，就是要在伦理道德和政治制度等各个方面去恢复中国的封建旧貌。

章士钊对“工国”与“农国”做过这样的解释和比较，“农国对于当今之工国言之。凡国家以其土宜之所出，人工之所就，即人口全部谋以配置之，取义在均，使有余不足之差，不甚相远，而不攫国外之利益以资挹注者，谓之农国。反是而其人民生计不以己国之利源为范围，所有作业，专向世界市场，权子母之利，不以取备国民服用为原则，因之资产集中，贫富悬殊，国内有劳资两级相对如寇仇者，谓之工国。建国之本原既异，所有政治、道德、法律、习惯，皆缘是而两歧。农国讲节欲，勉无为，知足戒争，……工国则反之，纵欲有为，无足贵争，……农国尚俭，……工国尚奢，……农国政尚清静，……工国则言建设，……农国重家人父子，……工国以小己为单位，……农国恶讼，……言人情，……工国则财产之事，毫不肯苟，……农国以试科取人，言官单独风闻奏事，不喜朋党，……工国则明言财利，内贿外政，比周为党，立代议制，朋分政权。……综其要归，欲寡而事节，财足而不争，农国之精神也。欲多而事繁，明争以足财，工国之精神也。”[④] 在这里，章士钊为中国封建主义高唱赞歌，他要中国继续停留在以农业为主的封建专制时代，而反对工业化，反对现代化，反对民主化。这就是他的“农国论”。他对工国全面否定，甚至认为世界大战的原因也是由于工业进步，西方继续发展工国是没

① 《箴同人》，《长沙章氏丛稿》，商务印书馆 1929 年版。

② 《再论代议制》，《长沙章氏丛稿》，商务印书馆 1929 年版。

③ 《论代议制》，《长沙章氏丛稿》，商务印书馆 1929 年版。

④ 《农国辨》，《长沙章氏丛稿》，商务印书馆 1929 年版。

有前途的。正由于此，在西方才出现工党，其主张“隐然有逃工归农之意”，“多与农国之本义相默契”。工国“王气已收”，各国“自窘于工”。在这种情况下，中国决不能再走工国之路，而应“返求诸农，先安国本”。①

章士钊的“农国论”完全适合军阀段祺瑞的需要。段祺瑞虽然在名义上只是中华民国临时执政府的“临时总执政”，但他在骨子里仍和袁世凯一样要做专制独裁的君主。他当然希望中国继续停留在封建主义时代。段祺瑞上台后曾通电全国，宣扬“力田而食，以农立国”。章士钊表示要“追随自效，藉明素志”。他还为段祺瑞鼓吹什么“三代井田之意可复，太平盛世，宁复逾兹”。② 1926 年“三一八”惨案发生后，段祺瑞下台，章士钊也随之去任。此后他还在《甲寅》杂志发表文章，鼓吹“农国论”，说什么中国“至不可变者……礼与农而已矣”。③

章士钊在为段祺瑞政府工作期间，在《甲寅》杂志上大量发表文章，一方面替段祺瑞政府的倒行逆施辩护，一方面攻击革命。在第 1 卷第 1 号上他发表《毁法辨》，在矢口否认段祺瑞政府毁法的同时，又说约法“生硬为吾民所不习”，“吾国以有约法，社会全入于不自然之乱状”。因而宣称“物极思反”，应将中国“久久相沿为用之种种法制，暂复其本有之功能”。④ 在第 2 号上他又宣传要恢复封建时代的监察与科举制度，而称国会“不适于政”。⑤ 在第 3 号上，他攻击宪法，说“宪法者，不祥之物也”，“宪法，宪法，天下罪恶不更假汝之名以行焉，是不仅同人之所切望，而亦祖宗之所式凭，子孙之所托命者也”。他主张要“究之吾国数千年立国之大道安在，民情国俗之宜因宜革者何许，均一一独立致其论思，俾成法意”。⑥

---

① 《农国辨》，《长沙章氏丛稿》，商务印书馆 1929 年版。

② 《农治翼》，《甲寅》周刊第 1 卷第 5 号，1925 年 8 月。

③ 《对作》，《甲寅》周刊第 1 卷第 36 号，1926 年 12 月。

④ 《毁法辨》，《甲寅》周刊第 1 卷第 1 号，1925 年 7 月。

⑤ 《代议非易案》，《甲寅》周刊第 1 卷第 2 号，1925 年 7 月。

⑥ 《行宪半十论寿林宗孟》，《甲寅》周刊第 1 卷第 3 号，1925 年 8 月。

四 以“业治”反对“民治”

从上述章士钊的言论不难看出，他的“复旧”要恢复的是什么。章士钊不仅要“复旧”，而且还要“开新”。那么，他要“开”什么样的“新”呢？他在提出“农国论”的同时，还提出了“无首论”“寄生论”和“业治论”，这些东西可以看作是他的“开新”。

所谓“无首”，就是不设国家元首。因为有了元首就会有对元首地位的争夺，从而引起社会动荡。章士钊说：“争性不灭，国立总统实不如立君主较为安宁。”争君主地位的争乱，数百年数十年才发生一次，而争总统的争乱，每五年甚至每年都会发生。要想彻底息争，“元首宜自始不立”。①

所谓“寄生”就是在“无首制”难于实行之时，“不得不别创一折衷粗当之暂制以为继往开来之用”。“寄生者，愚谓元首之职权，使之轻至无可再轻，而仍编次于国宪，期于克举，惟虚其位，而不皇皇焉求人之谋为元首者以实之。所谓大总统选举法，全部废弃。仅就国中政、法、学各高级机关，如国务院、参议院、大理院、国立北京大学之类，择定数四，以元首一职，寄于彼机关之首长”。各机关首长“同时依法具有兼领总统之资格”，每年用拈阄法举一人为总统，“使举者与被举者，无从参以己意”。他是反对选举的，认为“不去选事，乱无由已”。因此，只有“本君主国元首不负责任之意，进一步而求之，俾存其职而虚其人，别以寄生之位仰承其乏”，才能“潜弭复辟僭位之战祸”。他还套用清末思想家顾炎武“有圣人起，寓封建之意于郡县之中而天下治矣”一句话，宣称“有圣人起，寓君主之意于共和之中而天下治矣”。② 他的“元首寄生论”和康有为的“虚君共和”在理论上是相通的，虽然在表面上看来都与君主立宪相联系，但是，从康有为参与张勋复辟和章士钊为段祺瑞专制统治服务以及否定宪法的言论来看，他们都是要完全恢复中国封建制度的。

再看他的“业治论”。寄生的元首既不负责，那么真正负责的是谁

① 《无首论》，《长沙章氏丛稿》，商务印书馆 1929 年版。

② 《元首寄生论》，《长沙章氏丛稿》，商务印书馆 1929 年版。

呢？章士钊的“业治论”回答了这个问题。“业治者何？……凡人自占一业，而其同业又力堪自赡，材堪自给，自为经纬，自成一家，退可自守，进可与人家国者，国内一切为其业所包孕之大小事务，宜取而直隶于己部自董理之，不许他业得侵其权。己部以外不得更有何机关或纾或迳以治理本业。而己部之于他业，……亦不丝毫有所逾越。此业治之大旨也。”“且商会如是，他如工会、农会、教育会种种，而亦如是。……循至今式之政治组织全然废止。”业治的结果是商会、农会、工会等组织各自为政，取消现存一切国家政权组织。也就是以业治取代政治。章士钊有鉴于“浮滥政客，腐败官员”对社会有害无益，因而对这些人极为反感。他曾说过，从事工、商、农等各业者都各自有业，足以自养，只有政客官僚是以无业为业，因为无业，所以无知；因为无业，所以贪黩受贿。“政家从政，业家从业”的“政业分途之局，至于今兹，内不胜其腐败，外不合于时趋，变固变，不变亦变。政治、政治之一名词，势不得不曳其残声以去，所谓业治、业治者，行若旭日东升，不可逼视也矣”。所谓“业治”，实际上是从国外基尔特社会主义者那里拿来的“行业自治”，并非新发明。章士钊拿它来反对官僚政客的腐败，不能说没有道理，但他的主要目的却是拿“业治”来反对“民治”。他说的“民治”就是“五四”时期人们习称的“德先生”（民主）。他责骂“吾之学生……曰德先生、德先生。吾国捧心效人、自忘其丑，往往如是”。他说在国外“民治之势既衰，承之者有业治一派，在英曰吉尔特，在俄曰苏维埃”。但他反对苏维埃，因为苏维埃的业治是在“党治”之内的。他说：“夫业治，明明党治之对也。重党即不重业，重业即不得复重党。”[①] 章士钊认为马克思主义和三民主义都不适合中国，他对共产党和国民党都不满意，因为它们都要搞“党治”。

五 “复古乃是新机”

在章士钊为军阀段祺瑞服务的两年间，中国的新文化运动正在蓬勃开展。章士钊的地位和思想决定了他必然站在新文化运动的对立面。他在

① 《业治论》，《甲寅》周刊第1卷第38号，1926年12月。

《甲寅》周刊第1卷第1号的“本刊启事”中明确宣布“文字须求雅驯，白话恕不刊布”，[①] 这就明确地表明了他反对新文化运动的立场。

胡适等人提倡的白话文运动是顺应了历史潮流的发展的。这个历史潮流就是广大人民群众要求思想解放、要求平等自由。但是章士钊却说：“时代譬之小儿，则其所要求者，宜为自择而甘之饴饵乎，抑苦口利病之方药乎？”他称白话文运动“是何异愚母之日纵病儿食饴饵者乎”。他把人民群众要求掌握文化知识、要求思想解放称为“社会一时病态之心理”。[②] 他认为文化知识只能由少数人去掌握，他说：“独文化之为物，其精英乃为少数人之所独擅，而非士民众庶之所共喻。”[③] 他又说：“文章大业，非白话之力所胜。邪许之夫，妄扛大鼎，绝膑断脰，理有固然。”[④]

章士钊认为新文化运动是学习西方的结果，他说提倡新文化者“谋毁弃固有之文明务尽，以求合于口耳四寸所得自西方者，使之毕肖，微论所得者至为肤浅，无足追慕也。……其极非至尽变其种，无所归类不止”。面对新文化运动对传统文化的冲击，章士钊感到痛心疾首，他说：“谈新文化者”“一是仇旧，而惟渺不可得之新是骛，宜夫不数年间，精神界大乱，郁郁伥伥之象充塞天下。躁妄者悍然莫明其非，谨厚者菑然丧其所守。父无以教子，兄无以诏弟，以言教化，乃全蹈于青黄不接，辕辙背驰之一大恐慌也。”[⑤] 从章士钊的这一段话可以看出，新文化和反对新文化的斗争的中心，远不是白话文、不是新文学，而是精神与道德上的新旧之争。新文化运动的目的之一就是将中国人民从封建旧礼教的束缚下解放出来，反对新文化运动的人则明确表示要坚决维护封建礼教。章士钊有一段话说得很清楚：“古之圣人”懂得“人性即兽性”，“乃创为礼与文之二事以约之。一之于言动视听，使不放其邪心，著之于名物象数，使不穷于外物，复游之以诗书六艺，使舒其筋力而瀹其心灵，初行似局，浸润而安，……夫是之谓礼教，夫是之谓文化。斯道也，四千年来吾国君相师儒，续续用力，以恢弘之，……今乃反其道而行之，距今以前所有良法美意，孕育于礼与文者，不论精粗表里，一切摧毁不顾，而惟以人之一时思

① 《甲寅》周刊第1卷第1号，1925年7月。

② 《答适之》，《甲寅》周刊第1卷第8号，1925年9月。

③ 《评新文化运动》，《甲寅》周刊第1卷第9号，1925年9月。

④ 《答适之》，《甲寅》周刊第1卷第8号，1925年9月。

⑤ 《评新文化运动》，《甲寅》周刊第1卷第9号，1925年9月。

想所得之、口耳所得传，淫情滥绪，弹词小说所得描写，袒裼裸裎，使自致于世，号曰至美，是相率而返于上古榛榛狉狉之境，所谓苦物囚而乐放纵，避艰苦而就平易，出于天赋之自然，不待教而知，不待劝而能者也”。章士钊这位参加过反清反袁斗争的人物，这时的言论已和复古派康有为、辜鸿铭等人完全一致了。尽管有不少人反对新文化运动，但是新文化运动依然向前发展，章士钊不得不承认，新文化运动仅七八年间就已经“风行草偃，天下皆默认焉”。[①] 他给新文化下了这样的定义：“新文化者，亡文化也。”[②]

为了抵制新文化运动，章士钊利用手中的权力下令小学生尊孔读经。他的做法受到很多进步人士的批评。鲁迅先生指出，章士钊提倡读经是有政治目的的，那就是想用旧习惯、旧道德，或者凭着权力将一切新生的力量压下去。针对《甲寅》周刊不登白话文的启事，钱玄同、黎锦熙等人主办的《国语周刊》针锋相对地提出“欢迎投稿，不取文言”。面对众人的批评，章士钊不仅不为所动，而且愈加顽固地坚持自己的立场。人们说他“复古”，他说“复古乃是新机”。[③] 他辩解道：“意大利之文艺复兴，其思潮昭哉新也，而曰复兴，是新者旧也。英吉利之王政复古，其政潮的然新也，而曰复古，是新者旧也。即新即旧，不可端倪，必通此藩，始可言变”。[④] 言下之意，是他的复古主张可以为中国的发展开辟新路。人们批评他“开倒车”，他写下《说辉》一文为自己辨解，他自问自答道：“两车相抵则奈何，曰，惟辉以济之而已。辉者，还也，车相避也。相避者，又非徒相避也，乃乍还以通其道，旋乃复进也。自有此辉，车乃无道而不可行，辉之时义大矣哉。”他颇为自得地宣称：“是开倒车云者，论义不得不开，论势且不容不开。”[⑤]

那么，章士钊的倒车要开到哪里去呢？且看他写的《吴敬恒——梁启超——陈独秀》一文：“试执途人而语之曰：今之国势，有以愈于庚子矣乎？曰，否。今之政治，有以愈于庚子矣乎？曰，否。今之国民生计，有以愈于庚子矣乎？曰，否。此诸否者，可以类推，无取更词。今之国内

① 《评新文学运动》，《甲寅》周刊第 1 卷第 14 号，1925 年 10 月。

② 《疏解辉义》，《甲寅》周刊第 1 卷第 11 号，1925 年 9 月。

③ 《说辉》，《甲寅》周刊第 1 卷第 7 号，1925 年 8 月。

④ 《评新文化运动》，《甲寅》周刊第 1 卷第 9 号，1925 年 9 月。

⑤ 《说辉》，《甲寅》周刊第 1 卷第 7 号，1925 年 8 月。

一切现象，既无以愈于二十五年前，然则此二十五年间之一切活动，不论激、随、大、小、南、北、京、省，其无益于国也可知。”① 因而他主张“消极”，主张“反本”，其实就是要倒退二十五年，退回到大清帝国去。为此，他也下了极大的决心，宣称要“扎硬寨，打死仗”，“一切得失俱付之度外”。②

六 结论

在“五四”新文化运动期间，思想界有许多流派，章士钊应该归入复古派。不过他和康有为、辜鸿铭、陈焕章等人不同，他有反清革命和反袁斗争的光荣经历，他还曾积极宣传过西方的民主制度。但是，他面对辛亥革命后动荡不定的政局，开始怀疑自己以前的主张，怀疑他曾宣传过的民主制度。他的思想由调和论很快转变为复旧开新论，而在根本上则是复古论。一方面，我们可以肯定他是一个为国家命运前途思考的思想者；另一方面也要看到，他由进步革命转入守旧反动阵营，也极大地影响着他的思想。当然他的思想也决定着他的行动。

章士钊的调和论，在其主张调和袁世凯的“大权独揽主义”和革命党人的“共和建设主义”时，是错误的。但是在其主张调和新旧文化时，我们不能说他的说法一点道理也没有。新旧文化实际上就是中西文化。一个民族在吸收外来文化时，在一定程度上保留和吸取传统文化中有价值的内容，使二者得以融合，这是无可非议的，也是历史发展的必然。章士钊在人们激进地除旧迎新时，提出调和论，是有见地的。不过，他没有把握好，走过头了，最后竟然走到守旧拒新的路上去了。

他的“开新”说是不明确的。在说“复旧”就是“开新”时，是把“旧”说成“新”。但他又说“在物质上开新”“在道德上复旧”，这又和清末“中体西用”思想如出一辙了。清末“中体西用”思想的核心是要保留封建专制主义的统治。如果把章士钊的“无首论”“寄生论”和“业治论”看作“开新”的话，那么，这些东西只是空想，是没有什么价值

① 《甲寅》周刊第1卷第30号，1926年2月。

② 《揣龠录》，《甲寅》周刊第1卷第23号，1925年12月。

的。它们只是捡了国外基尔特社会主义的皮毛。这些东西和他的“农国论”结合不到一起去。

“农国论”是章士钊的重要思想。这种思想实际上就是全面肯定中国古代的封建制度、小农经济和礼教文化。或许等到将来，在现代化带来的快节奏、孤独感和沉重的生活负担面前，人们会从历史资料和古典小说中重新发现中国古代社会的许多可爱之处（是许多但不是全部）。但是在章士钊生活的时代，情况还不是这样。那时的人们正急于从封建的束缚中挣脱出来。章士钊的思想远远地超前了。他是在出国考察时，接触到国外一些已然生活在资本主义时代但却对这种制度十分不满的人。这些人在揭露资本主义的弊端时，往往对中国古代的社会制度表示赞赏。一方面是这些人对中国古代社会并不十分了解，另一方面是中国古代社会的确没有资本主义社会的种种弊病（但是它有它自己的问题）。我们可以说章士钊非常敏锐地接受了这些思想，但他在错误的时间在中国提出了错误的主张。他把中国政局动荡的原因归结为资本主义文化的输入，这也是一个错误。资本主义有它的弊病，但它是人类社会发展的一个阶段，它创造的民主与科学，是优于封建主义时代的专制和愚昧的。中国政局动荡是新旧冲突造成的。主要是反动势力阻碍社会进步造成的。章士钊在新与旧的冲突中，没有跟上时代的步伐，而是在思想和行动上都由新入旧，变成一个守旧复古分子。他的“农国论”是主张倒退的，是一种反动思想。这是历史和时代所决定的。

今天中国仍处于中西文化冲突与交融的时代。是激进、是保守、还是调和？每个人都可以有自己的见解。了解一下章士钊在“五四”新文化运动时期的思想，多少会给今天的人们一些启示。不同的人会得出不同的看法，这是完全正常的、应该的。

注：原载《现代化进程中的政治与行政：北大百年校庆暨政治系建系10周年文集》，北京大学出版社1998年版

如何评价“战国策派”？

战国策派，又称战国派，是中国现代政治思想史上的一个流派。长期以来，它被称之为“法西斯主义”流派。本文认为这一评价是不准确和不公正的，应该考虑给它以准确与公正的评价。

一　战国策派简介

战国策派，是在抗日战争期间活跃在大后方的一个思想流派。这一派人的思想观点主要发表在《战国策》杂志和《大公报》副刊《战国》上。《战国策》杂志是由几位大学教授在昆明创办的，从1940年4月1日到1941年7月20日，共发行17期，开始是半月刊，从第13期起改为月刊。《战国策》停刊后，主办者又在《大公报》（渝版）开辟了《战国》副刊，从1941年12月3日起，到1942年7月1日止，每周1期，共出31期。

1940—1942年是战国策派的活跃时期。在此之前，雷海宗基于历史循环论而撰写的一些史学论文早已发表，① 这说明战国策派思想的萌发实际上是在抗战之前。在1942年《战国》停刊之后，战国策派的主要人物仍继续宣传他们的主张。他们于1944年出版了《时代之波》，1946年出版了《文化形态史观》。而何永佶直到1949年仍然活跃在政治论坛上。尽管他已经由战国思想转入民主建国思想，但仍可以看作是这一思想派别的一个合理转变。

《战国策》杂志及《战国》副刊，究其内容，包括政治、经济、军

---

① 如《无兵的文化》一文载于1936年7月《社会科学》第1卷第4期。

事、历史、哲学、社会、家庭、文学理论及文学作品等，应属综合性刊物。但在抗日战争这一特定历史阶段推出这一杂志及副刊，主办者是有明确的政治目的的。在《战国策》第2期的《本刊启事（代发刊词）》中，主办者对办刊宗旨作了解释：“本社同人，鉴于国势危殆，非提倡及研讨战国时代之‘大政治’无以自存自强。而‘大政治’例循‘唯实政治’及‘尚力政治’。‘大政治’而发生作用，端赖实际政治之阐发，与乎‘力’之组织，‘力’之驯服，‘力’之运用。本刊如一‘交响曲’，以‘大政治’为‘力母题’，抱定非红非白、非左非右、民族至上、国家至上之主旨，向吾国在世界大政治角逐中取得胜利之途迈进。此中一切政治及其他文艺哲学作品，要不离此旨。”①

战国策派的代表人物主要是林同济、雷海宗、陈铨、何永佶四人。在《战国策》及《战国》上发表文章的还有沈从文、贺麟、费孝通、吴宓、朱光潜、王赣愚、冯友兰、冯至、王迅中、郭岱西、林良桐、洪思奇等近40人。大多数人只发表过1篇文章，这些文章大多与战国策派的思想关系不大，有些还对战国策派的某些思想提出批评。所以，并非在《战国策》或《战国》上发表过文章的人都可以划入战国策派。

战国策派的思想在当时有一定的影响，也的确受到过欢迎。他们的文章应读者的要求，汇集成书，广为传播。战国策派的主要代表人物还进行演讲，宣传自己的主张。陈铨还以战国策派的思想为指导，编写了有关抗战的剧本，在大后方上演。战国策派能产生一定影响的原因，很可能在于他们关于实行集权的主张，适合国民党政府的需要；在于他们注重战争、坚决抗战的激烈言辞，对热血青年能够产生鼓舞作用；在于他们揭露时弊、反对贪污中饱等言论，符合大多数人对政治进步的要求；在于他们讨论的中国文化建设问题，是许多知识分子长期关注的问题。

但是战国策派从开始出现就不断受到批评与指责。早在战国策派活跃时期，就出现了一些批评文章，如李心清《“战国”不应作法西斯主义的宣传》、汉夫《“战国”派的法西斯实质》等。直到战国策派因抗战胜利不再活跃之后，对它的批判仍在继续进行着。1949年以后，还有人花费不小的精力对它进行深刻的剖析与批判。② 这时的批判主要是在中国大

---

① 引文中原注有外文单词，今省去。这段话从文字及用词看，似出于何永佶之手。

② 这些批判文章有一部分收入重庆师范学院中文系《国统区文艺资料汇编：“战国策派”》，内部资料1979年版。

陆。对战国策派的批判，有一个比较一致的观点，就是认为战国策派的思想是“带有鲜明法西斯思想印记的理论”①。有人甚至说，林同济等人是“潜藏在高等学校和文化界里的一批披着‘教授’‘学者’外衣的法西斯分子们”，他们在抗战时期宣传自己的主张是为“配合国内外法西斯匪帮的政治军事阴谋”而“蠢动起来”②。对战国策派的批判，在史学界、哲学界、文艺界都有，观点基本一致。直到近年出版的中国现代政治思想史，或现代文学史等史学著作中，凡是提到战国策派时，几乎全都称之为法西斯流派。

但是在中国大陆之外，人们对战国策派的评价就是另外一个样子。1988 年我国台湾地区业强出版社重印《文化形态史观》一书，在序里对林同济、雷海宗予以相当高的评价。序文指出，战国策派对历史的预见至今仍然值得思考。在中国香港和西方出版的一些工具书中，对战国策派及其主要代表人物都有较高的评价。

这种对战国策派截然不同的评价，是值得我们思考的。问题的关键是，给战国策派戴一顶“法西斯主义”的帽子究竟合适不合适？

二 战国策派思想

我个人认为，对于一个思想流派的评价，首先必须建立在对其思想有一个整体性的、全面的、准确的了解的基础之上。所以，这里先把战国策派主要人物的思想做个简要而又全面的介绍。

1. 第三期中国学术思潮

林同济（1906—1980）可以看作是战国策派的旗手。他是留美博士，曾任南开大学教授，抗战时为云南大学教授（1949 年以后为复旦大学教授）。他创办《战国策》杂志，首先提出“第三期中国学术思潮”的概念。他说，五四以来，中国学术已经经历了两次高潮。1919 年胡适发表《中国哲学史纲》，开始了第一次高潮，学术方法是经验主义，成果主要是“整理国故”；1929 年郭沫若发表《中国古代社会研究》，开始了第二

① 重庆师范学院中文系：《国统区文艺资料汇编：“战国策派”》，第一分册《前言》。

② 袁英光：《“战国策派”反动史学观点批判——法西斯史学思想批判》，《华中师大学报》（人文科学版）1958 年第 2 期。

次高潮，方法是唯物史观，成绩是开始了“认识中国社会整个轮廓的初次尝试”。但是这两次学术思潮都有缺点，前者是只见到了事情的“点”和“线”，后者则是只见到了“平面”与“偏面”①。都没有认识到全体。而他要开创的“第三期中国学术思潮”就是要在前两期思潮的基础上，适应全面抗战的需要，站在全民族的立场上，对民族文化从整体上予以全面分析，目的是重建民族文化，重振民族精神，争取抗战的胜利。

2. 形态历史观

林同济说，他要使用的研究方法是“形态历史观”。这种方法，也是雷海宗研究历史的方法。雷海宗（1902—1962）也是留美博士，回国后任清华大学教授，抗战时任西南联合大学教授（1949 年以后任清华大学和南开大学教授）。林同济解释说，所谓“形态历史观”就“是利用一种综合比较方法来认识各个文化体系的‘模式’或‘形态’的学问”②。这种方法实际上是来源于德国史学家斯宾格勒与英国史学家汤因比的历史循环论。“形态历史观”是从斯宾格勒的“历史形态学”变化而来的。斯宾格勒与汤因比都认为世界上存在着不同的文明体系（两人分别称之为“文化形态”或“文明”）。这些文明体系都像生物有机体一样，有着从出生到兴盛再到死亡的过程。他们两人都看到西方文明正在走向衰落，都想挽救西方文明。斯宾格勒主张建立一种军国主义与“社会主义”结合的“新文化”。汤因比认为西方文明应该接受共产主义的挑战，并相信西方文明最终会统一全世界。雷海宗较早把这种历史循环论的方法用于分析中国历史。林同济与雷海宗在立场观点上同斯宾格勒与汤因比是截然不同的。他们是站在中华民族的立场上来探讨中国文化的发展规律，希望中国文化在“西方文明”的进攻面前，在民族面临危险的时候，从衰落中得到重建，从而使中国人民树立起信心，争取抗战的胜利。林同济与雷海宗的可贵之处在于，他们没有被西方学者的“西方文明优越论”所吓倒，而是针锋相对地提出中国文化能够再度辉煌，能够战胜西方文化的挑战。

3. 林同济的文化发展三阶段说

林同济根据“形态历史观”，对各种文化形态经过综合分析之后，提出文化发展三阶段说。他认为，历史上任何一种自成体系的文化，其完整

---

① 以上引文见林同济《第三期的中国学术思潮——新阶段的展望》，《战国策》1940 年 12 月 1 日第 14 期。

② 林同济：《民族主义与二十世纪》，《大公报》（渝版）1942 年 6 月 17 日副刊《战国》。

的发展必然经过三个阶段：（一）封建阶段；（二）列国阶段；（三）大一统帝国阶段。

封建阶段的主要特点是，政治上“封君分权”，军事上“贵士包办”，经济上“农奴采邑”，宗教上祭祖先、拜英雄。封建阶段由于“内在腐化”而经过“社会大革命或大骚动”而崩溃，社会进入列国阶段。

列国阶段的主要特点是：（一）“个性的涣发”；（二）“国命的整合”。由于个性解放而主张自由平等，学术上出现百家争鸣的局面。在政治上注重统一与集权，包括政权集中、军权统一、经济干涉、国教创立等项。列国阶段是文化发展的高峰阶段。它的前期叫作“春秋时代”，后期叫作“战国时代”。前期尚有封建阶段的“贵士遗风”（注：“贵士”即贵族）。后期“各列国透过了集权运动，开始倾全力以向国际之场做全体战，歼灭战”，“最后结果，是一强吞诸国，而制出一个大一统帝国，它多少都要囊括那文化的整个区域”。

大一统帝国阶段是文化衰退阶段。有一套官僚制度和皇家军队系统。但是对外无战争。在和平环境中，产生内部的腐化和内耗，直到这一文化最后消亡。

林同济指出：当前，西方文化正处于它的战国时代，也就是最灿烂辉煌的时期；而中国文化已在大一统阶段度过了二千余年，正处在“颓萎”时期。他提出两个问题：一是，西方文化是否会像历史上已经消亡的文化一样，最终也要跨入“大一统帝国阶段”？那就是西方文化统一世界，然后逐渐衰退消亡。二是，中国文化“是不是还有可能性摆脱了一切‘颓萎’色彩而卷土重来，再创出一个壮盛的、活泼的、更丰富的体系？”①由于第二次世界大战和日本帝国主义的入侵，中国被推向世界大舞台。而这个世界，正受到西方文化的影响，照林同济的说法：“这乃是又一度‘战国时代’的来临”。这个世界性的“战国时代”，据说，是开始于拿破仑战争，以后可能要延续三五百年。“战国时代的意义，是战的一个字，加紧地、无情地发泄其威力，扩大其作用”。这个时代的特点就是一个“战”字。具体又有三个大趋势：（一）“战为中心”。战争是时代的中心现象。（二）“战成全体”。各国都是全能国家，“一切为战，一切皆战”。（三）“战在歼灭”。战争的目的是彻底消灭敌国，要“统治世界”，最后

① 以上引文见林同济《形态历史观》，《文化形态史观》，大东书局1946年版。

阶段必定是“两雄决斗，一死一生，而独霸独尊的‘世界大帝国’告成”。

林同济说，中国处于这样一个时代，必须明白：不能战的国家不能生存。中国面对日本的侵略，必须努力战斗，否则就会灭亡。还要明白：左右倾各字样，意义全消。也就是说，什么社会主义、共产主义、法西斯主义、纳粹主义、议会全能主义、罗斯福新政等等，在“战国时代”都要应付战争。这时世界的中心潮流只有一个，就是“如何建设道地的‘战国式’的国家，如何把整个国家的力量，组织到最高度的效率以应付战国时代势必降临、势已降临的歼灭战、独霸战”。此外，还特别要注意到：“中国文化的发展，早已踏过了它的战国阶段而悠悠度过了二千多年的‘大一统’的意识生活”。在这种局势之下，“大同可以是人们最后的理想，‘战国’必须是我们入手的途径。要取得谈世界和平的资格，先栽培出能作‘战国之战’的本领”。①

4. 雷海宗的“独具二周的中国文化”

雷海宗虽然也是研究历史的形态的，但他与林同济的说法不完全相同。他认为各个文化形态的发展分为5个阶段。第一是封建时代；第二是贵族国家时代；第三是帝国主义时代；第四是大一统时代；第五是政治破裂与文化灭亡的末世。其中“帝国主义时代”等于林同济说的“战国时代”。埃及文化、希腊罗马文化都经过一周的循环，由产生、兴盛而灭亡。西洋文化尚未完成一周的循环，现在发展到了“帝国主义时代”亦即“战国时代”。关于中国文化，雷海宗提出了“独具二周的中国文化”这样一个独特的看法。

他认为一切过去出现过的文化形态，都是经过他所说的5个发展阶段而最后归于消亡的。唯独中国文化与众不同，她在完成第一周的循环之后，非但没有消亡，反而又进行了第二周的循环。照他的分析，中国文化的第一周是这样划分的：1. 封建时代（公元前1300—前771年）是从盘庚迁殷开始，大约500年。2. 贵族国家时代（公元前771—前473年，即春秋时代）是从平王东迁开始，大约300年。3. 帝国主义时代（公元前473—前221年，即战国时代）是从越国消灭吴国开始，大约250年。4. 大一统时代（公元前221—公元88年）是从秦统一开始，大约300年。

① 以上引文见林同济《战国时代的重演》，《文化形态史观》，大东书局1946年版。

5. 古代文化渐趋灭亡的时代（公元89—383年）是从汉和帝当政开始，大约300年。公元383年发生了淝水之战。雷海宗说，这是“一个决定历史命运的战争”[①]，这个时候，“若按人类史的通例，可说是已到灭亡时期。……但中国当亡不亡，经过几百年的酝酿后，竟又创出一个新的文化，可称为第二周的中国文化”。[②] 雷海宗所说的第二周中国文化，大体可以分为这样5个时期：1. 南北朝、隋、唐、五代（公元383—960年）；2. 宋代（公元960—1279年）；3. 元、明（公元1279—1528年）；4. 晚明盛清（公元1528—1839年）；5. 清末以下（公元1839年开始）。中国文化的第二周尚未结束。她是灭亡还是再生，就取决于当前的抗日战争。雷海宗说：“中国文化的第二周在人类史上是一个特殊的例外，没有其他的文化，我们能确切地说它曾有过第二周返老还童的生命。”“我们能有他人所未曾有的第二周，已是‘得天独厚’，我们是不是能创出尤其未闻的新纪录，去建设一个第三周的伟局？”[③] 本来，如果按照斯宾格勒与汤因比的历史循环论，任何文化都只有一周的命运，最终都要由盛转衰，彻底消亡。雷海宗这位中国的历史循环论者打破了这种观点，不仅大胆地提出了中国文化独具二周的说法，而且充满深情地瞻望中国文化第三周的到来。这自然是出于对中国文化的热爱、对华夏民族的信心。他在后来说过：“因自己是中国人，不愿承认中国一衰而不能再兴”，所以“自创了中国文化一定可以复兴的说法”。[④]

5. 林同济关于重建中国文化的建议

林同济和雷海宗都看到了中国文化走向衰落这一事实，他们都迫切地想使中国文化重新恢复青春。林同济是从中国传统与西方文化中寻找营养的。他首先分析中国文化的弊病，认为官僚制度需要改造。中国的官僚制度曾经也有过积极进取、蓬勃向上的时期，但是随着文化的发展，到了“大一统时代”，它已经由“外向型”转变为“内向型”，主要是在内部开展对功名利禄的明争暗斗，逐渐走向腐败。中国历史上的官僚制度包含

---

① 以上引文见雷海宗《中国文化与中国的兵》，商务印书馆1940年版，上编。

② 见雷海宗：《独具二周的中国文化——形态史学的看法》，《大公报》1942年3月4日副刊《战国》第14期。

③ 雷海宗：《中国文化与中国的兵》，商务印书馆1940年版，上编。

④ 见王敦书《现代已故史学家：雷海宗》，《中国历史学年鉴（1982）》，人民出版社1982年版。

四种毒素：一是“皇权毒”，官僚在皇权专制淫威下无所作为。二是“文人毒”，官员“做文章为主，做事为副”，“但求无过，莫求有功”。三是“宗法毒”，任用亲友，结党营私。四是“钱神毒”，造就一大批贪官污吏。拿中国官僚制度同西方国家比较，“世界列强的官僚制度，正发展到他们战国时代所应有的强度效率的标准”，“拿我们二千年大一统局面下日就颓萎的官僚制度，要来同现时血气方刚的大战国官僚制度争担时代的使命，必败无疑！我们唯一的出路只有在新的猛省中把我们整个的官僚传统按着大战国的需求彻底地改头革心”。①

林同济提出解决中国官吏问题的办法是发扬“大夫士”精神。他说中国历史上有两种人格类型，一种是“士大夫”，也就是前边描述的传统官僚制度下的文人官吏。是需要加以改造的类型。另一种类型是“大夫士”，实际上就是由西周以至春秋时代的卿、大夫、士的名称上变化而来的，是林同济自创的名词，主要是指贵族武士。“大夫士”的人格类型“以义为基本感觉而发挥为忠、敬、勇、死的四位一体的中心人生观，来贯彻他世业的抱负、守职的恒心。它是一副‘刚道的人格型’”。他希望在中国官僚中间“开始栽培一种‘技术傲气’，一种‘职业道德感’，这或是中国政治上微微一线的光明”②。

林同济还从西方吸取有益的精神营养。他从欧洲文化与哥白尼身上看到一种“力的宇宙观”，他提倡这种宇宙观，说能给我们三种启示：第一条，“我即是力”，有一分力，做一分事，发一分光（借鲁迅语）；第二条，“必须警醒，必须拼命，必须唤出全副的精神”；第三条，“以无穷的努力，换取无穷的可能”③。最终目的则是加强国力，适应时代需要。他还提出“战士式的人生观”，其实质仍是春秋时代的“大夫士”精神。他说，抗战仅仅战胜是不够的，还应“培养出一个健康的民族，创造出一个崭新的有光有热的文化”，“抗战的最高意义必须是我们整个文化的革新”④，而这第一步就是人生观的改造。

6. 雷海宗关于中国文化的建设

雷海宗说，要建设第三周中国文化，必须放弃旧的第二周文化。“我

---

① 林同济：《中饱》，《文化形态史观》，大东书局 1946 年版。

② 林同济：《士的蜕变》，《大公报》1941 年 12 月 24 日副刊《战国》。

③ 林同济：《力!》，《战国策》1940 年 5 月 1 日第 3 期。

④ 林同济：《嫉恶如仇——战士式的人生观》，《时代之波》，在创出版社 1944 年版。

们是在抗战中建国，我们今日显然的是正在结束第二周的传统文化，建设第三周的崭新文化。从任何方面看，旧的文化已没有继续维持的可能，新的文化有必须建设的趋势。”哪些旧的文化不需要了呢？他说，“旧中国传统的污浊、因循、苟且、侥幸、欺诈、阴险、小器、不彻底，以及一切类似的特征”。而“我们的理想是恢复战国以上文武并重的文化。每个国民尤其是处在社会领导地位的人必须文武兼备。非如此，不能有光明磊落的人格；非如此，不能有光明磊落的风气；非如此，不能有光明磊落的文化”。具体说来，则有三个问题：一是“中国的兵”要做到兵民一体，每个国民都愿意当兵，愿意为国家负责任，人人都有爱国之心。二是家族制度要和整个国家紧密地联系在一起，使整个国家团结一致，人人有保家卫国的尚武精神，同时还要为使国家强大而增加人口。三是改革元首制度，元首应平静产生以保证政局稳定，元首应是“全民族绝对拥护的领袖”。他说以上“三个问题若能圆满解决，建国运动就必可成功，第三周文化就必可实现”。①

7. 林同济论西方文化的出路

林同济认为西方文化走到了一个“伟大的尽头”，内部发生了“一种显似不可排解之矛盾与冲突”，“始终还没有找出一个方法来解决国际的冲突”。在这样一个文化尽头，只有两条路可走，一是“哲人之路”，“在那些矛盾与冲突之中，重新建出一个新平衡”。二是“独夫之路”即希特勒所走的道路，“以武力征服一切”，建立一个“秦始皇式的世界帝国”，“终使文化走上颓萎的孽程”。他断言：“希特勒绝对要不得！”②

8. 陈铨的“英雄崇拜”主张

陈铨（1905—1969）是留德博士，回国后在清华大学任教授，抗战时期曾任西南联大教授、中央政治学校教授和重庆正中书局总编辑（1949年以后任复旦大学、南京大学教授）。他在文学创作上很有成绩，曾经兼任中国青年剧团编导。

陈铨在《战国策》与《战国》上主要是介绍德国尼采的哲学思想和宣传英雄崇拜的观点。其目的也是改造中国的国民性，以适应战时需要。但在他的文章中，理智往往受感情的支配，常有片面、偏激，甚至矛盾与

① 雷海宗：《中国文化与中国的兵》，商务印书馆1940年版，下编。

② 林同济：《文化的尽头与出路——战后世界的讨论》，《文化形态史观》，大东书局1946年版。

荒谬之处，因此他受到各方面的批评也最多。

陈铨所介绍的尼采思想，并不准确，只能看作是他对尼采的理解。他着重介绍的是“权力意志”与“超人”。他说，“人生的意义，既然在发展权力意志，那么生活就等于是一种战争。在战争中间，强者才配生存，弱者自然消灭”。他反对传统的道德观，因为它“压倒强者，扶持弱者”，那样，“世界就不能进步”①。他是用社会达尔文主义的观点解释尼采的思想。尼采所追求的是精神上的超越，陈铨讲的则是物质上的战胜他人。他又把尼采所说的“超人”解释为“天才”“人类的领袖”“社会上的改革家”“勇敢的战士”。他认为，天才应当超人一等，领袖应当指挥群众，改革家要自己重新创造新的价值，战士要“战胜一切，征服一切，摧毁一切”，要“打出一个新的世界”②。这些说法也违背了尼采的本意，尼采从不承认现实中有“超人”存在，他始终只是尚未产生的一种人的类型和象征。陈铨把现实中的领袖、改革家当作“超人”，是降低了“超人”的标准。③从“超人”之说很容易得出“英雄崇拜”的主张。陈铨发表《论英雄崇拜》④，其中错误百出。其要点是：人类历史的发展不是靠“人”也不是靠“物”来推动，“人类意志发展势力的过程，的确创造了人类全部的历史”。这个“意志”只能是少数英雄的意志。他们是“群众的救星”，是“宇宙伟大的现象”，因此，群众必须无条件地崇拜英雄，甚至为英雄而死。只有“狭小无能”和“卑鄙下流”的人才不崇拜英雄。中国人不崇拜英雄的原因是：士大夫阶级的腐化，他们只知升官发财。另外五四运动提倡个人自由也是造成中国人不崇拜英雄的一个原因。他说，养成英雄崇拜的风气是中国目前最迫切的问题。陈铨此文发表后，引起多方面很严厉的批评。李心清在《解放日报》发表《〈战国〉不应作法西斯主义的宣传》⑤，阐述了唯物主义关于历史发展的见解，批评陈铨的观点是“反动的唯心史

① 陈铨：《尼采的道德观念》，《战国策》1940年5月15日第12期。

② 陈铨：《尼采的思想》，《战国策》1940年7月10日第7期。

③ 参看周国平《尼采在世纪的转折点上》，上海人民出版社1986年版，第27、71—73、214—220页。

④ 《战国策》1940年5月15日第4期。

⑤ 《解放日报》1942年6月9—11日。

观”。沈从文发表《读英雄崇拜》①，反对陈铨的观点。他指出，采用“百十年前叔本华、尼采一类人”的观点“与时代实不大相合”。现在是“民治主义”的时代，“领袖也是一个人，并不是神”，“他要人相近，不要人离远。要群众信任爱敬，不要迷信崇拜”。他问道：假如人人无条件崇拜英雄，“这国家还想现代化，能现代化?”沈从文还说，官场腐化并不是群众的腐化，那种腐化与“党政”有关，和五四运动无关。沈从文认为中国的改造，要“依靠一种真正民主政治的逐渐实行，与科学精神的发扬光大”，而不是靠什么英雄崇拜。贺麟也在《战国策》上发表文章批评陈铨的观点。

陈铨还有很多十分错误的言论。比如，他说“超人和天才，有绝对发展的自由”，“强者应当征服弱者，智者应当支配愚者，对于弱者愚者，我们不应当有任何的同情，因为他们根本不应该生存在世界”。他还反对民主政治、社会主义、无政府主义、基督教，因为它们保护弱者，限制强者。他说尼采“极力主张战争”，尼采的政治理想是“超人专制”②。因此，他提出中国目前要实行的是“理想政治”，所谓“理想政治”就是一个“战”字，就是“军事第一，胜利第一”“国家至上，民族至上”“意志集中，力量集中”。他说“战国时代”的特征，“就是民族生存竞争已经到了尖锐化的时代，国与国之间谈不到什么正义，什么和平，要的是军事力量的优越，胜利的获得”。“除了使全国上下充满了战争意识外，还有什么办法?”③ 陈铨是一个悲观主义者，他说过“我看人类的历史，永远是一部战争史。无论什么时代，都是战国时代”。他对“正义”的看法是“正义的道德观念在国内非讲不可，因为不讲就不能生存；在国外则不能盲目迷信，因为盲目迷信就妨害生存”。理想政治是手段，最终还有政治理想。他的政治理想不是民主与科学，不是国际和平，不是马克思主义，他认为这些都是有害无益的理想。他的政治理想是“满足人类基本的意志”，包括满足普通人的“生存意志”和天才们的“权力意志”。那时的“道德的教训，宗教的信条，政治的原则，社会的组织，文化的进展”，都要适合“生存意志”。但是，“一个国家或民族，是否能够在世界

---

① 《战国策》1940 年 6 月 1 日第 5 期。

② 陈铨：《尼采的政治思想》，《战国策》1940 年 8 月 5 日第 9 期。

③ 陈铨：《政治理想与理想政治》，《大公报》1942 年 1 月 28 日副刊《战国》第 9 期。

上取得光荣的地位，就看它国内中坚分子能否超过生存意志，达到权力意志"①。

9. 何永佶的民主理想

何永佶（1902—？）是留美博士，回国后曾任北京大学教授，抗战期间任中山大学、中央政治学校等校教授（1949 年以后任云南大学教授，死于"文化大革命"期间）。他在 1940 年发表在《战国策》上的文章主要宣传在"战国时代"需要一种"外向政治观"或称"大政治观"，就是要"认定战争为国家最后的精义"，一切都为战争服务。从这个观点出发，他认为中国古代的儒家与法家，只有法家思想适合这个时代。他说，在国内不管谁来掌权都行，只要他能"增进国家的总力量，以备'大政治'不时之需"。他反对打内战，反对"军队私人化""割据自私"；要求团结抗日，反对盲目迷信国联；主张"尚力"，反对"尚文"②。他还提出"战国外交"的看法，从希特勒的外交手段和斯大林与德国签约的事实中，认为"战国时代"的外交是为"大政治"服务的，"国家安全"才是"最后决定的因素"，"其他都是烟幕"③。但是何永佶是西方民主政治的热烈鼓吹者。他的政治理想就是在中国建立民主制度。这似乎与他上述思想是矛盾的。其实不然，他说过："时无论古今，地无论中外，一个国家在与外敌抗战期间，我们只会看到她的政府的权力一天一天的增强，只会听见她的宪法效能一天一天的缩小，绝没有政府权力和宪法效能同时膨胀的现象"。意思是在当前抗战时期，民主还不是当务之急。"最急之务为政制如何效能化与治权如何健全化"④。但是他在抗战时期就开始宣传民主政治，为将来的民主建设做准备。从 1940 年到 1947 年，他在《战国策》以及其他刊物上发表了大量宣传民主的文章。他先后结集出版了三部书：《为中国谋政治改进》（1945）《宪法平议》（1947）和《中国在戥盘上》（1948）。其文章内容主要是两类：一是宣传民主理论，一是讨论宪政宪法。他能抓住问题的关键所在，用通俗浅显的语言，把复杂深奥的理论问题阐述清楚，所以他的文章在当时很有影响。比如：他从"意志统一与意见统一"来区分民主与独裁，独裁要求"意见统一"而民主则是

① 陈铨：《指环与正义》，《大公报》1941 年 12 月 17 日副刊《战国》第 3 期。

② 何永佶：《政治观：外向与内向》，《战国策》1940 年 4 月 1 日第 1 期。

③ 何永佶：《希特拉的外交》，《战国策》1940 年 9 月 15 日第 12 期。

④ 何永佶：《从大政治看宪政》，《战国策》1940 年 6 月 1 日第 5 期。

要求“意志统一而不是意见统一”，他说：“试想数万万人中对于无论什么事都只许有一个意见、一个办法，这个国家还有出息吗?”[①] 他赞成两党制，而且发现两党制的一个“窍”就是“政纲随便”，“随便到可以说没有政纲”，因为随便反而具有兼容性和广泛的代表性，所以“具有死板政纲的小党反而搅不起来，而须归并于二大政党之一”[②]。何永佶最推崇英国的代议制度。他发现英国政治的“窍”在于议会通过对政府财政预算的控制来监督政府。他称之为“荷包政治”。“荷包”就是纳税人交上来的钱，由议会掌握，钥匙就是政府的财政法案，但要打开“荷包”还要议会同意。[③]

抗战胜利后，何永佶全力宣传民主建设思想。他在《想一想明天》[④] 中提出6个问题：一是中国战后要采取和平外交政策，既要同专制国家也要同民主国家和平相处。二是中国要从专制国家走向民主国家，首先要设立议会。他在另一篇文章中指出：“今日世界之时与地，决定中国非民主不可”[⑤]。三是经济政策，他说：“我国战后经济政策，似不必拘泥于‘社会主义’、‘自由主义’一类的陈套，而可面对现实，逐事决定”，经济建设，“如不妨害公家利益，则原则上应交给人民（不是公家）去做，因只有交给人民去做，他们才爱惜血本，必勤必敬，然后社会的生产才会多，才会好”。四是民族脑筋要“程序化”，也就是要建设一个法制国家，一切事情都按法制程序去办。五是行政机构要提高办事效率，要接受人民的监督。在另一篇文章中他还谈了民主与工业化的关系：“只有实行民主始能工业化起来，领土辽阔的国家，处处需要一民众管得住的政府，然后经济事业始有保障”[⑥]。六是要养成“多数决定”的办事习惯，就是要提倡言论自由，人人敢讲真话。他说：“只有民主才能使中国人民现在尚在沉闷起来的聪明才智发挥出去，使之创造新文化，蔚为奇花异卉”[⑦]。

---

① 何永佶：《意志统一与意见统一》，《云南日报》1940年5月5日。

② 何永佶：《从美国大选说到政党政治的‘窍’》，《大公报》1944年11月14日。

③ 何永佶：《英国政治的“窍”》，《大公报》1944年3月20日。

④ 《世界日报》1945年8月14日。

⑤ 何永佶：《论我国民主政治》，《世界日报》1945年10月9日。

⑥ 同上。

⑦ 同上。

10. 陈铨与林同济的文学观点

陈铨对于文学有较多的论述。他的文学观也受到尼采思想的影响。他说文艺复兴以前的文学家都是根据“世界哲学”去认识与反映客观规律的。文艺复兴以后则是根据“自我哲学”打破旧的文学标准，而从人的性灵方面建设自由的新标准。特别是尼采的“超人哲学”出现后，新的思想潮流才达到登峰造极的地步。这时的文学是“天才”的文学，“天才的最大特点，就是发明，仿效不是天才”，“规律不能束缚天才，天才随时可以创造规律”，“天才是时代和民族的代表，他的著作的形式和内容，往往就是时代精神和民族精神的反映”。他认为文学的主题是“人性”，“历史的形态是有变化的，但是人性是没有变化的，人类在生存意志和权力意志方面，无论中外古今，都是一样的，他们仇恨、嫉妒、爱恋、争斗，只要人类存在一天，他们就要继续表现一天，方式尽管不同，根本都是一样”。陈铨强调文学家的使命，“不但要表现时代，同时还要指导时代”，要“领导大家去建设新的文化”①。陈铨最重要的是在1942年提出“民族文学运动”。他说“各国的文学都要经过民族文学运动的阶段”，“民族意识的觉醒”，“自己认识自己，自己看重自己，摆脱前人窠臼而自由创作”，这种文学就是民族的文学。“民族文学运动”就是“把民族主义运用到文学运动里面去”。中国的民族文学要把握中国时代的特殊性，要运用自己的语言与题材去创作。“要达成一种政治任务，需要文学的帮助。”民族文学的原则，一方面要否定三点：一是不能只喊口号，二是不能排外，三是不是复古运动。一方面要肯定三点：“发扬固有精神”“发扬固有道德”“发扬民族意识”②。

林同济的文学观反映在他的《寄语中国艺术人——恐怖·狂欢·虔恪》③一文中。这是他模仿尼采《查拉图斯特拉》所写的《东游寄语》一书中的一节。他用一种狂热的语言，表达自己对中国的文学家、艺术家在精神上的期望。恐怖、狂欢、虔恪是他为中国的文学家、艺术家提出的三道“母题”。“恐怖是生命看到了自家最黑暗的深渊”，因而“发抖”，因而“追求”。也就是在时代危亡面前，不要麻木，而要清醒。他说：“我劝你们不要一味画春山，春山熙熙惹睡意。我劝你们描写暴风雪，暴

① 陈铨：《文学批评的新动向》，《战国策》1941年7月20日第17期。

② 陈铨：《民族文学运动试论》，《文艺先锋》1942年10月17日第1卷第9期。

③ 《大公报》1942年1月21日副刊《战国》第8期。

风雪冽冽搅夜眠”。狂欢是在恐怖之后，经过奋斗，“否认了恐怖”，寻找到自信，开始“自由乱创造”。不是“无病的呻吟”，而是要激起“巨大的音波”，创作出“整部民族史的狂奏曲”。虔恪，据林同济解释“就是在神圣的绝对体面前严肃屏息崇拜”。也就是要有一种共同信仰。这种信仰能够把全民族的精神振奋起来。

三 如何评价战国策派

我自信已经把战国策派思想全面准确地介绍清楚了。读者可以评判，它到底是不是法西斯主义？我的看法是：

（一）战国策派在思想上的确同德国哲学家尼采有着千丝万缕的联系。也可以说，尼采思想是战国策派的主要指导思想（不是唯一的）。林同济、雷海宗的文化形态史观，来自于斯宾格勒的历史循环论。而斯宾格勒则是受了尼采的影响。斯宾格勒自己承认他的历史哲学是“把尼采的展望变成了一种概观”[①]。尼采思想曾经被法西斯分子利用过，但这并不等于尼采思想本身就是法西斯主义，也不说明受到尼采思想影响的人就都是法西斯主义分子。这一点，在今天已经被越来越多的人所理解和接受。[②]

（二）战国策派的有些观点与法西斯主义的某些概念有相似之处，例如“力母题”“英雄崇拜”“全体战”等。但是这些并非法西斯主义的专利。法西斯主义的许多带有根本性的特征是战国策派所没有的，例如：1. 一党专制；2. 崇拜暴力；3. 种族歧视；4. 侵略扩张；5. 改造经济结构，等等。[③] 法西斯还有极端民族主义和极权主义这样的特征，[④] 战国策派有民族主义思想但不是极端民族主义；鼓吹集中，但只是在抗战时期的主张。在《战国策》杂志上，曾经刊登过希特勒的语录，甚至有些文章

---

① 斯宾格勒：《西方的没落》，商务印书馆 1963 年版，第 6 页。

② 参看周国平《尼采在世纪的转折点上》，上海人民出版社 1986 年版。参看朱庭光主编《法西斯新论》有关尼采部分，重庆出版社 1991 年版。

③ 参看［英］弗·卡斯顿《法西斯主义的兴起》，周颖如、周熙安译，商务印书馆 1989 年版。

④ 参看朱庭光主编《法西斯新论》，重庆出版社 1991 年版，绪论部分。

还赞扬希特勒的某些方面（如外交才能），这些也不足以说明战国策派是法西斯主义。《战国策》也登过不少中国古代法家思想家的言论，有些文章也宣传法家思想，但没有人据此称战国策派为“法家”。道理是相通的，战国策派不是法家，也不是法西斯主义。它在主观上不是法西斯主义，在客观上也没有在中国造成法西斯主义。

（三）1933年前后，国民党曾公开宣传法西斯主义。蒋介石是主要代表人。其他法西斯分子有贺衷寒、刘健群、邓文仪、张励生、潘公展、陶百川、刘百闵、刘炳藜、刘百川、徐渊等一大批人。这些人或以法西斯分子自居，或鼓吹法西斯主义与三民主义是不可分离的一体，或帮助蒋介石建立法西斯组织（特务组织）。这些人主观上真正拥护法西斯主义，客观上帮助国民党政府在中国实行法西斯统治。将战国策派与这些人加以比较，不难看出，谁是中国真正的法西斯主义。至于战国策派所提到的口号“国家至上，民族至上”之类（这些口号在当时是通行的，不是战国策派独有的），在抗战这种特殊背景之下，是没有错的。更不能以此为理由说他们是法西斯派。

（四）战国策派的理论明显带有偏激的色彩。强调集权，则鼓吹英雄崇拜；强调天才的重要，则贬低群众；强调战争 ，则鼓吹贵士传统；强调战争的残酷，则鼓吹全体战、歼灭战；强调国与国的矛盾，则鼓吹战国外交……。战国策派的理论也有明显的缺陷，例如反对民主政治、对战争不分正义与非正义、等等。但是，有一点需要特别注意，就是战国策派几位代表人物的思想是不同的，其中何永佶与别人的差别最为明显，他虽然提出在战争时期不能实行民主制，但他是民主政治的热烈鼓吹者，对战后的民主建设提出了不少值得考虑的意见。而法西斯主义的一个非常重要的特点就是反对民主。因此，对战国策派的每个人都应做出具体的评价。林同济与雷海宗偏重于中国文化建设问题，也是可以同法西斯主义区别开来的。只有曾经留学德国的陈铨，最热烈地宣传尼采思想、提倡英雄崇拜，前边所说战国策派的偏激色彩与理论缺陷主要体现在陈铨身上。他的思想确实受到法西斯思想的影响。因为他所宣传的尼采思想，是被德国法西斯歪曲的思想。这一点也不必否认。但是他宣传的带有法西斯思想色彩的东西不过是英雄崇拜、鼓吹战争而已。从庞杂的法西斯思想中拿来这么一点东西，不足以说明他本人是法西斯分子，更不能说明整个战国策派都是法西斯派。更何况陈铨的思想只是他个人的思想，与其他人无关。很长时期以来，在我国有一种做法，就是把几个（或更多）有某种联系的人硬扯在一起，贴上某种标签。与此有关的批判文章一般都是先有结论，再去论证的。论证也都是采取断章取义的做法。貌似有理，实则是歪曲事实，混淆视听。这种极“左”的做法，都应该予以纠正。对这类批判文章的识别办法，只能是自己去对评判对象做一个深入的、全面的了解。在学术研究上，必须采取实事求是的态度，而不能人云亦云，更不能搞政治斗争。

（五）到底应该如何评价战国策派？我个人认为：1. 战国策派的代表人物都是爱国知识分子。这些人当年创办刊物，主张抗日，本来就是爱国之举。他们 1949 年留在大陆，参加了社会主义革命和建设，经历了风风雨雨，在不同领域为中国的学术文化做出了贡献。历史已经证明，他们的确是一批可敬的爱国知识分子。2. 战国策派代表人物的思想，分而论之，各自不同。林同济、雷海宗重在文化建设；何永佶重在民主政治；陈铨重在宣传尼采。虽然陈铨的思想中有法西斯主义的影子，但是要说其他几人特别是何永佶也有法西斯主义思想，就不能令人信服。将这几个人合起来，贴上法西斯主义的标签，是一种错误的做法。3. 如果为了撰写历史的方便，要把这几个人放在一起是可以的，因为他们的确是有联系的。但是这种联系只不过是他们在同一个刊物上发表文章而已。因此贴标签要慎重。他们都在《战国策》和《战国》上发表文章，都共同使用一个名词“战国时代”，所以称他们是“战国策派”（或“战国派”）就很恰当。4. 对战国策派的评价只能是具体评价，而不能一锅烩。林同济、雷海宗的文化建设主张有其积极意义，是为重新振兴中国文化而做出的一番思考。历史循环论，可以作为一种方法，他们对中国文化及世界文化的分析可以作为一家之言。尽管可以批评他们是唯心主义的、是不科学的。其实只要是认真的学术研究，总是能够在某一方面某一点上说明一些道理。完全否定的方式是不可取的。这种做法本身就是反科学的。林同济、雷海宗开出的挽救中国文化的药方不是治本的。但也多少切合中国的问题。陈铨是文学家，他的主张过于偏激，有明显的错误。何永佶有关民主建设的文章，至今仍然有其意义。5. 如果一定要对战国策派做个总评价，那么，它是以特定刊物为阵地的一些爱国知识分子，在中国人民抗日战争期间，为民族命运和国家前途忧虑思考，提出他们的救国主张。他们主要是从文化建设上着眼，想要改造民族精神，使之适应战争的需要，并且通过抗战，重建新的中国文化，使中国能够赢得战争，屹立于世界。他们的思想既有较多的复古意味，又注重从西方输入新的精神。但是他们的思想有严重的局限性。他们过分强调战争，强调战争的非理性方面。他们中的个别人自觉或不自觉地在思想上受到法西斯的一定程度的影响。但是他们是站在中国人民反法西斯的一方的。所以他们不是法西斯分子，他们的思想不是法西斯主义，战国策派不是法西斯主义流派。他们中有人热烈地鼓吹与宣传民主政治理论。这一点，更能说明问题。

注：原载王浦劬、江荣海主编《政治与行政管理论丛》第一辑，天津人民出版社1999年6月版

独树一帜的历史学家雷海宗

雷海宗是中国现代著名的历史学家，毕生致力于中国史、世界史及史学理论的教学与研究，尤其对历史循环论和中国古代文化有精深的研究。

一 早年教育与留学海外

雷海宗（1902—1962），字伯伦，1902 年出生于直隶（今河北省）永清县大王庄一个敬信基督的书香之家，父亲为基督教中华圣公会牧师。他小时候，在父亲的一位身为藏书家的朋友那里学习过传统的启蒙读物和四书五经。7 岁起在永清县一家教会小学接受正规教育，后来又于 1917 年到北京一家教会学校即崇德中学读书。这样，他在旧学与新学两个方面都打下了相当扎实的基础。

1919 年，雷海宗进入清华学堂高等科学习。在五四运动和新思潮的影响下，他萌发了强烈的爱国思想，立志研究科学，报效祖国。1922 年清华毕业后，雷海宗公费留学美国，在芝加哥大学主科学习历史，副科学习哲学。1924 年进入该校研究院历史研究所深造。因为他勤奋刻苦，成绩优异，深受他的导师、世界中古史和史学史专家詹姆斯·汤普逊（James Westfall Thompson）的器重。1927 年，雷海宗 25 岁获得博士学位。他的博士论文题目是“杜尔阁的政治思想”。杜尔阁（Anne Robert Jacques Turgot，1727—1781）是法国经济学家，重农学派的主要代表人之一。当时中国留学生往往选择与中国有关的题目来做博士论文，雷海宗以纯外国人物与历史为研究对象而获得博士学位，这的确是难能可贵的。从这篇论文的题目可以看出，雷海宗作为历史学家对政治思想有浓厚的兴趣。而他同时学习历史和哲学也为他以后的治学打下坚实的基础。

二 回国工作至抗战以前

雷海宗于1927年返回中国，在南京国立中央大学史学系先后任副教授、教授、系主任，兼任金陵女子大学历史系教授和中国文化研究所研究员。他认为史学家应该兼通中外，因此他不但教授外国历史，而且教授中国历史。据当时的学生后来回忆，年轻的雷海宗那时是全校宣扬的名教授。这一时期他发表的文章有：《克罗奇的史学论——历史与记事》《评汉译〈世界史纲〉》《孔子以前的哲学》等。他翻译介绍克罗奇的史学名著《历史学的理论与实际》，想以此纠正中国传统史学“偏于‘记事’的弊病”。《世界史纲》是英国著名作家韦尔斯的重要著作，参与译校此书的十五人，多是崭露头角的青年学者和学术界的前辈名人，而且费时六七年方才完成，在当时堪称盛事。但是年轻的雷海宗却不畏权威，不随流俗，大胆提出批评意见。他通过详细的点评，指出此书“虽名为世界史，实只头绪错乱掺杂质的西洋史”，西方有鉴别能力的读者并不把此书当作历史，而是当作消遣书去读的，因此中国学者费时费力翻译此书真是“可惜”，因为这本书“恐怕是近来外书译品中最无价值的”。从这些文章中可以看出雷海宗是一个真正的学者，具有学者的博通、洞察力与胆识。

1931年，雷海宗转任武汉大学史学系及哲学系合聘教授。这一年，他发表了关于周伐商年代的研究成果《殷周年代考》，采用全新的方法，通过周密的考证，肯定了《竹书纪年》所记周朝建立为公元前1027年，盘庚迁殷为公元前1300年。这一成果受到国内外专家重视。关于周伐商的年代考定的问题，是一个非常典型的历史年代学课题，从汉代刘歆提出这一问题，到20世纪，加入研究武王伐纣之年队伍的不仅有中国学者，还有日本、欧洲和美国的学者。研究者在中外各种学术刊物上发表了大量论著，先后提出过不止一种结论。据江晓原教授在其《以天文学方法重现武王伐纣之准确年代及日程表》（《科学》1999年第51卷第5期）一文中的总结，大约有44种结论，其范围从公元前1130年到公元前1018年。雷海宗提出的公元前1027年，支持者有梁启超、莫非斯、陈梦家、高本汉、屈万里、何炳棣等人。雷海宗的依据是“按温带人类生理，普通四世当合百年”，他对已经确知的历朝各世君主在位的总年代予以统计，对此种观点加以证明，然后据此推断周朝建立当在公元前1030年与公元前1020年之间，最后推定周室元年是公元前1027年。江晓原教授根据天文学知识推算出武王伐纣是在公元前1047年，周朝建立是在公元前1044年，这是最新研究成果。对这一问题的研究是否成为定论仍有待检验。总之，武王伐纣年代考证是中国史学上的一道难题，雷海宗对这一课题的研究有其重要贡献，这是毋庸置疑的。

1932年，在蒋廷黻的推荐下，雷海宗返回母校清华大学，任历史系教授。这时，他放下欧洲历史的研究，全身心地去建立中国史学理论，并研究中国古代史。为了教学需要，他汇编了6卷本中国历史资料《中国通史选读》。1932—1937年间，他在《清华学报》《社会科学》杂志上发表了一些重要文章，内容包括历史循环论、中国皇位继承法、家族制度、中国的士兵等。其中的《皇帝制度的成立》《中国的兵》《无兵的文化》《世袭以外的大位承继法》《断代问题与中国历史的分期》《中国的家族》等，在1938年经他修改后，又加上《此次抗战在历史上的地位》与《建国——在望的第三周文化》两篇文章，合编为《中国文化与中国的兵》一书，1940年由商务印书馆出版。此书是雷海宗的代表作。

雷海宗研究历史有其与众不同之处，他不同于史料学派，以考证史实，整理史籍为主，而是要从历史研究中总结出理论，发表自己对中国前途的见解。正如他的弟子王敦书所说的，他是以一定的哲学观点来消化历史，解释历史，其历史研究自成体系。当然他对于乾嘉学派考据训诂的方法，也是有相当的理解并能运用的，但他认为历史不能仅仅满足于考据，而是要做到科学、哲学与艺术的统一。《中国文化与中国的兵》一书就已经体现了他的史学理论。

雷海宗的史学理论是受德国历史哲学家施宾格勒的影响，基于历史循环论而形成的，他称之为“文化形态史观”。这种历史观认为世界上存在着不同的文化区域，其发展演变有着彼此相似的规律。雷海宗在研究中国的文化与中国的兵时，就着意分析中国文化的发展线索，探讨其中的规律。

关于中国的兵，雷海宗认为汉代以前与以后有着根本的区别。春秋时代，与封建时代一样，中国“兵的主体仍是士族。所以春秋时代的军队仍可说是贵族阶级的军队。因为是贵族的，所以仍为传统封建贵族的侠义精神所支配。封建制度所造成的贵族，男子都以当兵为职务、为荣誉、为乐趣，不能当兵是莫大的羞耻。”

“由春秋时代到汉代的发展经过，总括一句，先是军民不分，后来军民分立，最后军民对立。”中国文化逐渐演变成一种“无兵的文化”。“无兵的文化”，是雷海宗对中国汉代以来传统文化的概括。他说：“‘好铁不打钉，好汉不当兵’的成语不知起于何时，但这种鄙视军人的心理，一定是由汉时开始发生的”；“汉代的问题实际是中国的永久问题。东汉以下兵的问题总未解决。”因此才有征兵、募兵、强迫当兵的演变，才雇用外国兵，中国只在极短时间内有过应付外敌的能力。在大多数情况下，则是勉强应付而已。

雷海宗对封建时代贵族阶级尚武精神极为赞赏，对后来丧失这种精神十分慨叹。他说中国汉代以后是“无兵的文化”，并不是事实上没有兵，而是指中国人丧失了那种为国而战，虽死犹荣的尚武精神。他期望中国能够恢复古时的传统，重新展示其辉煌。我们可以看出，雷海宗研究历史还有对现实的深切关怀，而不是仅仅为历史而研究历史。

三　抗战时期

抗日战争爆发后，雷海宗随清华大学转移到长沙，再到昆明，在由清华大学、南开大学和北京大学合并组成的西南联大任教授。1940 夏至 1946 年夏，雷海宗任历史系主任，讲授中世纪欧洲史、中国通史等课程。

何炳棣回忆称，雷海宗是真正兼具基督教和儒家品德的学人。据《国立西南联合大学史料》之三《教学·科研卷》记载，1938—1939 年，钱穆的中国通史列为甲组，雷海宗的通史列为乙组；1939—1940 年，吴晗授甲组中国通史，雷海宗的通史列为乙组；1942—1943 年，吴晗、孙毓棠、雷海宗分别讲授甲、乙、丙三组中国通史。当时的理由是甲组较详于史实与制度，最适合人文社科学生的需要；乙组史实及制度稍为简略，宏观视野及分析综合比较适合理工及不以历史为专业的学生的需要。但是实际上，其中必然也有轻重之分。这是因为当时的中国史学界，史料学派占有集团优势，理论学派很受轻视。据当时的学生后来回忆，如陈寅恪、吴晗等人都曾在公开场合对雷海宗表示不敬，但他都不与辩解。他的课被列为乙组或丙组时，正是他担任历史系主任之时。人们称赞他的“容忍”与“先人后己”，绝非虚誉。

雷海宗讲课也给学生留下深刻印象。王敦书说，他讲课极有条理，深入浅出，鞭辟入里，内容丰富，生动活泼。张寄谦等原先的清华学生回忆说，系主任雷海宗讲授殷周史、秦汉史以及西洋中古史，上课铃响，雷先生会准时推门进来；下课铃响，又正好讲到一个段落。他上课从不带讲稿、提纲，只带两支粉笔，所有人名、地名、年代、参考书都随手写在黑板上一字不差。他在参考书目中让学生读小说，说了解一个时代，仅凭历史事件不够，还要懂得它的文学、哲学等。许渊冲在其《诗书人生》一书中提到：听中国通史时，雷海宗先生口若悬河，滔滔不绝，年代数字，滚瓜烂熟，使同学们赞不绝口。

抗战时期，雷海宗最重要的活动是参加了所谓“战国策派”的活动。这个派别的名称来自于林同济、雷海宗等几位大学教授在昆明创办的刊物《战国策》，此刊从1940年4月到第二年7月共发行17期。刊物停刊后，又在重庆《大公报》开辟《战国》副刊，从1941年12月到第二年7月共出版13期。《战国策》与《战国》均为综合性刊物，但由于林同济与雷海宗根据历史循环论提出“战国时代”的概念，并为其他一些投稿者所称引，于是有一部分在这个刊物上发表文章的人被称为“战国策派”，在当时即被指为法西斯主义，并在以后长期受到批判与压制。这种将政治斗争引入学术研究，扣帽子、打棍子的作法，是特定历史时期的产物，早已被历史证明为荒谬的东西，许多正直的学者对此不屑一顾。但是在今天的中国大陆，仍有一些人不做研究与分析，在其教材与论著中仍然沿袭阶级斗争盛行时期的旧说，将雷海宗等人称为“战国策派”“反动教授”“法西斯主义者”。时至今日，这种现象也算得上是春天里的冬天了，只是当年的批判者还可以说是有政治觉悟，而现在的沿袭旧说者只不过是昏头昏脑不学无术而已。

1940年，雷海宗在《战国策》半月刊上发表文章，以后又在《大公报》的《战国》副刊上发表文章。他在这两个刊物上发表的文章共计七篇，包括：《张伯伦与楚怀王》《历史警觉的时限》《中外的春秋时代》《战国时代的怨女旷夫》《历史的形态——文化历程的讨论》《三个文化体系的形态——埃及·希腊罗马·欧西》《独具二周的中国文化——形态史学的看法》等。在这一时期，他的历史循环论和中国文化研究有了大批读者，受到人们的广泛注意。

1946年，雷海宗和林同济合出《文化形态史观》（上海大东书局）一书，其中收录了雷海宗在《战国策》与《战国》上发表的几篇文章（标题与内容都有修改与合并）。

雷海宗在《战国策》及《战国》上发表的文章不多，但他是“战国策派”的主将之一。战国策派思想的主要内容是关于“战国时代”的论述。“战国时代”的特点是“战国策派”思想家论述各种问题的基本出发点，而“战国时代”源于文化形态史观。同时，雷海宗用文化形态史学的观点提出“独具二周的中国文化”，这是他的独创。

雷海宗的文化形态史学的观点是：我们今天所能确切地知道的，五千年来在地球上出现过七个高等文化区域，它们是：埃及、巴比伦、印度、中国、希腊罗马、回教、欧西。他说：“历史是多元的，是在不同的时间与不同的地域各个独自产生与自由发展的。”“这许许多多时间与空间都不相同的历史单位，经过多人与多方的探讨，虽无人否认他们各有特殊点，然而历史进展大步骤的共同点，现在已逐渐成为学者所公认的现象。这种共同点，就是历史的形态。”他相信，在7个高等文化区域内，各个文化系统，在相互之间都有共同的形态，都可以区分为“封建时代”“贵族国家时代”“帝国主义时代”“大一统时代”“政治破裂与文化灭亡的末世”五个阶段。从政治、经济、社会、文化与精神等各个方面考察，每个文化形态所经历的五个阶段，都是一个产生、发展、兴盛、衰退与灭亡的循环周期。

雷海宗对三个文化体系的形态做了分析，他指出，埃及文化、希腊罗马文化都经过一周的循环，由产生、兴盛到完全灭亡。欧西文化尚未完成一周的循环。它经过了封建时代、贵族国家时代，此时已进入了帝国主义时代，这个时代尚未结束。“帝国主义时代”，也称为“战国时代”，特点是国际战争取代国内战争，而且战争规模巨大，空前残酷，战争的手段就是大屠杀，目的就是消灭敌国，演到最后，只剩二三大国做拼死的决战。

雷海宗根据历史循环论，认定一切过去的伟大文化都曾经经过一个周期的发展，由兴起、极盛、衰落，到灭亡。唯一的例外就是中国。中国的文化已经经历了两个周期的发展。这就是独具二周的中国文化，是雷海宗对中国文化发展演变的归纳。

雷海宗说，中国文化的第一周是从盘庚迁殷到淝水之战，是纯粹的华夏民族创造文化的时期。这个时期经历了五个阶段的发展，中国已经进入古代文化渐趋灭亡的时代。但是，公元 383 年的“淝水之战是一个决定历史命运的战争。当时胡人如果胜利，此后有否中国实为问题”。[①] 这个时候，“若按人类史的通例，可说已到灭亡时期。……但中国当亡不亡，经过几百年的酝酿后，竟又创出一个新的文化，可称为第二周的中国文化。”[②]中国文化的第二周从公元 383 年直到抗日战争，尚未结束。

本来，如果按照施宾格勒、汤因比的历史循环论，任何文化都只有一周的命运，最终都要由盛转衰，彻底消亡。雷海宗这位中国的历史循环论者，打破了这种观点，不仅大胆地提出了中国文化独具二周的说法，而且充满深情地瞻望中国文化第三周的到来。这是出于他对中国文化的热爱，对华夏民族的信心。他后来说过：“因自己是中国人，不愿承认中国一衰而不能再兴”，所以“自创了中国文化一定可以复兴的说法”[③]。

雷海宗把中国放在世界背景中去看，认为中国第二周的发展已经进入最后一个阶段，这就是从鸦片战争到抗日战争，这是又一个“文化破裂时代”。而欧西文化正当其“战国时代”，也就说处于衰弱时代的中国，面对着处在兴盛时代的西方文化。中国处在危险时刻。“我们能有他人所未曾有的第二周，已是‘得天独厚’，我们是不是能创出尤其未闻的新纪录，去建设一个第三周的伟局？”[④]这是雷海宗对中国的期待。雷海宗对中国历史的分期，服务于一个政治目的：相信中国可以建设第三周的文化，即中国文化一定可以复兴。雷海宗在历史研究中表现出的拳拳爱国之心，是值得后来的人们尊重与学习的。

四　抗战胜利到 1949 年

抗战胜利后，1946 年清华大学重返北平，雷海宗仍任历史系主任，

---

① 雷海宗：《中国文化与中国的兵》，商务印书馆 1940 年版，上编。

② 雷海宗：《独具二周的中国文化——形态史学的看法》，《大公报》1942 年 3 月 4 日副刊《战国》第 14 期。

③ 王敦书：《现代已故史学家：雷海宗》，《中国历史学年鉴（1982 年）》，人民出版社 1982 年版。

④ 雷海宗：《中国文化与中国的兵》，商务印书馆 1940 年版，上编。

并于1946—1947年担任过文学院代理院长。雷海宗并不是一个积极投身政治的人，而是一个知识广博，中外兼通的学者，是一个在大学认真教书和研究的教授。他的思想与共产党和国民党都有距离，但他承认国民党政府是中国统一的力量。所谓的“战国策派”的几位教授，尽管对国民党的腐败也提出严厉的批评，但都一致承认国民党政府为领导抗战的中心。这使他们受到共产党人的激烈批评。国民党人对他们则有不同的看法。雷海宗的学问与人品受到一些国民党高级官员的尊重。1948年，雷海宗在当时的教育部长朱家骅的支持下，创办了刊物《周论》。后来中国大陆有的教材称此刊为“反动刊物”，但是实际上这个刊物主要由大学教授撰稿，讨论政治问题、教育问题及其他问题，是一个校园刊物。这个刊物共出了44期。雷海宗在这个刊物上发表的文章有：《如此世界、如何中国》《副总统问题—— 一个历史的探讨》《全体主义与个体主义——中古哲学中与今日意识中的一个根本问题》《论老》《弱国外交与外交人才》《论中国的社会特质》《锦州——古今的重镇》等约十余篇。另外还有一篇《史地公民》，是各科教授针对学生考试写的指导性文章之一。

到1949年为止，雷海宗在各种刊物上发表的文章除了上面提到的以外还有：《雅乐与新声：一段音乐革命史》《司马迁与史学》《全体主义与个体主义与中国史学》《古代中国外交》《海战常识与太平洋大战》《中国古代制度》《近代战争中的人力与武器》《法属非洲——西方的第二战场》《世界战局的总检讨》《历史过去的释义》《春秋时代政治与社会》《东周秦汉间重农抑商的理论与政策》《章学诚与蓝鼎元〈饿乡记〉》《时间的悲哀》《两次大战后的世界人心》《欧美民族主义和前途》《理想与现实》《人生的境界（一）——释大我》等等。此外还有大量政论性杂文。

1948年，国民党政府撤离大陆时，曾动员雷海宗去台湾，并为他准备了飞机票。但是他决定留在北平清华园。这个决定是符合他一贯的政治态度的，他一直希望看到中国的统一与强大，国民党显然不能实现这一目标，而共产党做到了这一点，他没有理由追随国民党到台湾去，因为他并没有党派观念，他选择的是强大统一的中国。

五 1949年以后

1949年，中华人民共和国成立。雷海宗留在北京，继续他的教授生涯。他对于共产党的胜利是欢迎的，并真诚地想在共产党的领导下，开始新的人生。为此，他积极参加了土地改革、抗美援朝、思想改造等运动。参加编写了《土地改革与思想改造》一书（光明日报出版社 1951 年再版）。他开始认真学习马克思列宁主义的著作，对自己过去的历史观点和政治活动进行自我批判，并根据马克思主义的理论进行学术研究，发表了一些适应新时代的文章，如：《美帝“中国门户开放政策”的背景》《耶苏会——罗马教廷的别动队》《耶苏会的别动队活动》《中国近代史上宗教与梵蒂冈》《二十世纪的罗马教廷与帝国主义》《近代史上的梵蒂冈与世界罗马教》《古今华北的气候与农事》等。

1952 年，在全国高等学校院系调整中，雷海宗调任天津南开大学历史系教授和世界史研究室主任。他的工作主要是世界史学科建设，讲授世界上古史、世界近代史、物质文明史等课程。他编写的《世界上古史讲义》被教育部定为全国高校交流讲义。他发表的文章《上古中晚期亚欧大草原的游牧世界与土著世界》（1956 年）和《世界史分期与上古中古史中的一些问题》（1957 年）都有很高的学术价值。从后一篇文章可以看出，他开始运用马克思主义理论进行史学研究。在另一篇文章《对世界上古史改分区教学法为分段教学法的体会》（1956 年）中，他甚至对他过去采用的历史循环论进行了严厉的批评：“循环论在过去历史知识浅薄时，本是世界各地最流行的历史观，今天又成了帝国主义国家有意识有目的地宣传的反动历史观的一种，我们要极力避免即或是无意中给青年与此种历史观相类似的一种印象。”他在 1955 年编写的《世界上古史讲义》就已经全盘接受了马克思主义，按照五种社会形态来重新阐释世界历史了。

尽管他如此真诚地进行自我改造，而且很有可能在历史观上是做了违心的改变，但是，在阶级斗争的风暴中，他注定是难逃厄运的。这是因为他作为一个真正的学者，即使在形势所迫中能够有些变化，但他骨子里的东西是改变不了的。他总会在某些事情上说出他要说的真话。

1957 年，他在一次关于“百家争鸣”的教授座谈会上坦诚地谈了他对马克思主义与科学社会主义的一些认识，结果在《人民日报》上受到公开批判，随后被划为右派。关于这段历史，朱正在《1957 年的夏季：从百家争鸣到两家争鸣》一书第十三章《在知识分子成堆的地方》中是这样写的：南开大学历史系教授雷海宗 4 月 14 日在天津教授座谈“百家争鸣”的会上说：“对马克思和恩格斯树立的新的社会科学的看法，大家在理论上是一致的，承认马列主义应该发展，可是实际上是停止了发展，还停留在恩格斯死时 1895 年的地方。1895 年以后，列宁斯大林在个别问题上有新的提法，但他们主要谈当前革命问题。从了解整理几千年来人类历史经验，建立新的社会科学来说，基本上停留在 1895 年。教条主义者就是这样。马克思恩格斯生平也是经常修改他们的学说，他们注意到当时每一个社会科学部门的发展情况，掌握科学研究的材料和成果。可是以后人们就认为他们已解决了一切问题，社会科学不能再发展了。事实上并不如此。1895 年以后社会科学上新材料很多，对旧材料有很多新的认识。我们今天的任务，就是要把 1895 年到今天六十二年的课补上。这不是哪一个人个人的问题，而是整个社会主义阵营的问题，工作艰巨得很。……另外历史问题，如希腊史，六十二年来发现了好多材料。1890 年在埃及发现的雅典宪法，可以说明好多问题。这本书恩格斯未看到，他如果看到，他在《家庭、私有制和国家的起源》一书中在有些问题的提法上就会不同。社会科学是需要不断发展的；在理论上大家都这样说，在实践上却认为社会科学是停留在 1895 年的了。……我们要体会马克思恩格斯研究问题的方法，而不是光揣摩他们的结论。马克思恩格斯是掌握六十二年前的材料做出的结论，如果他们掌握了今天的材料，就会另作结论。如果拿六十二年前马恩研究希腊史时的结论来解决中国古代史问题，这当然解决不了问题，而只会把问题搞得越来越糊涂。”（1957 年 4 月 22 日《人民日报》）翦伯赞的《右派在历史学方面的反社会主义活动》一文批判了史学界的几个右派分子，第一个就是雷海宗：“雷海宗用一本所谓《雅典宪法》作武器，向马克思主义的历史科学进攻。他发表了荒谬绝伦的马克思主义停滞论、过时论和不合国情论等等陈腔滥调。他诬蔑地把社会主义国家的科学说成一钱不值，而在另一方面则把他心爱的资本主义国家的所谓‘社会科学’捧上了天。他说：‘整个社会主义阵营的社会科学太薄弱、太贫乏。’‘苏联历史科学水平之低是惊人的，苏联学者的著作，在资本主义学术界看来连评论的资格也够不上，可以说不是科学作品。’甚至说：马克思主义‘经典作家写历史的书很少，仅有几本也是赶任务的书’。而在资本主义国家则‘可以清楚地指出它有那些学派，那些代表性的著作。’又说：‘最近六十年来，世界（资本主义世界）的社会科学仍在不断地有新的发展，不断地增加新的材料，对旧材料不断地有新的认识新的解释。但这些对我们社会主义阵营的社会科学界来说是等于不存在的。我们今天仍满足于六十年到一百年前马克思和恩格斯在当时的认识条件和资料条件下对问题所说的个别的语句’。他对于马克思主义真是极尽诬蔑之能事。雷海宗的谬论，主要的是说马克思主义过了时，实际上过了时的，不是马克思主义而是资产阶级的所谓科学方法。慢说资产阶级已经临于没落的时代，就是在这个阶级的青年时代，资产阶级的所谓科学方法，也是像马克思所说的，‘好像是一匹笨重的驮马，面临本质与现象，结果与原因，就一筹莫展了’。而雷海宗却说这匹‘笨重的驮马’到了垂死的时候反而出现了一日千里的奇迹，岂不是神话。”翦伯赞不但批判了雷海宗的马克思主义停滞论，还批判了他对现实的一些看法：“对于党的领导雷海宗也放射了毒箭。他诬蔑‘中国知识分子一言不发的本领在全世界的历史上可以考第一名’。他说解放后知识分子‘一般地是一言不发的，或者只能希望他们发的一套假言’，大家请注意雷海宗在解放以后所说的都是‘假言’没有一句‘真话’，大家都知道历史学最基本的要求就是真实性，一个言不由衷的专说假话的人，怎么能给学生以正确的历史知识。我们希望他把心里的真话说出来。雷海宗在文章中还谈到不要党‘发号施令’，并威胁地说，不然，知识分子就要说假话，或者‘不在其位，不谋其政’地消极怠工了。”（1957 年 10 月 4 日《人民日报》）

以上只引用了翦伯赞的批判。相信对于 1957 年的反右运动有所了解的人，都不会因此而对翦伯赞有所苛责，因为在当时的高压之下，许多人都被迫参与了这样的批判，而且在批判中都不得不加重语气，上纲上线，给对方扣大帽子。如果对于当时的批判还有兴趣想知道更多的批判内容的话，可以查阅两本书：《雷海宗批判》（孙定国，上海人民出版社 1958 年版）和《批判雷海宗、李鸿哲的反动史学观点》（上海人民出版社 1958 年版）。其实，在今天看来，雷海宗的话并没有什么不妥之处，不仅不是反党，而且是对共产党真心实意地提意见，希望共产党的理论更强，事业更发展。还需要说的是，翦伯赞的批判已经是雷海宗受到批判几个月之后的事情，雷海宗在教授座谈会上发言之后，组织座谈的人民日报编辑部就将雷海宗的发言发表在《人民日报》上，并且加了编者按语，给予了批判。按语中认为雷海宗说的“列宁对于马克思主义只是‘在个别问题上有新的提法’，马克思主义‘基本上停留在 1895 年’”都是“违反了事实”，因为各国共产党都在发展马克思主义，中国共产党“也使马克思主义得到了新的发展”。雷海宗随即给《人民日报》写信，为自己辩解，并且重新阐明自己的观点，强调社会科学在总结近六十年的经验教训方面“几乎完全处在停滞状态之中”，“这个极不正常的局面，今天应当纠正”。人民日报当时提议就雷海宗的意见进行讨论，据说被毛泽东制止了。意见不必讨论，雷海宗被打成右派。

此后他的工资被减半，生活陷入困苦之中，健康状况急剧恶化。他的讲课受到限制，但他仍坚持科研、著述与翻译工作。1958 年后，他身患慢性肾炎，仍抱病讲课，并精心翻译施宾格勒《西方的没落》一书的重要章节，认真指导和校改王敦书《李维（罗马史）选》一书的译稿。

1961 年，雷海宗被摘掉右派帽子。他此时身患重病仍坚持为学生上课，讲授《外国史学名著选读》和《外国史学史》，直到 1962 年 11 月难以行动才停止。1962 年 12 月，雷海宗因尿毒症和心力衰竭而病故，享年仅 60 岁。

六　对雷海宗的评价

在抗日战争时期，雷海宗成为“战国策派”的一员，从此背负了“法西斯主义”“反动教授”等罪名；在 1957 年反右运动中，又戴上右派的帽子。生前如此，死后可知。长期以来，他几乎湮没不闻。偶尔其姓名披露于书刊，也是作为批判对象。当然这些不正常的现象只是出现在中国大陆，在港台及海外，学者们对于雷海宗及其史学研究仍持肯定态度。进入 20 世纪 80 年代后，随着政治形势的转变，雷海宗在中国大陆逐渐被重新提起，而且有人为之正名。1982 年，在《中国历史学年鉴》（人民出版社）上，他的弟子王敦书撰文对他作了客观的介绍。1990 年出版的《中国大百科全书·外国历史卷》也设有介绍雷海宗的条目。近年来，他的一些弟子、友人或者其他研究者发表了一些回忆或研究文章。雷海宗的著作也被整理出版：2001 年出版了《西洋文化史纲要》（上海古籍出版社），2002 年出版了《伯伦史学集》（中华书局）。对雷海宗的评价也发生了很大变化。2002 年 12 月 15 日，天津南开大学举办“雷海宗与 20 世纪中国史学”学术研讨会，纪念一代史学宗师雷海宗先生诞生一百周年。

雷海宗的确是一代史学宗师。宗师就是在学术上开创宗派的大师。他的宗派就是历史循环论，或文化形态史学。他是中国文化形态史学的第一人。雷海宗虽然是引进施宾格勒、汤因比等人的文化形态史观的第一人，但他关于中国文化第二周的观点，已经打破了西方的历史循环论，是一种全新的创造。尽管王敦书在评价他的导师雷海宗时还多少有所保留，在极力肯定其史学成就时，也因特殊原因要有所贬抑，指出他“与马克思主义的唯物史观是相径庭的”[①]，是“唯心主义”。但是这种贬抑在现时代已经没有多少意义了。如果从唯心史观出发研究史学，雷海宗就不会成为宗师。因为这方面的历史学家已经有不少人了。一些学者从中国史学的发展史来审视雷海宗，从传统史学或史料学派的优势地位，显现雷海宗独树一帜的重要意义。历史学家张国刚在其《雷海宗：一个学术史的解读》一文中对雷海宗的评价是：雷海宗的文化形态史观主要是气势如虹地提出了历史发展的宏观架构，应该属于中国近代史学学术史上里程碑式的人物，在中国史学近代化过程中具有开创性意义。美国科学院院士、历史学家何炳棣称他一生受雷海宗影响至深且钜。他说，经雷海宗修正以后的文化形态史观确颇有裨于中国通史的宏观析论。海内外的一些雷海宗的学生，在以后数十年间讲授史学都受其影响，有的在讲西洋史时沿用其体例，有的在讲授中国通史时采取雷海宗的看法。何炳棣对雷海宗的评价极高，这是从世界史学的宏观层面发表的见解：“遍观二十世纪治史或论史对象最‘大’的史家，施宾格勒外，如英国的汤因比，德国提出古代哲学‘轴心’时期的雅斯波斯（Karl Jaspers），中国之雷海宗，美国与我同僚及学术关系久而且深的麦克尼尔（William Hardy McNeill）等位，实际上无一不预觉到世界之进入‘大一统’局面，无一敢深信这行将一统世界的大帝国及其盟属能有最低必要的智慧、正义、不自私、精神、理想和长期控御无情高科技的力量而不为高科技力量所控御。今后全球规模大一统帝国继续发展演化下去是否能避免以往各大文化的最后没落与崩溃，正是关系全人类命运不能预卜的最大问题。治中国通史不能仅凭传统经史的训练，必须具有近现代世界眼光是无可否认的事实。”

中国史学研究领域仍然期待着出现雷海宗这样的一代宗师。

注：写于 2004 年 10 月

---

① 王敦书为《伯伦史学集》写的《前言》，见《伯伦史学集》，中华书局 2002 年版。

反腐败与政治监督学研究

中国反腐败的回顾与展望（1978—2008）

中国改革开放三十年来成就非常显著，与此同时，腐败的阴影也一直伴随着中国发展的脚步，反腐败斗争一直是中国政府的一项重大任务。研究腐败与反腐败的文章非常多，本文试从一个较为宏观的角度来对中国的腐败与反腐败作一回顾，并对前景作出展望。

一　中国腐败的分类

关于腐败的定义很多。本文对腐败的定义就是败坏，凡是对于规章、制度、法律、纪律、规范、风气等的败坏，就是腐败。这是一个宽泛的定义。在这一宽泛的定义之下，中国的腐败又可以分为政府腐败与社会腐败两类。这两类腐败的区别在于：政府腐败的主体是握有公共权力的官员，他们利用的是公共权力。社会腐败的主体则是社会上相对占有优势地位的人，这种优势地位的作用与公共权力有相通之处，都是人际关系中的影响力。①

1. 政府腐败

中国政府腐败分为两类：一是属于职务犯罪的腐败；二是属于不正之风的腐败。以 1997 年修订后的新刑法为准，官员的职务犯罪包含 3 类，第一类是贪污贿赂犯罪，中国刑法第八章用了 15 个条文，规定了 12 个罪名，包括：1. 贪污罪、2. 挪用公款罪、3. 受贿罪、4. 单位受贿罪、5. 行贿罪、6. 对单位行贿罪、7. 介绍贿赂罪、8. 单位行贿罪、9. 巨额财产来源不明罪、10. 隐瞒境外存款罪、11. 私分国有资产罪、12. 私分

① 吴丕主编：《中国反腐败——现状与理论研究》，黑龙江人民出版社 2003 年版，第 5 页。

罚没财物罪。凡是犯有这些罪的官员，就被称为腐败官员。（职务犯罪的另外两类是渎职罪与侵犯公民人身权利民主权利的犯罪）近年来，人们不断要求增加新的罪名以应付出现的新情况。例如，近年来有人主张增加性贿赂罪，有人主张渎职罪也算腐败，甚至有人提出将决策严重失误也算作腐败。也有人认为侵犯公民人身权利民主权利的犯罪也是腐败。这些都没有结论，现在还都不作为腐败犯罪。

所谓不正之风，指的是党风、政风、干部作风中的不良风气。1979年叶剑英在中华人民共和国成立30周年大会上的讲话中指出："要反对一切特殊化、走后门、损公利私、损人利己、压制批评、打击报复的不正之风。"[①] 这是最早提到不正之风的讲话。不正之风随时代发展而花样翻新，层出不穷。不正之风从性质上可分为违纪与违法（非严重违法，够不上大案要案或不追究刑事责任）。政府不将此类行为称为腐败，学者则试图用"小腐败""亚腐败""隐形腐败"等提法予以概括。在本文中，政府腐败一词包含政府中的腐败与不正之风。

2. 社会腐败

社会腐败是非公共权力腐败，也是非政府腐败。是与政府相对的社会上的腐败。社会腐败有的是风气不正，有的是恶劣行为。例如，医生收取患者的红包、监考教师与考生一同作弊、学者剽窃论文、科技工作者为骗子鼓吹、新闻媒体的有偿新闻、体育裁判受贿而"吹黑哨"等等，这类行为被称为医疗腐败、教育腐败、学术腐败、科技腐败、体育腐败等，他们的主体大多不是掌握权力的官员。我们把这一类腐败归入社会腐败。[②] 社会腐败也是随社会发展而不断变化的，也是中国一大问题。

3. 政府腐败与社会腐败的联系

关于社会腐败与政府腐败（也称为政治腐败、权力腐败）的联系，我认为："社会腐败是对权力腐败的模仿，是'官本位'的扩大化，是特权意识的产物，是社会不平等的产物。社会腐败在三个方面模仿权力腐败：一是人际关系上的不平等，二是制度上的不透明，三是行为上的不规范。……官员腐败的示范作用是重要条件。这种示范就是用其行动告诉人们，你在社会上的优越地位或职位，哪怕仅仅是一时的，都可以成为一种

① 《新时期反腐败斗争大事记》，中共党史出版社2005年版，第5页。

② 吴丕主编：《中国反腐败——现状与理论研究》，黑龙江人民出版社2003年版，第5页。

资源，用来获取不义之财。”① 将社会腐败归之为权力腐败的影响，并不是我的发现。邓小平在1979年11月谈到干部特殊化时就指出：“这不单是一个党风问题，而且形成了一种社会风气，成了一个社会问题。”② 因此邓小平多次说过：“只有搞好党风，才能转变社会风气。”③

二 中国反腐败的认识过程和相关措施

既然社会腐败是从党风开始的，那么，党风是如何变坏的呢？1983年2月14日中共中央《关于加强党员教育工作的通知》指出，党内不正之风的来源是：“文革”流毒、资本主义腐蚀、封建主义思想影响。邓小平在1989年谈到腐败问题时指出，“我们最大的失误是在教育方面。”他认为，中共如果重视教育，就能保持艰苦奋斗的传统，就能抗得住腐败。④ 关于腐败产生的原因，学者还有多种解释，本文不涉及。

1. 从抓党风开始到全面反对不正之风

中共主要领导人对腐败保持着比较清醒的头脑，对于反腐败工作一直十分重视，反腐败的力度不断加大。

1977年7月21日，邓小平在党的十届三中全会上讲话指出：要搞好我们的党风、军风、民风，关键是要搞好党风。⑤中共于1978年恢复中央纪律检查委员会，开始用党纪整顿党本身。1979年叶剑英在庆祝中华人民共和国成立30周年大会的讲话中提出“不正之风”一词。1980年11月中纪委在北京召开第三次贯彻《关于党内政治生活的若干准则》座谈会，当时的中纪委第一书记陈云提出“执政党的党风问题是有关党的生死存亡的问题”。⑥ 1982年陈云针对反映广东走私猖獗的信访简报上批示要打击“严重的经济犯罪分子”。1982年8月13日中纪委第四次全体会议审议并通过了向中共第十二次全国代表大会的工作报告，报告指出，资

① 吴丕主编：《中国反腐败——现状与理论研究》，黑龙江人民出版社2003年版，第6页。

② 《新时期反腐败斗争大事记》，中共党史出版社2005年版，第6页。

③ 同上书，第2页。

④ 同上书，第70页。

⑤ 李雪勤：《新世纪反腐败思路：民主与改革》，中国方正出版社2001年版，第353页。

⑥ 《新时期反腐败斗争大事记》，中共党史出版社2005年版，第12页。

本主义思想腐蚀和社会主义反腐蚀的斗争，在我国社会主义发展阶段，将不可避免地要长期进行下去。反腐蚀斗争是关系到我们国家盛衰兴亡，关系到我国社会主义现代化建设成败，关系到我们党是否会变颜色的重大问题。①

1985 年 11 月 26 日中办与国办发出《关于解决当前机关作风中几个严重问题的通知》，其中对以前经常提到的不正之风使用了“腐败现象”一词。1986 年 1 月王兆国在中央机关干部大会上讲话，指出“党风不正是一种消极现象”，提出要“端正党风、纠正不正之风、清除腐败现象”。这是最早将腐败与不正之风划分开来。但截至 1988 年，即在改革开放的前 10 年，虽然已经提出“腐败现象”这样的词，但中共在反腐败方面主要还是反不正之风。对于经济犯罪也是视为不正之风的。因此这一时期有关反不正之风的文件特别多。②

2. 形成反腐败抓三项工作的格局

中共真正强调反腐败是从 1989 年开始的。将“不正之风”与“腐败”严格区别开来是在 1993 年。当年 6 月 16 日当时的中纪委书记尉健行在北京市第六次廉政工作会议上讲话说，反腐败要抓两手：一是严肃惩治腐败分子，二是要坚决克服各种消极腐败现象，包括纠正部门和行业不正之风。③“消极腐败”之说显然是从王兆国所说的“不正之风是一种消极现象”而来的，但是，“消极”是什么意思？实际上很多干部搞起不正之风来，往往是非常积极的。

同年 8 月，中央纪委第二次全体会议提出：“反腐败必须抓好两方面的任务：一是坚决惩治腐败分子，二是要坚决克服各种消极腐败现象，包括纠正不正之风。全党要着重抓好三项工作：第一，党政机关领导要带头廉洁自律；第二，查办一批大案要案；第三，狠刹几股群众反映强烈的不正之风。”④ 从此形成了中共反腐败抓三项工作的格局。也将腐败与不正之风严格区别开来。到后来，中共与政府文件中，一般不再把不正之风称为腐败。而且由于腐败日益严重，而中共反腐败力量有限，因此相对而言，对于不正之风的纠正，则用力不够。

---

① 《新时期反腐败斗争大事记》，中共党史出版社 2005 年版，第 20 页。

② 同上书，第 5、16—17、20、43、47 页。

③ 同上书，第 111 页。

④ 同上书，第 117 页。

作为执政党，中共高层对于腐败的认识是正确的，对于反腐败是非常重视的。但是对于社会腐败的认识仍然没有达到应有的高度。

3. 反腐败的积极措施

中共高层对于反腐败不仅有清醒的认识，而且采取了积极的行动。1978 年恢复了党的纪律检查委员会。1987 年恢复了国家监察部。为了纠正不正之风，还在国务院设置了纠正不正之风办公室。检察院系统也为反腐败做了大量工作。毫无疑问，说中共改革开放后三十年反腐败竭尽全力并不为过。反腐败所采取或采取过的方法、方式、手段大概也是全世界最多的。所处理（刑事处分或纪律处分或行政处分）的党员干部数量之多也是惊人的，其中高官的数量越来越多。

中共反腐败的总体构思与框架建设也在不断发展和完善。邓小平早就提出要一手抓经济建设，一手抓反腐败，把反腐败提到很高的地位。1993 年中国形成一面抓廉政建设，一面抓大案要案，一面抓纠正不正之风的反腐败格局。

2002 年中共十六大是反腐败的一个新起点。此后在法律制度建设方面有了很大发展。制定和颁布了《中华人民共和国行政许可法》（2003）、《中国共产党党内监督条例（试行）》（2004）、《中国共产党纪律处分条例》（2004）、《中国共产党党员权利保障条例》（2004）、《中华人民共和国行政监察法实施条例》（2004）、《中华人民共和国公务员法》（2005）、《中华人民共和国各级人民代表大会常务委员会监督法》（2006）、《中华人民共和国行政复议法实施条例》（2007）等党内条规和国家法律法规及其配套规定和办法。

2003 年 12 月，中国由监察部、外交部委派代表签署了《联合国反腐败公约》，中国积极参与国际反腐败工作，将会有助于中国国内反腐败工作。

2005 年初中共中央颁布了《建立健全教育、制度、监督并重的惩治和预防腐败体系实施纲要》。中共的目标是要在不远的将来建立一个惩治和预防腐败体系。2007 年 9 月 13 日，国家预防腐败局成立，这是落实上述实施纲要的一个举措。估计实施纲要所制订的反腐败体系最快将在 2020 年建成。总体看来，中共反腐败已经形成一套作法，并且不断发展，有较为清晰的目标。

三 中国腐败的治理效果

在对治理腐败的效果进行评估时，我将引用中共的自我评价，采用一些现成的调查报告数据。我也会根据自己的观察适当进行分析。我将中国反腐败的进程分为三个阶段，分别就三个阶段的反腐败效果予以评价。

1. 中国治理腐败的第一个10年（1978—1988）

这里采用邓小平的评价。邓小平在1989年5月31日的谈话中说："要扎扎实实做几件事情，体现出我们是真正反腐败，不是假的。……腐败的事情，随便一抓就能抓到重要的案件，就是我们下不了手。这就丧失人心，使人们以为我们在包庇腐败。"① 同年6月16日邓小平同中共中央领导谈话时说："这个党该抓了，不抓不行了。我们一手抓改革开放，一手抓惩治腐败"。②"我们下不了手"，是对第一个10年反腐败工作的一个总结。

2. 中国治理腐败的第二个10年（1989—1998）

中纪委书记尉健行在1998年11月25日会见越南共产党代表团时说：反腐败是关系到我们党和国家生死存亡的严重政治斗争。反腐败是一项长期、艰巨、复杂的斗争。③ 尽管中共对于反腐败斗争高度重视，做了大量的工作，但是两个10年过去，腐败仍然非常严重。中共认识到反腐败是长期、艰巨、复杂的斗争，准备与腐败打持久战。

3. 中国治理腐败的第三个10年（1999—2008）

这个时期的情况，我想通过数据及图表来说明。

（1）城镇居民对腐败的关注程度

根据零点公司于1999年至2007年连续9年提出的《中国居民生活质量指数报告》对历年市民关注的国内社会热点问题予以排序，"廉政建设"是其中一个热点问题。根据排序表得知：1999年廉政建设问题排在市民最关心社会问题的第2位，2000年排在第5位，2001年排在第6位，2003年排在第7位，从2004年起，这一问题已经排在前七位之外了。但是，市民对廉政建设的关注率（这四年分别为14.7%、29.0%、15.4%和

---

① 《新时期反腐败斗争大事记》，中共党史出版社2005年版，第70页。

② 同上书，第71页。

③ 同上书，第221页。

20.7%）并没有明显降低。可以解释的原因是其他社会问题的严重性影响了市民对廉政建设的关注。[①]（见表1）

表1　1999—2006年城市居民关注的国内社会热点问题排序（前7位）

	1999年	2000年	2001年	2002年	2003年	2004年	2005年	2006年
1	失业下岗（21.6%）	环境保护（49.2%）	下岗就业（45.2%）	下岗就业（52.9%）	下岗就业（39.7%）	下岗就业（40.7%）	下岗就业（37.9%）	社会保障（37.9%）
2	廉政建设（14.7%）	失业下岗（43.7%）	环境保护（41.3%）	社会保障（34.5%）	社会保障（32.1%）	经济发展水平（32.0%）	社会保障（35.7%）	下岗就业（32.5%）
3	经济增长（11.1%）	子女教育（34.7%）	社会保障（32.6%）	环境保护（29.5%）	住房改革（31.6%）	住房改革（31.0%）	住房改革（32.8%）	住房改革（29.3%）
4	环保问题（5.6%）	社会治安（33.4%）	经济增长（25.8%）	医疗制度改革（26.3%）	环境保护（24.3%）	社会保障（30.2%）	环境保护（23.1%）	环境保护（28.2%）
5	社会治安（5.4%）	廉政建设（29.0%）	住房改革（25.8%）	经济增长（25.7%）	经济增长（22.7%）	环境保护（41.3%）	医疗制度改革（22.7%）	医疗制度改革（22.9%）
6	就业问题（3.6%）	经济增长（20.2%）	廉政建设（15.4%）	住房改革（23.1%）	医疗制度改革（21.4%）	青少年教育（19.0%）	经济发展水平（21.3%）	经济发展水平（21.7%）
7	人口问题（3.3%）	养老问题（19.3%）	社会治安（15.2%）	青少年教育（20.6%）	廉政建设（20.7%）	社会治安（18.3%）	社会治安（18.3%）	社会治安（20.8%）

注：表中所列数据为关注率，关注率是按照关注程度使用限选三项的答法计算出的。资料来源：零点研究咨询集团历年《中国居民生活质量指数报告》。

（2）领导干部对腐败的关注程度

“中国社会形势分析与预测课题组”2007年对在中央党校学习的部分地（厅）级领导干部进行了问卷调查。领导干部无论是对2007年存在的“最严重社会问题”还是对“必须注意解决好的问题”，都将“腐败”排在第二位。[②]（见表2）

表2　2007年领导干部最关心的社会问题

	认为最严重的社会问题		认为必须注意解决好的问题	
排序	问题	关注率（%）	问题	关注率（%）
1	居民收入差距	64.9	居民收入差距	66.1

① 汝信等主编：《2007年：中国社会形势分析与预测》，社会科学文献出版社2006年版。

② 同上。

续表

	认为最严重的社会问题		认为必须注意解决好的问题	
排序	问题	关注率（%）	问题	关注率（%）
2	腐败	51.9	腐败	62.8
3	看病难与看病贵	42.9	社会风气	54.4
4	物价	42.1	地区发展差距问题	41.3
5	社会风气	40.2	贫困问题	34.5
6	地区发展差距问题	27.2	失业问题	32.3

注：本文作者根据“中国社会形势分析与预测课题组”提供的有关数据编制。

（3）学者群体对腐败的关注程度

广东省省情调查研究中心于2006年开始进行“广东专家学者群体十大关注问题调查”，2008年再次对列入该中心专家库的各个领域专家学者进行了抽样问卷调查。在两次调查报告中，“反腐败”分别名列第二和第一位。(见表3)

表3　　广东专家学者群体关注的十大社会问题

	2006年		2008年	
排序	问题	关注率（%）	问题	关注率（%）
1	公民道德素质建设	62.0	反腐败	64.3
2	反腐败	61.3	公民道德素质建设	60.7
3	医风、药价、医疗安全与群众“看病难”问题	57.8	通货膨胀	54.8
4	政治体制改革	53.1	房价问题	48.8
5	社会治安	44.3	社会保障	45.2
6	教育问题	43.9	继续解放思想，推动改革开放深入发展	44
7	文化大省建设	42.1	贫富差距	40.5
8	党的执政能力建设	35.8	司法公正	38.1
9	传媒的公信力问题	32.3	社会治安	36.9
10	理论与技术创新	29.8	传媒的公信力问题	35.7

注：本文作者根据中国网（http：//www.china.com.cn）2008年2月27日报道编制。

（4）国际透明组织（TI）的腐败排行榜（CPI）

总部设在德国柏林的“国际透明组织”（Transparency International，简写作TI）自1995年起，每年年底发布腐败排行榜（Corruption Perception Index，简写作CPI），对于各国（地区）的腐败情况进行评估，各给予分值（10 分最高，表示最廉洁，分值越小，腐败程度越严重），并排出名次。从 13 年的 CPI 看，中国在榜上的绝对名次有缓慢的提高。(见表 4)

表 4　　国际透明组织（TI）腐败排行榜（CPI）中国地位分析

年度	当年榜上国家（地区）总数	中国在榜上的名次	中国得分	中国绝对名次
1995	41	40	2. 16	95
1996	54	50	2. 43	92
1997	52	41	2. 88	78
1998	85	52	3. 5	61
1999	99	58	3. 4	59
2000	90	63	3. 1	70
2001	91	58	3. 5	64
2002	102	59	3. 5	58
2003	133	66	3. 4	50
2004	146	71	3. 4	49
2005	159	78	3. 2	49
2006	163	70	3. 3	43
2007	179	72	3. 5	40

注：(1) 本文作者根据 TI 历年 CPI 编制。(2) 绝对名次是将每年榜上全部国家（地区）总数设为 100，计算得出的中国在其中的名次。这是本文作者计算得出的。

根据上表中中国的绝对名次，制作出中国腐败地位升降图（见图 1）。图的左边 1—100 表示腐败排行榜的排序（将原来的国家总数转化为 100，越往上廉洁度越高，越往下越低），图的上边是年份。此图反映了中国从 1995—2007 年在榜上的地位变化。

可以看出，中国的地位逐渐上升，说明反腐败有一定效果。但是必须注意到：一是中国历年得分还都过低。一般说来，得 60 分可以算及格，世界上较为发达的国家都在 60 分以上。而中国 1998 年是 3. 5 分，到了 2007 年还是 3. 5 分。从得分上看，中国没有进步。那么中国为什么又在图中显示为逐渐上升呢？这是因为每年列入榜上的国家（地区）数量在增加。而后来增加的基本上都是落后国家，其腐败程度绝大多数甚于中国，这样才显得中国的地位在上升。此图说明中国官员腐败的情况并没有明显改善。

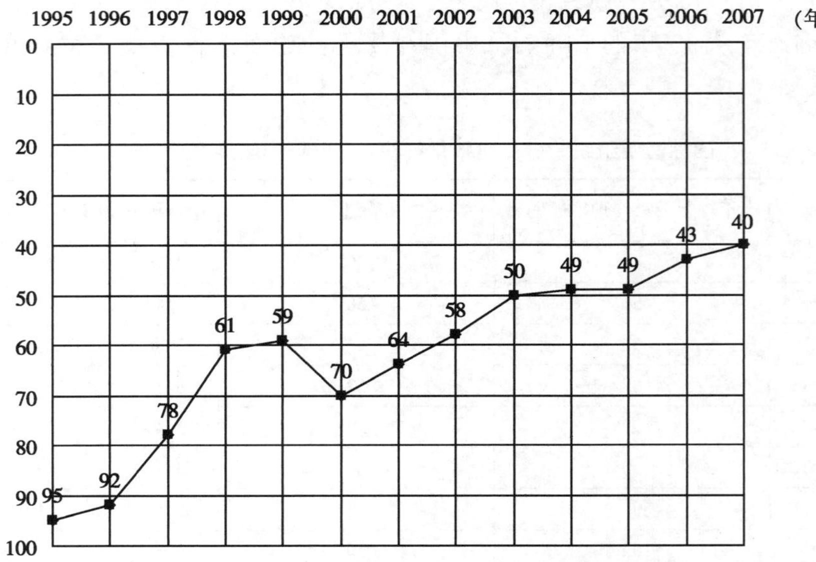

图 1 根据 CPI 所得出的中国腐败升降示意图

注：本文作者编制。

（5）几组反映中国腐败的数字

a. 来自反腐败成果中的数字

据报道，2008 年 3 月 10 日十一届全国人大一次会议举行第三次全体会议，最高人民检察院检察长贾春旺在其工作报告中指出，5 年来立案侦查贪污贿赂、渎职侵权犯罪案件 179696 件 209487 人，比前 5 年分别下降 13. 2%和 9. 9%。除正在侦查、审查起诉和审判尚未终结的以外，已被判决有罪的 116627 人，比 5 年前上升 30. 7%。立案侦查贪污受贿十万元以上、挪用公款百万元以上案件 35255 件，涉嫌犯罪的县处级以上国家工作人员 13929 人，其中厅局级 930 人、省部级 35 人。大案、要案占立案数的比例分别从 2003 年的 46. 8%和 6. 3%上升为 2007 年的 58. 3%和 6. 6%。抓获外逃职务犯罪嫌疑人 4547 人，追缴赃款赃物 244. 8 亿多元。5 年来共立案侦查渎职侵权犯罪案件 34973 件 42010 人，其中已被判决有罪的 16060 人 ，是前 5 年的 2. 3 倍。

从 2003 年至 2007 年，因职务犯罪被判刑的官员逐年增多（见表 6）。这些数据表明，中国反腐败成果巨大，同时，腐败程度也越来越严重。

表 6　　2003—2007 年职务犯罪案件有罪判决情况

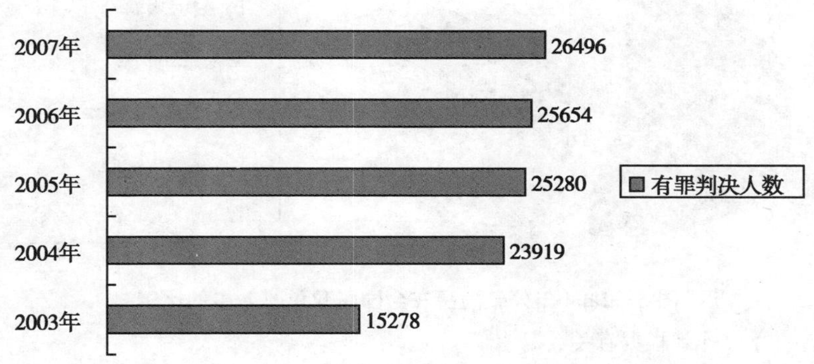

注：郑悦编制，新华社发。

b. 有关公款消费的三组数字

在不正之风中，公款消费是 30 年来中共和政府及社会普通关注的不正之风，中共和政府每年都要下发很多文件予以纠正。但是，有几组数字表明，这一问题不仅没有解决，反而愈来愈严重。这里仅举其中一组数据。

2006 年 8 月 10 日《中国证券报》发表了一篇题为《收入分配体制改革：一场“静悄悄的”革命》的研究报告，报告的提交者是“国家信息中心经济预测部宏观政策动向课题组”的范剑平、高辉清、胡少维等人。这是一篇权威的研究报告，其中揭示：“根据有关资料，2004 年全国公款吃喝 3700 亿元，公车消费 3986 亿元，公款出境旅游 2400 亿元，公款赌资外流 2000 亿元，合计 12086 亿元。”2004 年我国财政收入为 26396.47 亿元，公款消费所占比例惊人。(见图 3)

另外，根据《中国财政年鉴（2005）》，2004 年中国教育支出为 3365.94 亿元，国防支出为 2117.01 亿元，前者少于公款吃喝支出，后者少于公款出境旅游支出。更多资料显示，中国公款消费的数字逐年快速上升，浪费极为严重。虽然这里以 2004 年为例，但其后的几年，这些数字仍然居高不下。

以上资料显示，中国在经济发展的同时，腐败程度仍然很严重。不正之风和职务犯罪的腐败都很严重。与此同时，社会腐败也在加重。

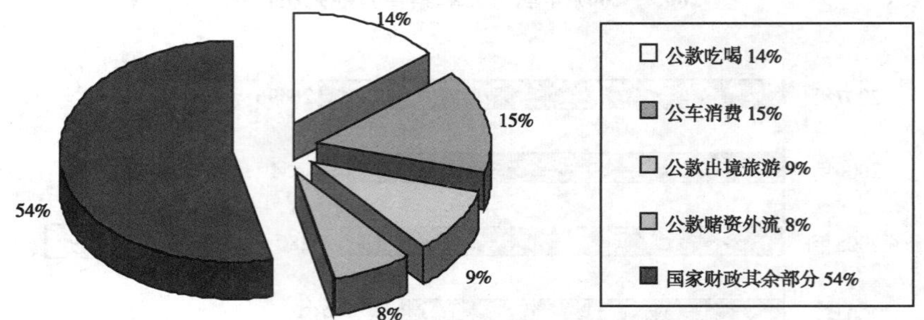

图 3　2004 年公款消费在全国财政总收入中的比例

注：本文作者根据有关数据编制。

四　中国治理腐败的前景预测

中国反腐败确实取得了很大的成果，同时，腐败仍然非常严重，反腐败任重而道远。那么，中国反腐败在将来会取得怎样的效果呢？要对将来进行预测，除了了解以前腐败与反腐败的情况，还必须了解有哪些因素制约和影响中国的反腐败。这些因素中的重要部分包括：（1）反腐败的主导者。中共中央对于腐败与反腐败有清醒的认识，制订了反腐败的整体规划。（2）社会力量。中国反腐败的社会力量所能发挥的作用有限。其中知识分子态度的变化值得关注。从近二十年的情况看来，以前那种忧国忧民批评政府的激烈态度，在当今知识分子中已经罕见。与知识分子一样发生变化的是工农大众。他们为下岗失业、物价上涨、教育费用不断攀升等不断出现的问题所困扰，已经自顾不暇，来自于他们的监督和压力也减弱了不少。另外，市民社会难以形成，对于分散的公民而言，监督政党和政府就是软弱无力的。（3）新闻媒体。在美国等发达国家，新闻媒体被称为“第四权力”。但在中国，新闻媒体对党和政府的监督作用还是非常有限的。（4）反腐败措施。由于外部压力不足，政府的反腐败措施就存在两个问题，一是应当制订的法律不能及时制订；二是已经制订的法律措施不能收到好的效果。（5）政治民主化。中国的政治民主化也将要经过漫长的时期才有可能形成。（6）改革与稳定。中国的改革采取渐进方式是正确的选择。因而反腐败要走的是法制化的道路，是一条稳扎稳打，步步为营的方式。我们不能期望它迅速见效，何况稳定是压倒一切的。（7）社会腐败将逐渐进入一个相对稳定期。民众会接受“潜规则”，使腐败成为一种生活方式。整个社会对于腐败的容忍度会逐渐提高，并在相当长的时期内保持一定水平。

通过对三十年腐败与反腐败的回顾和对反腐败要素的考察，现在可以尝试对未来反腐败前景做一个预测了。显然，在下一个10年，情况不会有太大变化，因为那时中共设计的反腐败惩治与预防体系才刚刚形成，还不可能充分发挥作用。即使在下一个20年情况也不容乐观，这是中国的政治制度所决定的。也就是说，到2028年：（1）党内不正之风不可能好转，甚至会更坏。各类新的不正之风会层出不穷，政府内的“官本位”现象依然严重，以权谋私现象仍很普遍。（2）中国的社会风气不可能根本好转，甚至会加深。找关系、走后门、请客送礼、奢侈腐化、弄虚作假等不良风气弥漫社会，不按照“潜规则”行事将寸步难行。（3）官员职务犯罪会更严重，涉及官员的级别会更高，涉案金额也会更多，犯罪官员文化水平更高，犯罪手段更高明，防范更难，打击更难。（4）市民、官员、学者对腐败与反腐败的关注率会有所降低。但无论如何，腐败与反腐败都仍将是重要的社会问题之一。这些预测不那么鼓舞人心，但我们必须清醒地认识到，中国的腐败正处于一个上升时期，还没有达到顶点；反腐败的斗争仍处于探索阶段，还没有建立完整的可靠的反腐与防腐体系。而这一体系的建立并充分发挥作用还需要相当长的时间，估计需要30—50年甚至更长的时间，那时，中国的反腐败力量将胜过腐败的发展，从而能够基本遏制腐败现象的蔓延。

五　结论

中国的反腐败斗争是长期的、艰巨的、复杂的，这是中共经过长期的反腐败斗争得到的认识。《建立健全教育、制度、监督并重的惩治和预防腐败体系实施纲要》中也指出：“党越是长期执政，反腐倡廉的任务越艰巨”，这个认识无疑是正确的。我相信中共反腐败的诚意和决心，相信我国的反腐败斗争将会不断取得更大成果，但是对于反腐败的前景，必须慎重地做出预测。我的预测是建立在相信中共领导地位长期不变、相信政治民主化和反腐败规划都能顺利开展的前提下。中共正在努力建立一种前所未有的新型民主。世界各国的治国方式不必统一，也没有全球通用的民主模式。中国的尝试有可能为人类社会提供另外一种比西方国家更好的民主模式，能够建立更加廉洁的政党和政府。在苏联与东欧国家社会主义试验失败之后，中共能够灵活地转变策略，走上改革之路，而且取得巨大成功。那么，在反腐败方面，也有可能取得成功。我们期待着这种成功。

注：写于2008年4月，修改于2009年

“腐败排行榜”与中国反腐败

当今世界处于急剧变化和发展的时代，经济发展尤其为各国政府所高度重视。推动经济发展需要解决许多问题，其中，政府腐败问题显得非常突出。它不仅受到各国政府、公众、学者专家、新闻媒介以及民间组织的广泛关注，而且，自从20世纪90年代以来，国际社会和国际组织就愈来愈重视腐败问题。可以说，当今世界的一个明显特点就是腐败已经成为国际性难题。有关反腐败的国际交流与国际合作已经进入起步阶段，在21世纪初必将有更大的发展。在这样的背景下，一个国家的反腐败工作必须与国际社会发生联系，从国际社会获得有关反腐败的大量信息，接受国际社会的监督，加强与国际社会的合作。这对于一个国家改善国家形象，提高国际地位，净化投资环境、推动经济发展，有着重要意义。本文拟就国际反腐败的现状与中国反腐败的关系做一些探讨，主要讨论的是“国际透明组织”及其“腐败排行榜”与中国反腐败的联系；并由此涉及国际反腐败的发展趋势和中国在迎接新世纪之际应当采取的态度与行动。

一　“国际透明组织”与“腐败排行榜”

1. “国际透明组织”

“国际透明组织”[①] 的英文名称是Transparency International，简称TI，成立于1993年，是一个非政府、非营利、无政治倾向、国际性的民间组织。它以推动国际与各国反腐败为其活动宗旨，是目前世界上唯一的专以反腐败为目的的组织。它的总部设在德国柏林。现任主席是德国人彼得·

① 补注：现在较多使用的译名为“透明国际”。

艾根（Peter Eigen），他是律师出身，长期任职于世界银行，曾在非洲与拉美国家从事推动经济发展的工作，也在一些大学教授法律。总部的其他负责人和工作人员是来自世界各地的具有丰富经验与专业知识的人士，其中包括律师、企业管理人员、经济学家、会计师、外交官员等等。

“国际透明组织”成立6年来做了大量工作，主要是：主持或参与国际性或地区性反腐败会议；推动该组织各国支部成立；出版大量有关反腐败的出版物；定期出版《TI通讯》及其他刊物；建立自己的网站，发布有关反腐败的信息；每年发布一期“腐败排行榜”，等等。其中“腐败排行榜”已经在全世界产生了巨大影响。

2. “腐败排行榜”

“腐败排行榜”的英文名称是 Corruption Perception Index，简称CPI。译为“腐败印象指数表”较为准确。国内一些报刊在报道中将它译为“腐败排行榜”，这种译法形象直观、通俗明白，也完全符合实际情况，所以本文采用这一译名。

“腐败排行榜”从1995年起，每年年底发布一期。1999年10月发布的是第5个年度的“腐败排行榜”。[①]

“腐败排行榜”是将各国依其政府官员在国际商务活动中的腐败程度排列名次。其具体操作是由大学教授和有关专家学者根据世界上最重要的、著名的、权威性的调查报告，对各国政府进行评议，给出分数，然后排列先后。因此，它号称是“民意调查中的民意调查”（Poll of Polls）。这些作为评估依据的调查报告包括“国际民意测验组织”（GALLUP，即“盖洛普”）的《年度调查报告》、“政治与经济风险组织”的《亚洲情报专辑》、“世界经济论坛”的《全球竞争力报告》与《非洲竞争力报告》、世界银行与巴塞尔大学的《世界发展报告：私营部门调查》等等。所有这些报告都可以从互联网上公开获得。可以肯定地说，“腐败排行榜”是建立在公正的态度与科学的方法之上的，反映的内容是真实可信的。

“腐败排行榜”已有固定的格式。每个国家在榜上占一行，一行之中

① 补注：由于本文写作与发表时间较早，文中提及的“腐败排行榜”只包括1995—1999年。笔者另有《政治监督学》教材出版（北京大学出版社预计将于2019年出版第二版），其中列举1995—2017年的“腐败排行榜”的主要信息，读者如果需要，可以查阅。也可直接到国际透明组织官网查看。

分为5栏，其内容依次为：排列名次、国家名称、得分、标准偏差率、采用调查报告数量。其中"得分"是10分制[①]：10分为最高分，表示最廉洁；0分为最低分，表示最腐败。需要说明的是这个分数是"印象分"，反映的是参加调查的各国商界人士、经济与法律等方面的专家以及普通公众的感觉和评判；这种感觉和评判反映在各种不同的调查报告中，又由一批学者专家从中提出，加以综合评估，最后成为"腐败排行榜"上的"得分"。榜上的排名次序就是依据分数高低排出的。"标准偏差率"(Standard Deviation)表示的是各调查报告之间的差距，数字越大，说明各调查报告对某一国家的评判差别越大。"采用调查报告数量"是指针对每一国家进行评估时所依据的调查报告数量。从1999年的"腐败排行榜"来看，针对各个国家采用的调查报告最少的是3个，最多的是14个。这是因为各种调查报告所涉及的国家范围不同，大部分国家都只在一部分调查报告中被涉及。"腐败排行榜"上得分相同的国家，再参考"标准偏差率"和"采用调查报告数量"排列先后。

"采用调查报告数量"在1995年最多只有7份，以后每年都有增加。因为这一原因，列名榜上的国家数量也逐年增加。1995年的"腐败排行榜"上只列出41个国家，到1999年增加到99个。

二　分析"腐败排行榜"与中国反腐败

1. 历年的"腐败排行榜"反映了中国的不断进步

1999年"腐败排行榜"包含99个国家，中国在榜上名列第59名，得分为3.4，针对中国使用了11份调查报告（表上各国最少使用3份，最多为14份），标准偏差率为0.7（表上各国最低为0.3，最高为1.4）[②]。

中国在1999年的第59名，同它在1998年的第52名相比，表面看来中国是退步了，其实不然，中国是有明显进步的。而且，中国在连续5年的"腐败排行榜"上，排列位置是逐年上升的，说明中国的腐败状况逐年有所改善。

① 补注：2012年起改为百分制。

② 补注：透明国际官网现在是：https://www.transparency.org/。

表1对连续5年的“腐败排行榜”的内容作一些摘要，主要介绍中国的情况。(列出每年榜上的前三名与后三名，以便对照；台湾与香港都是中国的一部分，所以也列出它们的情况。表内得分有的小数点后取1位，有的取两位，都依原榜，不予统一)

表1　　历年“腐败排行榜”的部分内容

年度	包含国家数	前3名及得分	后3名及得分	香港地区名次/得分	台湾地区名次/得分	中国名次/得分
1995	41	新西兰9.55 丹麦9.32 新加坡9.26	巴基斯坦2.25 中国2.16 印度尼西亚1.94	17/7.12	25/5.08	40/2.16
1996	54	新西兰9.43 丹麦9.33 瑞典9.08	肯尼亚2.21 巴基斯坦1.00 尼日利亚0.69	18/7.01	29/4.98	50/2.43
1997	52	丹麦9.94 芬兰9.48 瑞典9.35	哥伦比亚2.23 玻利维亚2.05 尼日利亚1.76	18/7.28	31/5.02	41/2.88
1998	85	丹麦10.0 芬兰9.6 瑞典9.5	洪都拉斯1.7 巴拉圭1.5 喀麦隆1.4	16/7.8	30/5.3	52/3.5
1999	99	丹麦10.0 芬兰9.8 新西兰9.4	印度尼西亚1.7 尼日利亚1.6 喀麦隆1.5	15/7.7	28/5.6	59/3.4

从表1可以看出，中国的名次虽然小有反复，但大体上是上升的。得分情况也是如此。

表2反映的是中国在历年“腐败排行榜”上的“绝对名次”（最右边的数字）。即以中国在当年榜上的名次除以当年榜上国家总数得出的数字。这是把每年的总数假定为100，看中国在其中的名次与地位（第1名为最优）。通过这个表，可以更为清楚地看出中国每年都在进步，而且5年来进步还是比较大的。由最初的第95名逐步上升为第59名。

表2　　中国在历年“腐败排行榜”上的绝对名次

年度	当年榜上的国家总数	中国在榜上的名次	绝对名次
1995	41	40	95
1996	54	50	92
1997	52	41	78
1998	85	52	61
1999	99	58	59

图1可以更为明显地看出中国的排名由低向高逐年上升的趋势。在5年之间，保持连续上升，其地位已经由最低上升到中间。

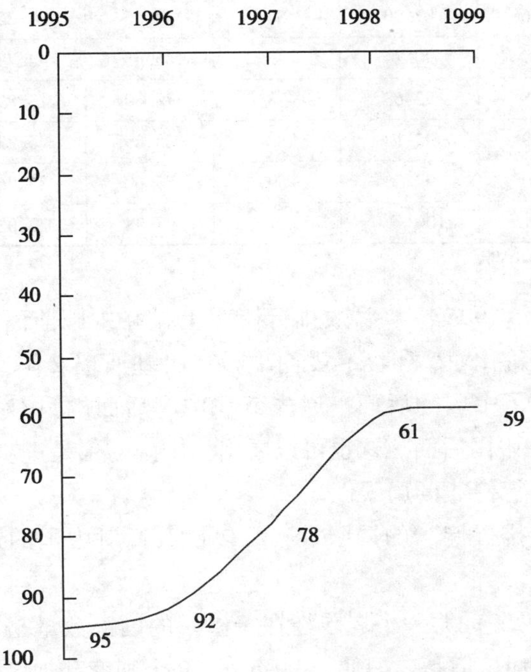

图1 中国5年来绝对名次上升示意

表3是将1995年"腐败排行榜"上最后10个国家当年的名次与1999年榜上的名次对照，并算出各国两个年度的"绝对名次"。将两个"绝对名次"数字相减，得数为"进步值"，数字越大表示进步越多。"进步值排序"是将各国的"进步值"由大到小排列名次。可以看出：巴西、意大利、中国为进步最大的三个国家。

表3 10个国家进步值排序

国家	1995年名次	1995年绝对名次	1999年名次	1999年绝对名次	进步值	进步值排序
墨西哥	32	78.05	61	61.62	16.43	5
意大利	33	80.49	38	38.38	42.11	2
泰国	34	82.93	69	69.70	13.23	7
印度	35	85.37	73	73.74	11.63	8

续表

国家	1995 年名次	1995 年绝对名次	1999 年名次	1999 年绝对名次	进步值	进步值排序
菲律宾	36	87.80	54	54.55	33.25	4
巴西	37	90.24	45	45.45	44.79	1
委内瑞拉	38	92.68	78	78.79	13.89	6
巴基斯坦	39	95.12	88	88.89	6.23	9
中国	40	97.56	59	59.60	37.96	3
印度尼西亚	41	100	97	97.98	2.02	10

还应当指出，1995 年“腐败排行榜”上排在中国前面的墨西哥、泰国、阿根廷、哥伦比亚、印度、委内瑞拉、巴基斯坦 7 国，在 1999 年的排行榜上都降到了中国的后面。原先就在中国后面的只有一个印度尼西亚，1999 年仍在中国后面。这也可以看出，中国的确是进步了。

2. “腐败排行榜”的局限性

了解“腐败排行榜”的局限性，可以使我们对中国的进步保持清醒的认识。

“腐败排行榜”的第一个局限性在于涉及的国家数量是有限的。尽管这一数量逐年增加，但是，即使 1999 年的 99 个国家和地区，仍和全世界 190 多个国家和地区这一数字相差甚远。① 因此，参与“腐败排行榜”制定的主要专家、德国哥廷根大学教授约翰·格拉夫·拉姆伯斯道夫（Johan Graf Lambsdorff）说过：“如果报纸上列出大标题说 CPI 上的某个国家是世界上最腐败的国家，那肯定是错误的。因为我们并没有掌握所有国家的资料。”②

他还强调说：“必须强调一点，这里只是关于腐败印象的排行榜。”③ 因此，“腐败排行榜”的第二个局限性就在于它是凭“印象”给分的。无论方法如何科学，总是存在着一定的偏差。鉴于此，它只能作为一种参考。

---

① 补注：腐败排行榜上的国家与地区数量逐渐增加，2002 年已经突破 100，2005 年突破 150，其后的数字一直保持在 160 以上，最多时达到 183（2011 年）。

② http://www.gwdg.de/~uwvw/ 访问时间 1999 年。

③ 同上。

第三个局限性是最值得注意的。那就是TI对腐败的定义与“腐败排行榜”涉及的范围。TI关于“腐败”的定义是：“腐败指的是为了个人私利而滥用权力，包括政府官员收受贿赂、在政府采购中收取回扣以及贪污公款。”① 这是一个相对狭窄的定义，它没有包括普通公众眼中认为腐败的许多东西，比如：裙带关系、挥霍公款、参与走私、浮夸假报、滥施淫威等等。“腐败排行榜”本身涉及的腐败范围更小，它只限于在国际商务活动中各国政府官员的腐败行为，主要是向外国公司收取贿赂或回扣。因此，“腐败排行榜”并不反映一个国家政府腐败的全貌，而只是一个方面、一小部分。

前文所说连续5年的“腐败排行榜”反映了中国的进步，就只是说，中国在国际商务活动中，经过较长时间的磨合与规范化过程，政府官员收取外国公司贿赂的情况有所改善。

另外，得分情况也值得注意，一般说来，5分以上算是过得去的分数，而中国得分最高还只到3.5分。这说明，中国仅仅在国际商务活动这一个方面的反腐败工作，还有很多的工作要做，要努力争取进入5分甚至6分以上。

下面再就得分情况列出一些数据，以便对中国在榜上的位置能有更为清晰的了解。在1999年“腐败排行榜”上的99个国家中，5分以上的是35个国家，约占1/3；6分以上的是26个国家，约占1/4。几个工业化大国的得分情况是：加拿大9.2分、澳大利亚8.7分、英国8.6分、德国8.0分、美国7.5分、法国6.6分。法国是第22名。也就是说，工业化大国都在前1/4内。进入前1/4的亚洲国家和地区有：新加坡9.1分、香港7.7分、以色列6.8分、日本6.0分。日本是第25名。

3.“腐败排行榜”的作用与影响

“腐败排行榜”已经在世界范围内产生了巨大影响，这主要是通过TI的网站和各国支部宣传所取得的结果。

“国际透明组织”和各国政府及民间反腐败组织（专职或兼职）联络，促成二者的合作，在各国成立“国际透明组织”支部。但是支部与总部只有工作上的联系，没有领导与被领导的关系。支部在经济上是独立的，总部对支部没有经济上的援助。目前TI在近80个国家建立了支部。

① http：//www.gwdg.de/~uwvw/ 访问时间1999年。

这些支部都是民间组织，但都和政府密切配合，其活动得到政府的鼓励和支持。各支部每年都把“腐败排行榜”在各自国家广为传播。因此，“腐败排行榜”也就受到许多国家政府的高度重视。它们通过“腐败排行榜”了解世界对自己国家腐败程度的评价，并以此推动政府与民间组织在反腐败方面的合作，争取在下一年的“腐败排行榜”中取得较好的名次。也就是说，“腐败排行榜”已经在国际反腐败运动中发挥了重要作用，应进一步受到各国政府与公众的重视。

大体看来，“腐败排行榜”有如下作用：

（1）它不断提醒各国政府领导人与普通公众，全球腐败问题十分严重，必须密切注视并尽力改变。

（2）公众能通过“腐败排行榜”清楚地了解自己国家政府官员腐败的程度。政府在这一方面不能再装聋作哑或欺骗公众。

（3）它反映了各国政府反腐败的进展和成效，在某种程度上也是国家形象排行榜。因此它必然激励各国政府和民众加大反腐败的力度，争取获得更高的名次。

（4）“腐败排行榜”反映了公众对各国政府腐败程度的看法，这种看法影响着世界主要的经济援助机构的政策制订。即，“腐败排行榜”已经成为经济援助组织制订政策的主要参考之一。这就迫使各国政府不得不正视“腐败排行榜”的作用，努力通过反腐败来改善自己的形象，以便争取国际经济组织更多的经济援助。

（5）“腐败排行榜”清楚地反映了这样一个现实：许多世界上严重贫困的国家，同时也是世界上严重腐败的国家。这就提示了贫困与腐败二者之间的某种联系。它告诉人们，消除贫困不仅仅是要现代化和发展经济，还必须坚决有效地同腐败现象做斗争。

（6）“腐败排行榜”也给研究提供了方便。最起码可以说，它给反腐败的研究工作提供了目标和方向。从“腐败排行榜”可以看出，哪些国家属于高度廉洁的国家，哪些国家属于高度腐败的国家。我们可以以此为依据，去研究廉洁国家的政治制度及反腐败措施，也可以研究腐败严重国家有哪些经验教训。例如：历年“腐败排行榜”上名列前茅的国家丹麦、芬兰、新西兰、瑞典、加拿大、新加坡、荷兰、挪威、瑞士等，就是值得好好研究的对象。1999 年排列在最后的乌干达、肯尼亚、巴拉圭、南联盟、坦桑尼亚、洪都拉斯、乌兹别克斯坦、阿塞拜疆、印度尼西亚、尼日利亚、喀麦隆，也是值得研究的对象。

（7）最值得我们关注的是："腐败排行榜"实际上已经向全世界宣告，一个全球联合反腐败的趋势正在形成，新的21世纪必将是全球联合反腐败的时代。中国在积极加入世界经济体系的同时，必须积极加入世界反腐败的联合行动中去。这对于中国在新世纪的持续发展有着非常重要的意义。如果认识不到这一趋势，不采取必要的行动，我们就有可能犯下历史性的错误。

三 "腐败排行榜"的姊妹篇"行贿排行榜"

1999年，"国际透明组织"在发布"腐败排行榜"的同时，又推出一个新的排行榜"行贿排行榜"。这个排行榜的英文名称是Bribe Payers Index，简称BPI。

"国际透明组织"为什么在1999年推出"行贿排行榜"呢？它和"腐败排行榜"是什么关系？它有什么意义？

第一，两个排行榜反映的内容不同。"腐败排行榜"反映的是各国政府官员在国际商务活动中腐败的程度，也就是向外国公司索取和收受贿赂的程度。而"行贿排行榜"反映的却是一个国家的公司在国际商务活动中向外国政府官员行贿的程度。二者反映的是在国际商务活动中发生腐败行为的两个不同方面。

第二，调查目的与对象不同。"腐败排行榜"针对的是各国政府官员的腐败问题，它着眼于在全球范围内遏制腐败，因此，它尽可能调查世界各国。"行贿排行榜"主要是为了帮助发展中国家。因为发展中国家在实现现代化的进程中，受到腐败的冲击最大，很可能会因为腐败而严重危害其现代化进程。"行贿排行榜"就是要排列出哪些国家的公司在对外贸易中最易于向他国政府官员行贿。1999年的"行贿排行榜"包含19个主要出口国家。它们中有：瑞典、澳大利亚、加拿大、瑞士、新加坡、日本、中国台湾地区、中国（包括香港在内）等等。这些国家和地区作为主要出口国（地区），它们中的公司有可能会向进口国的政府官员行贿，排行榜反映这种情况，意在提醒这些国家政府注意，要采取积极措施阻止这种行贿行为。调查是在14个发展中国家开展的。这些国家都在经济转型时期、市场经济正在形成、是国际投资和出口的主要国家，容易受到腐败的冲击。外国公司向这些国家的政府官员行贿，会促使腐败蔓延，严重时会危及其政治与经济的发展。被调查的国家在亚洲的有印度、印度尼西亚、菲律宾、韩国、泰国 5 个国家。没有包括中国，据说是因为调查有困难。

第三，调查方法不同。“腐败排行榜”是根据一些调查报告进行评议的。“行贿排行榜”则是直接进行社会调查。1999 年的调查对象有 770 多人，他们是大公司的行政主管人员、注册会计师以及商业银行、商务律师组织和商会的人员。“腐败排行榜”是由哥廷根大学经济系教授主持的。“行贿排行榜”是“国际透明组织”委托国际民意测验组织“盖洛普”（GALLUP）具体进行的。但二者在方法上都是绝对可靠的。

行贿排行榜与腐败排行榜的评分一样，也是 10 分制，10 分最高，表示最少行贿。1999 年榜上的前三名是：瑞典（8.3 分）、澳大利亚（8.1 分）、加拿大（8.1 分）。后三名是：中国台湾地区（3.5 分）、韩国（3.4 分）、中国（包括香港）（3.1 分）。在这个榜上，中国排在末名，说明中国的公司在国际商务活动中更多地倾向于使用行贿的手段。这一点，中国的公司应该引起注意，政府也应加以引导，并通过一定的监督与法律手段加以改革。在全世界越来越重视腐败问题的今天，国际经济往来中的腐败行为必然越来越引起各国政府和人民的痛恨，针对这种腐败行为的监督、限制与惩罚也会越来越严厉。因此，任何国家的政府和公司都应尽快采取行动，遏制在国际经济活动中的行贿行为，采用正当的手段进行国际竞争，这样做才会带来长远的好处。

四 其他国际组织与反腐败

“国际透明组织”为什么要在 1999 年推出新的“行贿排行榜”？据“国际透明组织”主席艾根先生解释，是为了配合“经济与合作发展组织”（简称 OECD，总部设在巴黎）1999 年 2 月开始生效的《OECD 关于在国际商务活动中制止向外国政府官员行贿的公约》（简称“反腐败公约”）。这说明，国际组织之间在反腐败问题上已经开始了密切配合。因此我们不仅要了解“国际透明组织”，而且还应该了解其他国际组织所开展的反腐败活动。这里，先简单提一下 OECD 的情况。

OECD"反腐败公约"是逐渐发展起来的。美国在 20 世纪 70 年代后期就开始重视国际商务活动中的行贿问题并制订了有关法规。90 年代初在 OECD 内积极活动，推动在国际范围内反腐败制度的建立。终于，OECD 在 1997 年签署了"反腐败公约"。在这个公约上签字的国家除了 OECD 的 29 个成员外，还有另外 5 个国家：阿根廷、巴西、智利、斯洛伐克共和国、保加利亚。已经完成立法批准程序的有冰岛、日本、德国、匈牙利、英国等 16 个国家。这个公约的目的是使各国在国际商务活动中按照公约规定进行自我监督和接受国际监督，以便遏制腐败、发展经济。其内容包括国际反腐败能够涉及的各个方面，比如洗钱问题、司法援助问题、引渡问题等等。这些都是国际反腐败必须涉及和解决的问题。

根据 OECD"反腐败公约"的要求，OECD 要对参加该公约的各国进行监督检查。第一阶段的监督检查开始于 1999 年 4 月，目前正在进行，预计在 2000 年 6 月底前结束。有 13 个国家已经完成了自我评估，并开始由其他国家的代表进行评估，评估的目标是检查各国的法律是否与 OECD 公约的规定相吻合。1999 年 12 月中旬开始的下一轮评估，对象为奥地利、澳大利亚和英国。2000 年上半年将开始对法国、墨西哥、斯洛伐克共和国等国的评估。

"国际透明组织"成立了专门小组来配合 OECD"反腐败公约"的执行，组织各国支部配合这次评估，并帮助加拿大、德国、匈牙利、日本、挪威、韩国准备迎接 2000 年 2 月开始的评估。

"国际透明组织"在评估中发现某些国家的法律存在着严重不足，如有的国家的法律非常含糊，有的国家的法律对罚款限制太严，有的国家的法律规定把对外行贿案件送上法庭要在过短的期限内完成。

监督检查的第二阶段计划在 2000 年下半年开始，预计 2005 年结束。这一阶段的评估内容是各国执行法律以及法规运用的整个制度。TI 在这一阶段仍将积极参与。

OECD 在 1999 年还出版了《公共部门的腐败：预防腐败措施的国际调查》一书，书中提供了 15 个 OECD 成员国目前采用的、行之有效的预防腐败措施。这些国家是：比利时、捷克共和国、法国、德国、希腊、匈牙利、爱尔兰、意大利、日本、韩国、墨西哥、波兰、西班牙、瑞典、瑞士。①

与 OECD 一样，其他一些国际组织也都在为国际反腐败做各种努力。比如世界银行在 1999 年已经对几个国家的个别涉嫌腐败的公司予以严厉惩罚。据报道，为了制止欺诈与腐败行为，世界银行于 1999 年 3 月 16 日宣布，加拿大魁北克佛顿的加拿大技术公司及其总裁皮埃尔・沙文纳（Pierre Savignac）被永久性取消获得世界银行资助合同的资格。世界银行主席詹姆斯・D. 沃尔费佐恩（James D. Wolfensohn）说："正如在这一事例中，当订约人在投标过程中不能遵守最高道德标准，我们就要禁止投标人、供应商、订约人或咨询者获得由世界银行资助的合同。这次永久性禁止的制裁是非常公正的。"为了制裁欺诈与腐败行为，世界银行于 1998 年 11 月设立制裁委员会。在这次制裁之后不久，另外三家在英国注册的公司于同年 4 月 8 日也受到同样的制裁。这些制裁是根据世界银行获取资助指导大纲中的有关条款做出的。该大纲第 1 款第 15 条规定："世界银行的政策要求借款人（包括银行贷款的受益人），以及银行资助合同的投标人、供应商、订约人，在订立与执行合同的过程中，遵守最高的道德标准。""如果确定被推荐的投标人在对所涉及的合同的竞争中有腐败或欺诈行为时，将拒绝此项推荐建议"；"无论在任何时候，如果确定借款人或贷款受益人的代表在获取资金或执行合同时有腐败或欺诈行为，并且没有采取及时的正当的行动纠正此种行为使银行满意时，银行将取消对有关货物或工程合同的资金投入"；"无论任何时候，只要确认某一公司在竞争或执行一项世界银行资助合同时有腐败或欺诈行为，就将在一定期限内或不限定时间地取消该公司获得世界银行资助合同的资格"；该大纲还规定："在世界银行提供贷款的合同中，世界银行有权要求：要有这样一项规定，要求供应者与订约人同意世界银行调查他们与执行合同有关的账户和记录，接受世界银行任命的审计员的审计。"许多地方发展银行也制订了与世界银行获取资助指导大纲第 1 款第 15 条类似的规定。②

从上述情况可以看出，国际合作与国际监督是当今反腐败的新进

① Transparency International（TI）. *National Chapter Bulletin*, 22 December 1999（59）.

② Transparency International（TI）. *National Chapter Bulletin*, 23 April 1999（50）.

展。很多国家的政府和民间组织对此态度都很积极。政府积极参与国际反腐败活动、签署有关反腐败国际性的公约或协定，接受国际监督，不仅可以向世界表明自己政府对待腐败的态度，而且确实可以推动反腐败的进展，并进而推动政治、经济、社会的进步。应该注意到，当前世界范围内的现代化运动，突出的特点就是在政治、经济各个领域的合作、在制度与措施方面的趋同。上述 OECD 对签约国的监督检查，世界银行对与之有经济联系的国家提出要求，其结果都将促进法律制度上某种程度的趋同，而这必将有利于在国际范围内同腐败分子的斗争。试想，一个法律制度不能为其他国家接受的国家，在引渡犯罪嫌疑人上能不遇到麻烦吗？一个在法律制度上为腐败留下许多漏洞的国家，能够指望其他国家积极来投资和贸易吗？

五 结束语

1999 年 7 月，在以色列政府已经向 OECD 提出申请加入“反腐败公约”之后，以色列的国际透明组织支部主席、Tel-Aviv 大学教授 Dove Izreli 还在向其支部成员发送的 E-mail 中说：“我为以色列尚未签署‘OECD 反腐败公约’感到惭愧。我们应当努力促使以色列尽快签署，并希望通过批准这一协定，使以色列在 1999 或 2000 年‘国际透明组织’的‘腐败排行榜’上进入前 10 名。”① 由此可以看出，“国际透明组织”和 OECD 这些致力于国际反腐败的国际性组织的积极影响，也可以看出一些国家政府和民间人士的积极反应。中国政府与社会团体以及学者专家在这一方面应该奋起直追，采取十分积极的态度。中国也应该考虑设立“国际透明组织”支部或建立类似的反腐败民间组织；“腐败排行榜”应该每年及时地在中国予以公布；中国应该积极加入国际反腐败的有关公约，主动接受国际监督。通过这些做法，遏制在国际商务活动中的腐败现象，在国际社会中树立一个正直、廉洁、负责任的大国形象，以此推动中国政治与经济发展，并使中国人民和世界人民每年都看到中国在反腐败方面的进步。同时，我们还应注意到，在国际商务活动中的腐败与国内腐败之间存

① 以色列在 1999 年的排行榜上居第 20 名。

在着必然的联系，在反对国际商务活动中的腐败行为的同时，在国内反腐败问题上也要采取更加积极的态度、更加科学的方法、更加严厉和有效的措施，争取不断取得反腐败的新进展。

注：原载《北京大学学报》2000 年第 3 期

制度变迁、意识形态与消除腐败

道格拉斯·C. 诺斯在1981年出版了《经济史中的结构与变迁》一书，提出制度变迁理论，使经济史学理论面貌一新。在他之前，人们将技术创新、规模经济、教育和资本积累等看作是经济增长的源泉。但是诺斯指出，“有效率的经济组织是经济增长的关键”[①]。建立“有效率的经济组织”要通过制度变迁或制度创新。其中包括制度安排、确立产权、激励机制等各个方面。制度变迁成为一种理论，为许多人重视并加以探讨。[②]诺斯指出：“结构”一词指制度框架，“变迁”一词指制度创立、变更及随着时间变化而被打破的方式。他又说：“制度提供了人类相互影响的框架，它们建立了构成一个社会，或更确切地说一种经济秩序的合作与竞争关系。”[③] 虽然诺斯强调的是经济秩序或经济组织，但实际上一个国家的整个政治制度在很大程度上也是为经济发展服务的，在很多情况下，政治制度与经济制度是统一的或重合的。正如诺斯所说：“政治组织与经济组织具备的一系列基本特征，是我们研究的核心。”[④] 在当今，经济理论与政治理论在很多方面互相联系、互相重合、互相补充，诺斯的经济理论对

---

① ［美］道格拉斯·C. 诺斯、罗伯特·托马斯：《西方世界的兴起》，厉以平、蔡磊译，华夏出版社1989年版，第1页。

② 需要说明的是，制度变迁只是经济发展的一个原因，这个原因过去为人们忽视。从这一点看，诺斯的观点使人耳目一新。美国经济史学家王国斌在其著作《转变的中国——历史变迁与欧洲经验的局限》（江苏人民出版社1998年版）中指出“如果没有明确的制度变化，就不可能抓住技术变化的可能性。仅有制度变化，也能增加生产的可能性，不过只是在某一限度之内——一旦达到一种高水准的效率，就必须有另外的成长源（如技术进步），方能避免停滞”（该书第60页）。

③ ［美］道格拉斯·C. 诺斯：《经济史中的结构与变迁》，陈郁等译，上海三联书店、上海人民出版社1997年版，第225页。

④ 同上书，第18页。

政治制度的研究也会有很大启示。本文的目的是试图通过整理分析诺斯在其制度变迁理论中关于意识形态的作用的论述，来寻求遏制腐败的途径。所谓政治腐败、官员腐败，都与经济有关，因此，通过经济理论去寻求解决政治腐败之途径是有意义的。

一　意识形态理论与“搭便车”问题

本文是以承认制度变迁可以促进经济发展是正确理论为前提的。对于这一问题无需再做较多说明，我国改革开放以后制度变迁所起的巨大作用已经足以证明这一理论的有效性。

诺斯教授的制度变迁理论有三个重要的基础：产权理论、国家理论和意识形态理论。[①] 诺斯特别重视意识形态在制度变迁中的作用。他为什么特别重视意识形态理论呢？这是因为，他认为新古典经济理论存在一个重大缺陷，即不能解决“搭便车”问题。而要解决“搭便车”问题，就必须依靠成功的意识形态理论。

“搭便车”问题是经济理论必须解决的难题。按照新古典经济理论，人是“经济人”，其行为都以个人利益最大化为目的，这样，就必然会出现“搭便车”问题。人们在一般情况下都有获得某种好处而逃避付费的行为倾向，如果这样做了，就是“搭便车”行为。如果人人都想“搭便车”，社会秩序就会荡然无存。诺斯说：“在没有任何约束的前提下，个体寻求在任何与所有的边际上实现最大化。这样，通过对行为进行一定形式的约束，人类的组织成为可能。若是没有约束，我们将生存在霍布斯理论的丛林中，也就不可能有文明存在。”[②]

在诺斯看来，解决“搭便车”问题，实现社会稳定，制度措施固然重要，但意识形态理论才是灵丹妙药。事实上，利用意识形态在某些方面已经成功地克服了“搭便车”现象，这说明意识形态对约束人们的行为是强有力的。

诺斯指出：新古典经济理论认为人的活动是从个人利益最大化为出发

① ［美］道格拉斯·C. 诺斯：《经济史中的结构与变迁》，陈郁等译，上海三联书店、上海人民出版社 1997 年版，第 7 页。

② 同上书，第 227 页。

点的，它可以解释人为什么只按个人经济利益行事，为什么有一部分人不愿参加选举。它还可以解释“搭便车”问题的结果，当个人得利微不足道时为什么人们不愿意参加集体行动。但是新古典理论无法解释另一类现象，即为什么有些人并不考虑个人利益甚至牺牲个人利益去做利他的事情。这些事情小的如无偿献血，大的如革命者为了理想而去坐牢或牺牲生命。① 正是这一类现象说明了意识形态在克服“搭便车”行为、实现社会稳定甚至推动社会进步方面的巨大作用。

新古典经济理论不仅不能完全有效地解释真实的社会生活，而且，如果人类社会真的完全按照新古典理论去行动的话，这个社会将无法保障其秩序，将会变得混乱不堪，正如中国古代的思想家孟子所说的“上下交征利而国危矣”②。在这种情况下，国家虽然制订了规则，但是要想让人们遵从规则，还要采取许许多多的办法。“遵从规则的成本是如此之高，以致在对个人的最大化行为缺乏某种制约的情况下，任何规则的执行都将使政治或经济制度无法存在。因此，需花费大量的投资去使人们相信这种制度的合法性。因而，政治和经济制度的结构（与变迁）理论一定要与意识形态理论相结合。”③ 也就是说，仅靠新古典经济理论，将人假设为追求个人利益最大化的“经济人”，那么，无论采取怎样的制度措施，我们都不可能解决“搭便车”问题，都不能实现社会的稳定和进步。

社会的稳定与进步在很大程度上取决于克服“搭便车”现象，而克服“搭便车”现象需要重视意识形态理论。这是制度变迁理论中的一个重要内容。

二 “搭便车”问题与腐败问题的联系

我国目前最受人民群众关注的重大社会问题之一是腐败问题。腐败问题同“搭便车”问题有联系。我们只要将腐败行为同诺斯描述的“搭便

① ［美］道格拉斯·C. 诺斯：《经济史中的结构与变迁》，陈郁等译，上海三联书店、上海人民出版社 1997 年版，第 50 页。

② 《孟子·梁惠王上》。杨伯峻译文：“上上下下互相追逐私利，国家便会发生危险了。”

③ ［美］道格拉斯·C. 诺斯：《经济史中的结构与变迁》，陈郁等译，上海三联书店、上海人民出版社 1997 年版，第 19 页。

车”行为相对照，就会明白，“搭便车”是一个大概念，腐败问题只是其中的一部分，但却是重要的一部分。

根据诺斯的说法，“搭便车”是人们获得某种好处而逃避付费的行为。它包括两个方面：一是要获得好处，二是要逃避付费（代价、责任）。前者是个人主义的表现，后者是机会主义的表现。前者要谋取私利，后者要违反规则。“搭便车”行为的特点是为了追求个人利益而违反公共规则或损害公共利益。这类行为随处可见。比如，个人从单位拿信纸写私信、无照商贩随意占用人行道摆摊售物、单位司机用公车接送家人办私事、干部凭借职权为自己谋取不应得到的好处……都是“搭便车”行为。“搭便车”行为如果是政府官员所为，就表现为腐败。从挥霍公款、公车私用、公费旅游……到利用职权收取贿赂，这些腐败行为都具备“搭便车”行为的特征。①

诺斯在论述“搭便车”问题时说：“我们观察到，当收益超过成本时人们违反社会规则。”② 又说：“凡是适用于逃避责任的情况同样可应用于偷盗、诈骗、白领犯罪和虚报开支——即通常的机会主义行为。”③ 可以看出，诺斯在使用“搭便车”一词时，范围是比较宽泛的，凡是破坏规章制度甚至违法乱纪从而满足个人私利的行为都是“搭便车”行为。因此，腐败确实是“搭便车”行为，而且是危害严重的“搭便车”行为。

诺斯在阐述“搭便车”问题时，还援引过曼库·奥尔森在《集体行动的逻辑》一书中关于集团行为的观点，“当个人在团体活动中收益大于成本或个人被迫卷入活动中时，一个小集团就会产生；当成员能得到排他性的个人收益而外人却不能获得时，大的集团（如美国医疗协会和工会）就会出现”，“当大集团被组建并产生变动，而这并没有给成员们带来排他性的收益时，他们将趋于不稳定和解体”④。“统而言之，当个人仍能通

① 这方面的典型例子是原广东省汕尾市副市长马红妹，当检察官问她为什么把水果、面包、鸡蛋、衣服、油、米等家庭消费以办公用品名义报销时，她竟振振有词地说：“我认为我是人民的公仆，吃的、用的都应该是公家的。”官员中相当一部分人都有类似心理。在古代叫作“作官发财”思想，在今天有句话是“有权不用，过期作废”，用，就是用公共权力为个人谋利。

② ［美］道格拉斯·C. 诺斯：《经济史中的结构与变迁》，陈郁等译，上海三联书店、上海人民出版社 1997 年版，第 50 页。

③ 同上书，第 51 页。

④ 同上书，第 10 页。

过‘搭便车’方式得益时，理性人就不会承受参与大集团活动的成本。”①诺斯认为“大集团活动确实存在并且是导致社会变迁的基本力量”②。一个政府的存在可以被视为一个大集团。在此前提下，前面提到的“一个小集团”就是其中的腐败分子或腐败团伙，大集团“趋于不稳定和解体”反映的就是政府中一部分人的腐败行为造成的结果。“不会承受参与大集团活动的成本”可以理解为不顾国家利益、政府利益、公共利益。

腐败是严重的“搭便车”行为，会给政府带来危害，严重时必然影响社会的安定与进步。尤其值得注意的是，在以制度变迁推动经济发展的过程中，严重的政治腐败会影响这种发展，甚至起到破坏作用。这就是人们所说的“转型期腐败”。近年来，这方面的事例已有不少。苏联解体以后成立的几个国家中，乌克兰就是这方面的一个比较突出的例子。1996年至1997年曾任乌克兰总理的拉扎连科侵吞巨额国有资产，其数目现尚未完全查清，但瑞士法庭调查结果表明，他在国外数十家银行洗钱数额可能高达8.8亿。他的腐败行为给乌克兰造成巨额经济损失，也使这个国家在许多国家眼中成为世界最腐败国家之一，国际货币基金组织对乌克兰的多笔贷款都因无法保证不被挪用而中止。③

在举乌克兰前总理腐败的例子之后，必须对诺斯的一个观点作一些分析和说明，否则这篇论文就将存在着严重的缺陷。诺斯说：“制度创新来自统治者而不是选民，这是因为后者总是面临着搭便车问题。对统治者来说，既然他没有搭便车问题，他就要不断进行制度创新以适应价格的变化。”④ 既然前边我们已经论证了腐败属于“搭便车”行为，那么，按照诺斯的观点，统治者没有“搭便车”问题，也就等于说统治者不会腐败。这和我们平常对此问题的看法相左，因为我们一般认为统治者会发生腐败行为。问题是：到底谁是统治者？像拉扎连科，还有以腐败闻名的菲律宾前总统马科斯、印度尼西亚前总统苏哈托等人算不算“统治者”？在所谓民主国家中，比如美国，到底是总统、还是国会主席是统治者？这些人都

---

① ［美］道格拉斯·C. 诺斯：《经济史中的结构与变迁》，陈郁等译，上海三联书店、上海人民出版社1997年版，第10—11页。

② 同上书，第11页。

③ 《乌克兰前总理承认侵吞巨额国有资产》，《光明日报》2000年7月3日第4版。

④ ［美］道格拉斯·C. 诺斯：《经济史中的结构与变迁》，陈郁等译，上海三联书店、上海人民出版社1997年版，第32页。

有可能“搭便车”，也都有可能腐败。看来，诺斯这里所说的“统治者”只能是一个抽象概念，等同于抽象的“国家”或“政府”。

诺斯还提出委托人与代理人的问题。诺斯说：“委托者不能完全约束代理者的行为，代理者仍有一定的决策权。”① 又说：“统治者要设立一套规则以图迫使他的代理人与他自己的利益保持一致。然而，代理人一定程度上并不完全受统治者的约束，因为存在着权力扩散。”②根据诺斯关于委托人与代理人的关系的论述，我们知道，总统、总理以及政府大大小小的官员对上都是代理人，对下都是委托人。腐败就是政府中的“代理人”腐败。

诺斯为什么提出统治者不会“搭便车”这样的说法？可能是想给制度创新寻找一个设计与推动者。同时也为意识形态的建立、创新与维持寻找一个主体。如果这样，诺斯的说法就显得过于草率了。尽管我们可以把统治者想象成一个抽象物，从理论上说它不会“搭便车”。但在实际上，它总是由人组成的，这些人与芸芸众生一样，也是经济人，也必然会利用机会“搭便车”，而且因为他们手中有权，还必然会出现严重的“搭便车”即腐败行为。这样说来，似乎无法找到维持意识形态、从事制度创新的主体了，其实也不是这样。腐败分子总是一部分人，不是全体。由历史沿袭而来的正义的意识形态总是能起一定作用。抵制“搭便车”和反腐败就要靠那些统治集团中和社会上的相信正义的意识形态的人们，而不是相信一个抽象的统治者。

同“搭便车”问题一样，新古典经济理论可以解释腐败的原因，即追求个人利益最大化是导致腐败的一个原因，但同时，仅用新古典理论将永远无法解决腐败问题。人如果只是“经济人”，个人利益最大化如果是普遍存在的和无法改变的，那么，腐败就是永远不能避免的和无法遏制的。有人提出“制度腐败”的概念，想从完善制度的角度来控制腐败。但古往今来制度变化与腐败相伴的事实可以证明，无论制度怎样改变，腐败分子都会想出对策。对付腐败必须考虑能够提高人的自觉性的意识形态理论。这就是诺斯的制度变迁理论所提供的一个思路。

① ［美］道格拉斯·C. 诺斯：《经济史中的结构与变迁》，陈郁等译，上海三联书店、上海人民出版社 1997 年版，第 226 页。

② 同上书，第 25 页。

三　意识形态与反腐败

由上可知，“搭便车”是一个大概念，腐败是包含在其中的，是严重的“搭便车”行为。由意识形态可以解决“搭便车”问题这一命题，我们推论出：意识形态可以解决腐败问题。下面将要评论的是：以怎样的意识形态以及通过什么样的机制才能解决腐败问题，这是问题的关键。

首先应将意识形态与道德伦理区分开来。诺斯明确说：“意识形态不同于道德。”① 这里的“道德”严格地说是“道德伦理规范”。尽管意识形态与道德伦理规范都能约束个人利益最大化，但二者是有区别的。道德伦理规范属于制度范畴。诺斯说：“制度是一系列被制定出来的规则、守法程序和行为的道德伦理规范，它旨在约束追求主体福利或效用最大化利益的个人行为。”② 道德伦理规范与意识形态又是有联系的。“行为的道德伦理规范是构成制度约束的一个主要方面，这得之于对现实的理解（意识形态）。人们往往发展了这种理解而与环境相抗衡。”③ 这是说意识形态可以体现在制度之中，被制定成为道德伦理规范。“与环境相抗衡”就包含着同“搭便车”与腐败行为的斗争。

对人而言，道德伦理规范是外在的、被动的；而意识形态是内在的、主动的东西。道德伦理规范是制度，而意识形态则是一种“世界观”，或者是一种“理论”。作为制度的道德伦理规范应“被纳入规则制订的考虑中。”“这些规则的设计要考虑可见的服从成本。”④ 前面已经提到，由于规则的执行费用太高（服从成本过高），所以仅靠规则不足以约束最大化行为，必须重视意识形态的作用。即重视人的内在的精神、思想、意识。重视人的主动性。

那么，什么样的意识形态可以约束最大化行为？诺斯所说的意识形态不是与阶级利益、政党活动、政治要求相联系的政治意识形态，而是普遍

---

① ［美］道格拉斯·C. 诺斯：《经济史中的结构与变迁》，陈郁等译，上海三联书店、上海人民出版社 1997 年版，第 229 页。

② 同上书，第 225—226 页。

③ 同上书，第 228 页。

④ 同上书，第 227 页。

的、基本的社会意识形态，特别是其中约束人们利己行为的那一部分。他说：“我是在讨论由家庭和教育灌输的价值观念，这些观念导致人们限制他们的行为，以至于他们不会做出像搭便车那样的行为。”[①] 这是说意识形态的来源。它是通过家庭和教育机构（包括学校、政府、教会等）向人们灌输的。“但是当我们认识到我们每个人的生活是由‘普通’的知识来指导和这些知识基本上是理论性的时候，意识形态就努力使个人和团体的行为方式理性化。”[②] 这是说意识形态是一种普遍存在的知识性、理论性的东西。

意识形态约束“搭便车”与腐败行为有一个作用机制。它作为一种观念，主要是影响人们的行为，使人们自觉地约束自己的行为，克服“搭便车”与腐败行为。关键是如何提高人的自觉性。诺斯在论述意识形态的本质时，强调了意识形态的三个方面。我认为，他说的第二个方面是关键。

第二个方面是：“意识形态不可避免地与个人在观察世界时对公正所持的道德、伦理评价相互交织在一起。这种情形明显地意味着有一种关于可能的非此即彼的选择观念——即在相互对立的理性和意识形态中选择。”[③]

这里所说的“选择”就是在服从规则还是不服从规则中进行选择。“当个人深信习俗、规则和法律是正当的时候，他们也会服从它们。”[④] 反之就会出现诺斯所说的意识形态的第三个方面：“当人们的经验与其思想不相符时，他们就会改变其意识观点。……人们在改变其意识形态之前，其经验与意识之间的矛盾必须有一定的积累。”[⑤] 这时，可能出现更多的“搭便车”与腐败行为，也可能出现“反意识形态”[⑥]。

---

① ［美］道格拉斯·C. 诺斯：《经济史中的结构与变迁》，陈郁等译，上海三联书店、上海人民出版社 1997 年版，第 50—51 页。

② 同上书，第 52 页。

③ 同上书，第 53 页。

④ 同上书，第 13 页。

⑤ 同上书，第 54 页。

⑥ 关于“反意识形态”，见［美］道格拉斯·C. 诺斯：《经济史中的结构与变迁》第 60 页：“成功的反意识形态的目标就是不仅要使人们相信他们众目睽睽的不公正是现行体制的一个不可或缺的部分，而且要使人们确信只有通过人们参与改变现行体制和活动，一个公正的体制才能到来。”

诺斯所说的第一个方面，是说“意识形态是种节约机制，人们认识了他们所处环境，并被一种‘世界观’导引，从而决策过程简单明了”。[①]实则不仅是决策过程简单化，更重要的是制度规则的执行费用大大降低。“搭便车”与腐败行为随之大大减少。

诺斯很强调“一致的意识形态”。他说：“一致的意识形态可以替代规范性规则和服从程序”[②]，对“搭便车”与腐败行为起到有效的约束作用。但是，“有着一致意识形态的可行的制度随着各种各样的意识形态的发展会变得不可行”。[③] 因此，保持“一致的意识形态”是非常重要的。

必须说明的是，所谓“一致的意识形态”不是指一个国家只有一种思想。只有一种思想的情况除开极端专制的国家之外，在当今任何国家都是不可能的。以美国为例，王缉思在《美国丢不下意识形态》一文中指出美国社会存在着宗教右翼、多元文化主义、新孤立主义等多种意识形态，最后指出这些不同的意识形态“离不开一些基本的价值观念，主要是根深蒂固的宗教信念和民族优越感”[④]。所谓“基本的价值观念”就是诺斯说的“一致的意识形态”。

“一致的意识形态”还必须是“成功的意识形态”。诺斯在描述什么是“成功的意识形态”时举例说：“当社会成员相信这个制度是公平的时候……规则和产权的执行费用就会大大减少。如果每个人都相信私人家庭‘神圣不可侵犯’，那么，可以在室内无人而门不闭户的情况下不用担心房屋会被毁或被盗。如果一个美丽的乡村被认为是‘公共物品’，个人就不会随便扔抛杂物。如果人们相信政治民主的价值，他们就会把投票当作一项公民的义务来履行。”[⑤] 同样，如果政府官员相信为官清廉是真实而普遍的价值准则，相信制度与法律对任何干部都是公平的，相信政党、政府与官僚队伍所宣扬的政治理想与纪律规则都是可信的，那么，腐败现象就会大大减少。

---

① ［美］道格拉斯·C. 诺斯：《经济史中的结构与变迁》，陈郁等译，上海三联书店、上海人民出版社 1997 年版，第 53 页。

② 同上书，第 229 页。

③ 同上。

④ 王缉思：《美国丢不下意识形态》，《环球时报》2000 年 5 月 5 日第 7 版。

⑤ ［美］道格拉斯·C. 诺斯：《经济史中的结构与变迁》，陈郁等译，上海三联书店、上海人民出版社 1997 年版，第 59 页。

要想克服“搭便车”与腐败行为，必须建立一致的、成功的意识形态。

四 制度变迁、意识形态与遏制腐败

诺斯说：“至为关键的是，任何一个成功的意识形态必须克服搭便车问题，其基本目的在于促使一些群体不再按有关成本与收益的简单的、享乐主义的和个人的计算来行事。这是各种主要意识形态的一个中心问题。”① 这段话同样适用于腐败问题，解决腐败问题需要一个这样的“成功的意识形态”。现在我们将要探讨的是如何形成这样的意识形态？

“意识形态是与对制度特别是对交换关系中的正义或公平的判断相连的。”② 这是诺斯反复强调的一个观点。我们由此可以得出这样的看法：一个社会具有在“正义”与“公平”问题上的肯定的“一致的意识形态”时，这个意识形态就是成功的。成功的意识形态是在人们对社会政治经济制度感到公平的基础上，愿意维护它，认识到正义的存在和必要，在这些方面达成共识，促使大多数人不再是单纯的“经济人”，不再完全按追求个人利益最大化的行为模式去行动，而是具有高尚的道德，能够自觉维护公共利益，遵守公共规则。在这样的情况下，“搭便车”与腐败行为就会大大减少。建立一致的、成功的意识形态要注意这样几个问题。

1. 关于公平问题

公平不是一个理论问题，而是一个实践问题。如果一个社会存在着严重的不公平，那么，仅靠理论上对它的美化是根本无济于事的。关于对“公平”的认识也不是意识形态本身能够解决的，必须通过现实的政策法律制度使社会达到真正的公平，才可能有一个理想的意识形态。

公平不是平均。每个人在社会上都有不同的地位、收入、待遇等等。有可能在差距很大的情况下，人们仍然感到公平；也有可能在差距刚刚拉开时，人们就感到极不公平。虽然后一种情况还涉及社会转型期人们的心理承受能力，但这一时期也的确容易出现社会不公平的现象。政府政策多

---

① ［美］道格拉斯·C. 诺斯：《经济史中的结构与变迁》，陈郁等译，上海三联书店、上海人民出版社 1997 年版，第 59 页。

② 同上书，第 229 页。

变以及人为的政策倾斜，给不少人制造了暴富的机会，或使许多人骤然提升了社会地位。政府为了推动经济发展，利用各种手段制造差别、鼓励竞争，在我国这样一个特殊的历史时期可能是必要的，但同时亦应注意，社会本身是竞争的，而政府的作用却是保持公平。公平不是不要竞争，而是要公平竞争。政府要尽可能地消除社会不公平现象，是成功的意识形态的前提条件。这个任务只能通过制度变迁逐步实现。中国的制度变迁应注意使政府从介入竞争转向主持公平上来。

应当注意到，当社会很不公平时，不只是感到吃亏的人要“搭便车”，感到吃亏的干部会腐败，更为重要的是，得到好处的人更要“搭便车”，占到便宜的干部更要腐败，而且后者的行为会更严重。这是因为社会普遍不公平造成一种普遍的违规心理，而在社会上占有有利位置的人（无论主动还是被动）都更容易得手。如果政府在政策上故意地倾向于某一群体，从而造成不公平，那么，政府就会自食其果。因此，政府必须把社会公平当作一个重要目标去追求。

2. 关于正义问题

在社会明显地向公平的方向努力时，普遍的正义感就会逐步增加，并对社会稳定和进步起很大作用。所谓意识形态遏制“搭便车”和腐败，主要是正义感在起作用。正义感是在人们对社会公平予以肯定并自觉维护社会规则时产生的一种情感。

正义感包含对是非善恶好坏的判断，特别是对是的、善的、好的事物的肯定与支持。人们认为一个社会制度是公平的，是好的，就会拥护它，维护它。反之就会反对它，破坏它，致力于重新建立一个公平的社会制度。前者就是成功的意识形态，后者就是成功的反意识形态。二者都是正义的。

正义感虽然包含对恶的现象的憎恨在内，但这种憎恨不一定导致正义的结果。腐败行为的发生常常也会出于人们对坏的社会制度不满，但它不是追求正义，而是同流合污，只能加剧社会的不公平，导致社会的不稳定。我们要建立的是成功的意识形态，就是要使人们加强正义感，自觉地维护社会制度，遵守公共规则。如果成功的意识形态占了上风，腐败问题就会受到遏制。

特别要注意，正义感基本上是一种自发产生的情感，其基础是社会公平。如果在社会存在严重不公的情况下，企图以说教的方式，唤起人们的正义感，一定会事与愿违。所以，政府必须从制度创新入手，把社会公平作为一个重要目标去努力实现，在此基础上，对正确的意识形态加以引导。

3. 关于意识形态腐败

“意识形态腐败”是本文提出的一个新概念。与腐败相应，社会上存在着一种意识形态腐败。政治腐败只是表象，意识形态腐败是本质。意识形态腐败是深层的，看不见，抓不着，但是感知得到。意识形态腐败就是在认识上、在心理上认为社会是不公平的，人人都是自私的，制度规则都是限制老实人的，做老实人必定吃亏，为了个人利益应该不择手段，从制度之外寻找更好的途径。只要后台硬，就一定不会出事。走后门、找关系、行贿送礼……就是意识形态腐败的表现。这种想法，在任何时代任何社会都有，但只有蔓延到相当普遍的程度，使得腐败行为显得严重时，才可以说是出现了意识形态腐败。在这种情况下，必须针对意识形态腐败采取行动，促使意识形态的变迁与创新。

意识形态腐败不仅反映了社会上存在着严重的不公平，法律制度上存在着漏洞，也反映了教育宣传存在着严重的失误。因为教育宣传是推行、保持一定的意识形态的重要手段。

4. 意识形态领域存在的问题

美国经济史学家王国斌教授认为，“巩固社会秩序的主要社会控制手段可简化为三类：意识形态手段、物质利益手段与强制性手段”。① 对付腐败要综合运用这三种手段。本文强调的是意识形态手段。下面要指出我国目前在意识形态方面存在的问题，并与其他手段加以比较。

意识形态手段就是教育、宣传。这方面的效果不是很理想，这是事实。原因何在？形式主义的方法、脱离实际的理论、树立标准过高的典型是我们在宣传教育上存在的问题。这三个问题都涉及一个共同特点，就是过于偏重自上而下的灌输。这是意识形态形成的大忌。诺斯说“意识形态是由相互关联的、包罗万象的世界观构成”②。一个共同的意识形态的形成本来应该是在同一地域生活的人们，根据自身对社会公平与正义的感

① ［美］王国斌：《转变的中国——历史变迁与欧洲经验的局限》，江苏人民出版社 1998 年版，第 103 页。

② ［美］道格拉斯·C. 诺斯：《经济史中的结构与变迁》，陈郁等译，上海三联书店、上海人民出版社 1997 年版，第 57 页。

知，加上来自家庭与教育机构（包括政府）灌输的以及个人学习得到的观念，通过自由地发表意见，使各种看法相互碰撞，相互融合，渐渐形成一个比较一致的意识形态，成为维系社会制度的重要基础。在此过程中，错误的观念与认识会得到纠正，正义的意识形态会占上风，并且引导人们的行为。意识形态是一个动态的东西，它在运动中起到遏制腐败的作用。这样形成的意识形态是完全公开的。人们的意识观念可以自由表达，其中有许多不同，但在最基础的方面有共同的内容，这就是本文所说的一致的、共同的意识形态。有一种情况与此相反，那就是政府过多地干涉意识形态，它可以控制媒体，大量地宣传所谓的光明面，有意识地淡化不公平现象，并宣传政府认可的意识观念，希望以此造成一种有利于政府的意识形态。这是根本不可能成功的。表面上，确实有一套“成功的意识形态”，但在实际上它是虚拟的，不真实的。这种意识形态可以称为“虚假的意识形态”。这时，真实的意识形态是潜在的，对社会不公平现象不满但又没有公开发表的机会，但它肯定是存在的，它不能形成正义的舆论力量遏制腐败。这种情况下，被压抑的正义感有两个出路，一是倒向腐败的意识形态，一是形成反意识形态。

意识形态的形成和演变有自己的规律。政府不可能成为意识形态的缔造者，也不能真正有效地控制它。但政府在顺应规律的前提下，肯定能发挥重要的作用，促成成功的意识形态的形成，从而在较大程度上遏制腐败行为。政府的作用主要是在制度创新与制度变迁上。创新与变迁要以公平、公正为准则。从反腐败来讲，就是要对高层与低层官员一样对待，对出身与背景不同的官员一样对待，还必然特别注意对小的腐败行为要从严惩处而不是姑息。政府在制度与法律上的行为，会对意识形态的变化产生重要影响。这是必须注意的。

从思想教育工作上看，将思想教育与物质利益挂钩，是近年来思想教育工作最大的误区。诺思重视意识形态理论，正是要纠正新古典经济理论的一个问题即最大化问题。按照新古典经济理论，个人应该追求利益最大化。按照意识形态理论，个人应该在一定条件下放弃个人私利。这是截然不同的两个方面，是一对矛盾，其实也就是中国古代思想界长期争论的“义利之辨”。在义利之间取得平衡是最佳选择。如果偏重任何一方都会出问题。义，包含正义感、荣誉感、自觉性。如果将这些东西同物质利益直接联系起来，实际上就是取消了荣誉感、正义感、自觉性，从而瓦解了形成正当的意识形态的根基。那些本来与荣誉感相联系的优秀、模范、先进称号只与利益联系，成了与金钱财物等同的东西，成为人们你争我夺的对象，这是很可悲的结果。荣誉感是一种自发的情感，是一种维护尊严与自我形象的情感要求，是以得到人们在道义上的认可为目的的，是与物质利益无关甚至相对的。腐败分子现在不仅捞钱，而且捞名，因为名就是利。义已被利所吞食。这种情形可以称为“荣誉利益化”或“荣誉福利化”。过去，人们可以争取一些实际的利益，但是荣誉是人们不敢去争夺的神圣的东西，今天已经不是这样了。这些年揪出的许多腐败分子，头上戴着这光荣、那优秀不少花环，不是由上头赐予的、就是自封的、再就是形式主义的评议给予的。盛名之下，其实难副的情况比比皆是。实际上，在人们心目中形成了一种观念：义，已经是不值一钱的东西了，必须转化成为利，才有价值。荣誉成了与奖金、福利同等的东西，有些地方干脆实行“荣誉轮流制”，人人有份。新古典经济理论盛行，物质利益高于一切，作为社会控制的意识形态手段虽然仍在运用，但是已经变味了，几乎达到名存实亡的地步。

意识形态手段作为一种节约机制，可以减少惩罚性手段的使用。但是，这并不是说，应当减少对腐败分子的惩罚。所谓可以减少惩罚性手段的使用，是说当形成成功的意识形态、腐败行为大大减少之后，就无须使用较多的惩罚性手段了。在此之前则相反，必须加强惩罚，让人们真正看到公平与正义的存在，才能促使意识形态向理想的状态发展。

意识形态包含着正义感在内，正义感的力量应该受到重视。普遍的正义感如果遭到漠视，意识形态就会发生变化，一部分变为腐败的意识形态，一部分变为反意识形态。意识形态的表达是舆论。舆论不仅仅是报刊电台这类易于控制的媒体。更重要的是民众的情绪、态度、议论。因此，企图通过控制媒体来控制意识形态，只能是自欺欺人。重视意识形态的方式很多，群众评议或民意测验可以用于对干部进行经常性的监督，对于人民群众不满意的干部，对于有瑕疵的干部，应该在舆论的压力下让他早早下台，而不要等到发展成为严重腐败分子再痛下杀手。

五 结束语

诺斯认为，一个社会的政治与经济结构的“变迁与稳定需要一个意识形态理论”。[①] 意识形态的作用是能够解决“搭便车”难题。本文论证了腐败属于“搭便车”的范畴，解决腐败问题也需要意识形态理论。成功的意识形态奠基于社会公平的基础之上，由普遍的正义感维持制度规则的正常执行。解决腐败问题需要政府通过制度变迁努力实现公平，进而通过正当的途径引导和构筑一个成功的意识形态。文章最后对在我国意识形态的形成过程中，政府以往的一些做法提出一些看法。通过意识形态理论解决腐败问题是一个新的思路，希望能够有更多的人关注这个问题。

注：原载王浦劬、赵成根主编《政治与行政管理论丛》（第三辑），天津人民出版社 2002 年版

① ［美］道格拉斯·C. 诺斯：《经济史中的结构与变迁》，陈郁等译，上海三联书店、上海人民出版社 1997 年版，第 13 页。

论腐败的层次划分与思想政治教育

改革开放三十年来，腐败与反腐败的斗争经历了曲折的历程。一方面，反腐败的战略部署、制度建设不断发展，对腐败的认识不断加深，反腐败的力度不断加强，反腐败斗争也不断取得新成果；另一方面，腐败现象也在发展，腐败的官员级别越来越高，贪腐数额越来越大，腐败的花样越来越多。整体看来，腐败仍然相当严重，可以说，腐败的发展仍然大于反腐败的发展。只有反腐败的力量大于腐败的力量时，腐败才有可能被遏制，所以，我国离真正遏制住腐败还有一段漫长而艰难的路要走。因此，全面研究廉政建设与反腐败问题，仍是我国政府与学术界的一个重要课题。

廉政建设与反腐败，是一个内容相当广泛的课题，在我国，已经基本上形成了一个专业领域，研究者包括研究机构和高等院校的学者专家，党和政府从事纪检、监察、检察实践工作的干部，还包括民间反腐败人士。这三个方面的研究者，因为本身特点，研究工作必然有所侧重。作为高校教师，一般偏重理论研究，文献分析多于实践调研。我自己是在高校从事教学与研究工作的，对理论研究的兴趣较高些。本文正如题目所揭示的，是从腐败层次划分开始讨论，重点则落在对思想政治教育的探讨上。希望我的思考能够多少对于廉政建设与反腐败研究有一些帮助。

一　腐败的层次划分

1. 对监督内容的层次划分以及腐败在其中的位置

对事物进行分类，划分层次，是一种研究方法。这种方法可以加深研究者对研究对象的认识，可以确定继续研究的不同范围，可以使研究较为系统些。总之分类（包括分层）是一种有用的研究方法。

1987年前后，在参与撰写《监察与监督》一书的第一章“概论”时，我初步提出了对监督内容的层次划分的观点：“监察与监督的内容可以区分为对官僚主义的监察与监督；对失职与渎职的监察与监督；对滥用权力的监察与监督以及对腐败现象的监察与监督。”①

后来在2007年出版的《政治监督学》一书中，我对这一观点作了发挥：“一般说来，政府中的官僚主义是不可避免的，存在一定程度的官僚主义是可以理解的，如果监督与监察机关的主要任务是纠正官僚主义作风，民众对这样的政府的满意度是比较高的。理想中的监督与监察机关，它的大量工作应该是针对官僚主义的。渎职、贪污已经是犯罪行为，应该由检察部门去处理。官僚主义严重就会出现失职渎职的情况。失职渎职严重就会出现滥用权力的情况。而最严重的则是腐败成风，即官员队伍中出现较多甚至很多经济犯罪分子。一个政府如果问题严重到腐败成风，它的监察机关的主要任务就必定是打击腐败，也就是同犯罪行为作斗争了。监督与监察机构就在某种程度上变为司法检察机关了。实际上监督与监察与司法检察应该是有明显界线的。”② 我的意思是，在情况比较正常的情况下，监督机关的主要工作应该是针对官僚主义的监督，而偶然出现的官员渎职与经济犯罪则由检察机关处理。

当然，让监察机关只负责对付官僚主义现象，这在目前中国来说，只是一种理想。一方面，我们承担纪检监察工作的部门，必须努力把问题控制到较低的程度。另一方面，我个人认为，纪检监察机关在目前也应该对较严重的官僚主义，以及失职渎职，加以关注。因为这些内容也是监督的部分内容。

上面所说的问题，是从“监督”这一角度来说的。也就是说，监督，这个词儿，它所针对的范围就应该包括这几个方面。我们前年出版了《政治监督学》一书，就是想努力使“监督”成为一个学科。对监督这一政治社会现象做个全面的研究和系统的论述。

2. 原有腐败定义对腐败范围的局限

毫无疑问，腐败是监督的一个内容，在当前，它是一个非常重要的内

① 陈哲夫主编：《监察与监督》，北京大学出版社1994年版，第12页。

② 吴丕、袁刚、孙广厦：《政治监督学》，北京大学出版社2007年版，第21页。

容。这篇文章拟从“腐败”这个角度来看问题。并对“腐败”作一个分类与层次划分。这只是初步提出这样的想法，和大家讨论。

关于腐败的分类，我在《中国反腐败》与《政治监督学》两本书中都有所涉及。我的看法是：“腐败”一词本来并非严格意义上的学术词汇，而是群众口语。在我国法律中并没有“腐败”的罪名，《刑法》中列出的可以视为与腐败相联系的罪名主要是经济犯罪和职务犯罪，包括12种具体罪名。“腐败”一词现在基本上成为一个学术名词了，但对其定义还远远不能统一。在我国，比较简单明了的定义就是“官员以权谋私”。但这个定义问题较多。

下面举几个与此基本相同的定义：

美国学者亨廷顿的腐败定义对中国很有影响：“腐化，即公职人员为实现其私利而违反公认规范的行为。”① 中国很多学者关于腐败的定义与此类似，如“腐败是为谋取个人私利而滥用公共权力。”②

“透明国际”（TI）关于“腐败”的定义是：“腐败指的是为了个人私利而滥用权力，包括政府官员收受贿赂、在政府采购中收取回扣以及贪污公款。”③ 我在一篇文章中说过：“这是一个相对狭窄的定义，它没有包括普通公众眼中认为腐败的许多东西，比如：裙带关系、挥霍公款、参与走私、浮夸假报、滥施淫威等等。”④

世界银行对腐败的定义是：“腐败是公职人员为了获取私利而滥用职权”（World Bank 2002）。Cris Shore 和 Dieter Haller 指出：这一定义把腐败简单地看作是政府部门内出现了腐化分子，让人们只关注个别腐化分子而不是制度或系统。⑤

上述看法说明原先的腐败定义存在缺陷。

我个人认为：“腐败是一个既清晰又模糊的概念。说它清晰，是因为在一般情况下，人们所说的腐败，是指政府官员利用公共权力牟取私利的

---

① ［美］亨廷顿：《变革社会中的政治秩序》，李盛平、杨玉生译，华夏出版社1988年版，第58页。

② 樊刚：《中国：挑战腐败》，浙江人民出版社2001年版。

③ 透明国际网站：http：//www. gwdg. de/～uwvw/。

④ 吴丕：《腐败排行榜与中国反腐败》，《北京大学学报》1999年第3期。

⑤ Dieter Haller & Cris Shore：*Corruption*：*Anthropological Perspectives*. London，Pluto Press 2005. pp. 4–5.

行为，这是关于腐败的最常见、最基本的定义。这里所说的政府是大政府概念，在我国包含党、政、司法以及人大、政协在内，也包含国有企事业单位。说腐败的概念模糊，是因为人们日常所说的腐败，常常超出上述界定。其一，人们所说的有些腐败的主体并不是政府官员……其二，人们所说的一些腐败行为，在政府文件中并不认为是腐败行为，例如乱摊派、乱收费等行为，在政府文件中往往称为不正之风。其三，人们所说的一些腐败行为，很难说是牟取私利。例如铺张浪费、政绩工程、地方保护等。其四，人们所说的某些腐败行为，属于官员个人品质或个人道德的范畴。例如见死不救、嫖娼赌博等行为。上述情况，用腐败的基本定义难以全部包容。"①

《联合国反腐败公约》没有对腐败作出明确的定义，这是谨慎的作法。这也要求我们对腐败的定义进行研究。起码对腐败所包含的内容、范围，要有较为清晰的了解。

3. 权力腐败与社会腐败

在这几年的思考中，我曾提出腐败分类有"政府腐败"与"社会腐败"两类。② 二者的主要区别是前者的主体是公职人员、利用的是公共权力，而后者不是公职人员，不掌握公共权力。前者还可称为政府官员腐败、公共权力腐败；后者可称为非政府官员腐败、非公共权力腐败。显然，"以权谋私"这一类的定义就不能包括后者。为了能够在腐败定义中容纳二者，我提出的腐败定义大体上是：在人类的政治生活与社会生活中，某人或某些人或某机构利用优越的社会地位或人际关系中的优势地位，破坏公认的道德准则、法律法规的行为。这种行为可以构成犯罪，也可以不构成犯罪；可能对公共利益或他人利益造成损害，也可能不造成损害；可能为自己或自己人或为某些人谋取不正当的利益，也可能没有谋取什么利益。

这样的定义，缺点在于包容性太大，需在具体运用时去把握尺度。其中"利用优越的社会地位或人际关系中的优势地位"一句比较重要，比如一位家长向幼儿园老师送礼，为的是求老师照顾好自己的孩子，大家都知道这种作法现在已经成为一种"潜规则"了，在这一事件中，谁占

① 吴丕、袁刚、孙广厦：《政治监督学》，北京大学出版社 2007 年版，第 263—264 页。

② 吴丕主编：《中国反腐败——现状与理论研究》，黑龙江人民出版社 2003 年版，第 5 页。

"优势地位"呢？当然是老师了。老师以家长是否送礼来决定对谁的孩子更好的照顾，这就是一种腐败行为（社会腐败），而家长没有优势地位，送礼是迫不得已，因而不能说是腐败行为。这里也可以看出一点，腐败一般是强者的不正当行为。

腐败，这个本来与学术无关的词汇，正在变得更具学术意味了。我个人希望，运用腐败一词，从腐败这一角度研究社会政治问题，以便分析、解释许多在政治与社会上的不正常或人们不愿意看到的丑恶现象，通过研究提出较好的解决办法，使我们的社会与政治变得更为完美一些。

这一新的定义使得腐败的包容性大大增强了。我开始感觉到原先提出的"权力腐败"与"社会腐败"两分法既有道理，同时也存在着简单化的问题。其一，因为实际上问题要复杂得多；其二，因为许多研究已经在实际上对这样的分类提出挑战了。比如前面引用到的 Cris Shore 和 Dieter Haller，他们提到制度性腐败或系统性腐败，就提醒我们，对腐败还可以有不同的或更好的分类。

4. 从腐败的范围划分：腐败的七个层次

我原先的区分是从腐败主体研究入手的（公职人员与非公职人员）。现在，参考近年来许多学者的研究，我再提出一种较为复杂和细致的分类。分类需要一个标准。这次的标准是腐败的范围。根据范围大小及规定，腐败可以分为以下几类：（它们之间大体是有层级之分的，由低向高，由小向大）

（1）个人腐败

主体为个人。利用公权或其他影响力，败坏道德，破坏规则。如贪污、挪用、私分公款（包括私营部门的"公款"），行贿、受贿、铺张浪费、作风腐化等。

（2）集体腐败

主体为某一单位中的全体或某些人。包括团伙腐败、单位腐败、行业腐败等。

（3）内外合作腐败

跨单位、跨部门，甚至跨国，双方互相勾结，共同腐败。如政府官员与黑社会联手，官商勾结、权钱交易等。

（4）地区性腐败

某一地区特有的腐败现象，如群体性造假与地方保护主义。

（5）制度性腐败（或曰结构性腐败，系统性腐败，组织化腐败）

腐败在某一单位甚至整个政府已经制度化。少数特权阶层操纵政权，垄断经济，践踏民主，抵制监督，潜规则盛行，等等。

（6）政党腐败

某一政党腐败严重，如在政治捐赠、竞选、执政活动中的腐败现象。

（7）社会制度腐败

指五种社会形态。近年来资本主义社会金融危机严重，暴露出的问题可称为社会制度腐败。历史上一种社会形态为另一种社会形态所取代，即缘于旧的社会制度的严重腐败。有些国家的消亡也是由于制度腐败。比如古罗马的灭亡就是由于物质与精神上的双重堕落，根源则在于人类贪婪的本性。清朝的灭亡与满洲贵族的腐化堕落分不开。

从以上分类与分层可以看出，腐败分类，可以用以分析、解释在某种范围内的某些社会政治问题，或对历史作出合理解释，或对现实提出解决办法。这是一个可以深入研究的学术领域。从最高层次来说，可以对中国历史上的社会制度变迁加以分析，以便于我们更好地认识历史发展规律。也可以对苏联这一最早的社会主义国家的产生与消亡进行分析，总结共产主义运动的历史经验与教训，以利于我国的发展。更可以对当今资本主义国家的社会制度腐败进行研究，相信这样的研究一定会对我国今后的发展提供很好的借鉴。我国领导人早就指出，腐败严重就会亡党亡国（这说明以上七种腐败在我国都有表现，有的还很严重）。我们必须在理论上作出深入的研究。

二　论思想政治教育

1. 寻找腐败的最小单位

以上七种腐败的每一种都需要作深入研究，每一种都还可以继续分类分层，这样，研究才有可能不断深入（细化才有可能深入）。这里不可能一一分析，但希望能够从七种腐败范围中找出共同的导致腐败的某种因素，同时，从这种因素入手，可以寻找到预防腐败的途径。

社会上的事情就像物质具有粒子性一样，总是可以无限分割的。我们在分析腐败的发生时，首先想到的是具体的个人（这在本文前边被认为是不全面的观点，用以定义腐败是不准确的），尽管我们知道有些腐败是不以个人为单位的，比如我们说的制度性腐败，被分析的不是个人，而是制度，但是，在制度性腐败中，还是可以找到个人的作用的，所以，说个人是基本单位是可以说得通的。只是在个人腐败中，个人可能为自己谋取私利，他的腐败体现在具体的事件中（贪污、挪用、收贿等）。而在制度性腐败中，个人可能是为某一阶层某一政党考虑他们的利益的，这样的腐败体现在政治制度的安排、具体法律政策的制订等方面，而作出决定的个人还很有可能是廉洁的。这样就有一个问题，前者可以追究到个人头上，后者却似乎不能追究到某个人的头上。那么，最小的单位到底是什么呢?

这就是人的思想。思想必然在每个人的头脑中影响着每个人的行为。每一种腐败范围的腐败行为，都有相应的思想在起作用。个人腐败的思想作用不用说了。在制度性腐败中，如果那些决策人物具有好的思想，就有可能不会作出有失公正的决策。

解决思想问题，就需要思想政治教育。

2. 性善论与性恶论，道德约束与制度约束

思想可以决定一个人的品质、修养、行为。一个有好的品质、好的修养的人，在行为上就不会腐败。思想并非天生的，而是后天获得的。这就是教育的启发作用，加上制度的约束作用。尽管思想是后天获得的，但是个人的主观意志也起着重要作用。人们在社会上受到的教育来自多个方面，个人会主动地接受来自哪些方面的教育?制度的约束作用不是全能的，总是有漏洞的，个人是主动接受约束还是寻机摆脱?

看来在思想后面还有一个更重要的东西。今天的科学研究似乎指向遗传基因。但是过去人们对此已经提出一些看法。这就是人性。

在中国传统思想中，有“性善论”与“性恶论”，分别以孟子和荀子为其思想上的代表人物。前者认为“人之初，性本善”，因为受了后天的蒙蔽才会出现恶，改恶向善的办法就是学习圣贤的教诲，重新发现自己的良知。后者认为人性天生为恶，都是自私自利的，都是同人竞争的，为了抑制恶的人性，圣人“化性起伪”，制订礼义，严刑峻法，教育和强迫人们遵守，于是人类社会才有了良好的秩序。

中国的“性善论”与“性恶论”表面看来不同，其实，它们的背后隐藏着一个共同的东西。那就是说：世界上存在着绝对性善的圣贤！在“性善论”中，圣贤的心灵不会受到外界的污染，因此，他们的责任就是

教化众生。在“性恶论”中，圣贤之性是善的，因此，他们的责任就是制订礼义刑法，规范众人的行为。正因为有这样的思想基础，中国几千年来不可能出现民主思想。因为“上智与下愚不移”，圣贤是不可能让民众监督的，只有圣贤教化管制民众。当然，圣贤必定是爱民的，所以会体察民情，听取民众的意见。这就是中国的传统思想，一直影响着中国的政治与社会。

西方也有各种各样的思想家，比如柏拉图，他在《理想国》中提出一个思想，即由“哲学王”来统治城邦。他说：“除非哲学家成为我们这些国家的国王，或者我们目前称之为国王和统治者的那些人物，能严肃认真地追求智慧，使政治权力与聪明才智合二为一……否则的话……对国家甚至我想对全人类都将祸害无穷，永无宁日。”① 柏拉图在其《第七封信》中也有同样的论述：“除非那些热爱正义和真知的人掌握国家的统治权，或者那些统治者竟然——出于上天的恩赐——成为真正的哲学家，人类的罪孽不会中止。”②由“哲学王”所统治的这个理想国，它的最好的政体就是贤人政体，实行贤人政治。在“哲学王”统治的理想国中，“哲学王”在国家中凌驾于一切之上，具有发号施令的绝对权威。柏拉图所说的“哲学王”，同孔子所说的圣贤一样，在道德上必然是完美的，他也不需要民众的监督。

不过柏拉图的政治思想并没有发生多少实际影响。特别是西方近代资产阶级革命以来，人们对于政治领导人的警惕性越来越高。在西方人的思想里，人是生而平等的，因此不会有什么高人一等的圣贤或者哲学王。人的平等也包括在道德上的利己性上，任何人都是如此，没有例外。而掌握了政治权力的人更容易滥用权力。

英国思想史学家阿克顿勋爵（1834—1902）有一句广为人知的至理名言：“权力导致腐败，绝对权力导致绝对腐败”③。阿克顿认为，“自由建构于权力之间势均力敌的相互斗争和对峙的基础上。权力之间的相互制衡使自由得以安然无恙。”也就是说，自由存在于权力的分立之中。而

① ［古希腊］柏拉图：《理想国》，郭斌和、张竹明译，商务印书馆 2002 年版，第 214—215 页。

② ［古希腊］柏拉图：《第七封信》，浦兴祖译，载洪涛《西方政治学说史》，复旦大学出版社 2001 年版，第 67 页。

③ ［英］阿克顿：《自由与权力》，侯建、范亚峰译，译林出版社 2014 年版，第 294 页。

"联邦主义提供的制衡成了最高的保证。它是一个国家（权力）不能为所欲为的一种形态。"联邦主义实现了自由与秩序的恰当平衡，其方法是限制一切权力，遏制中央集权。

孟德斯鸠说过的一句话也成为真理："一切有权力的人都容易滥用权力，这是万古不易的一条经验。有权力的人们使用权力一直到遇到有界限的地方才休止。"① 大家都知道他提出了三权分立的构想。

另外，在经济学中，有个假定理性人，是现代西方经济学理论的逻辑起点，所有经济学的问题都建立在这一起点之上。就是说，人是在约束条件下追求利益最大化的动物。这种假设最早由英国经济学家亚当·斯密（Adam Smith）提出。他认为人的行为动机根源于经济诱因，人都要争取最大的经济利益。后来"理性经济人"的概念发展超越了经济领域，推广到更为一般化的层面，认为人的一切行为都是为了最大限度地满足自己的利益。

诺贝尔奖获得者布坎南等人发展了这一思想。布坎南创立了公共选择理论，从理性经济人推论出市场失灵与政府失灵，特别是关于寻租理论的论述对于解释政府腐败提供了较好的视角。公共选择理论着重从立宪的角度分析政府制定的规则和约束经济和政治活动的规则或限制条件。这一理论有许多可商榷之处，但它与阿克顿、孟德斯鸠的观点有相通之处，这是无疑的。他们大体上都可说是"人性恶"论者，都不主张以道德约束权力，而是主张以制度来约束权力。其结果如果成功的话，在其制度里的政治人物的道德水平自会保持较好状态。

可以看出，在孔子与柏拉图的思想中，圣贤与哲学王都是道德完美的典范，可以由他们来约束群臣，统治百姓。这就是道德约束权力的模式。这种模式在中国几千年的传统中可谓根深蒂固。而在西方近代以来，他们不相信政治人物的道德水平会高于普通人，因此他们采取了以权力制约权力的模式，而且在实践中取得了较好的效果。

当然，西方国家也不是不要道德。在西方的政治制度中，即在权力制约权力的政治结构中，很多政治人物表现了较高的道德素养。但在中国，几千年来的专制制度，仅靠政治人物的个人道德，只是出现了为数极少的"清官"而已。

---

① 孟德斯鸠：《论法的精神》上册，张雁深译，商务印书馆 1961 年版，第 154 页。

由此看来，似乎道德约束权力的主张不及以权力约束权力的主张。不过，有许多人不以此为然。针对“理性经济人”，有很多学者就提出了不同的类型。比如有人看到一些为正义献身的人的行为，就提出存在一种“道德人”的观点。其实中国传统关于人性的观点，特别是关于圣贤的观点，就可以称为“理性道德人”。中国古代的“清官”就是这样一类人。

那么，究竟是经济人还是道德人占主流呢？究竟是道德约束还是制度约束更有效呢？关于这些问题，可能永远都会有争论，也很难有统一的认识。

3. 思想政治教育的出路

本文不妨来一个调和折中，假设道德约束与制度约束同等重要。那么，我们可以把制度约束放在一边（已经有很多文章讨论制度约束了），这里只讨论道德约束。

道德约束在我国近年的作法，主要就是思想政治教育。这种作法源于中国传统。在《礼记》《尚书》中都可以看到君主对臣民或官员对民众进行思想政治教育的记载。中国从来没有能够从思想上控制民众的宗教（有的只是少数），从思想上控制民众的，只能是政府，所谓政教合一，是中国政治与社会的一大特色。对于官员来说，树立忠君爱民、廉洁勤政的思想，只能从儒家说教中获得教育。儒家毕竟不能成为一种信仰，尽管也有少数人能够成为儒家政治理论的忠实执行者。所以中国人需要来自政府的监督，需要法律的约束。

西方国家有宗教去管人们的思想。有人认为西方的宗教确实能够成为一种信仰，真正能够控制人们的行为。其实也不尽然。所以西方才会出现以权力制约权力的制度设计并且由于这种制度才使得政治秩序比较好一些。

我并不认为我们只有接受西方的基督教才可以解决道德危机。但是仍然依赖以往的思想政治教育模式已经不能解决问题了。

思想政治教育在中国现代革命史上曾经起过积极的作用。从共产党的建立到1949年建国，甚至到“文化大革命”前，思想政治教育确实起过很好的作用。那时候人们有理想，有信仰，有热情，政治号召，政治口号，政治要求能够激励人们无私奉献。这样的历史在其他某些国家的历史上也有相似的时期，比如美国国内战争时期。但是这样的政治鼓动不能成为常态。当时代背景发生重大变化以后，社会进入稳定发展时期，就需要另外的方式来保证人们具有健康的思想、正常的心态、适当的行为规范。

我们改革开放三十年间采用过加强党的建设的方式、政治学习的方式，有过“三讲”和“三个代表”的学习，还有“保先”教育等等，在社会上进行过清除“精神污染”的运动，有过精神文明建设的活动等等。学习资料发了无数，开会学习过无数次，耗费了大量的人力物力。但是效果同过去比起来相差甚远。是否可以说：源于革命年代的思想政治教育方式已经不适应现在的时代了呢？应该是。

简单说来，这三十年思想政治教育存在的问题有：

（1）学习流于形式，没有实效。即形式主义。

（2）理论较虚浮、空洞，无法落实。即陈义过高。

（3）学习内容脱离公务员的实际需要，公务员队伍中不懂职业道德、不懂法律，不懂政策，甚至不懂作人基本常识的人仍然存在。即学非所用。

那么思想政治教育应该如何进行？

首先，根据前面所区分的腐败层次，有关的思想教育也应该有层次之分。普通公务员要知道人的基本道德规范和基本的职业道德。高级公务员要学习适当的预防腐败知识。要根据不同层次不同岗位的领导人的需要，进行相关的防腐反腐理论学习。党的理论工作者要研究政党腐败，研究社会制度腐败，总结经验教训，有的放矢地进行思想政治教育。政府研究机关要研究权力监督的理论、原则与制度设计，要根据反腐败的要求切实改进我国的政治制度。高级领导人要研究政治理论，提高政治素养，提高政治能力。特别是对先进的政治理论要有清醒的认识与了解。要知道腐败越严重的地方，政治上肯定越落后，越是要加强这方面的研究与学习。

其次，要对公务员提出基本的道德要求，制订职业道德准则，要简明扼要，易知易行。不要过于复杂。

第三，反对政治学习应付检查、走过场、作表面文章、重形式不重实效的作法。思想政治教育不在于次数多、材料多、写学习心得或发表论文多，而在于真正使公务员将道德要求落实到行动上。

第四，面向大众的思想政治教育要改革过去陈腐不切实用的作法，要有新鲜感、时代感，与民众的切身利益相结合。要让民众在政治上更聪明而不是更愚蠢。要让民众监督政府而不是片面要求民众信任政府。

第五，思想政治教育必须同严格的监督相结合。监督理论应该成为领导干部学习的必要内容，通过学习，提高认识，改进监督工作，达到预防腐败的目的。

三 结论

原有的、通行的关于腐败的定义，即腐败是公务人员为了个人私利而滥用公共权力，受到质疑的时候，我们应该根据环境和认识的发展，重新定义腐败。从现在眼光看，腐败的主体不限于政府官员或公务员，也包括私营部门的管理和工作人员，甚至也包括社会上的各种人在内；腐败不一定必须是为了个人私利，也可以是为了某人或某一伙人或某一阶层的利益，也可以不谋取利益而只是为所欲为；腐败不光是利用公共权力，也可以是社会人员利用自身的优越地位对他人施加不正当的影响；腐败不仅是经济犯罪、职业犯罪，也包括各种败坏道德规范、违反法律制度、践踏人权、影响公平的行为。从这个角度看，腐败可以根据其大小范围划分为不同层次：个人腐败、集体腐败、内外合作腐败、地区性腐败、制度性腐败、政党腐败、社会制度腐败。这七个层次的腐败，在我国都有不同程度的表现。

中国和西方传统的思想政治有很多都以人性为逻辑起点。由此产生出道德约束权力或制度约束权力的监督机制。但是所有不同层次的腐败都可以追溯到人的思想上。因此思想政治教育就是十分必要的。只是我国现行思想政治教育的方式和内容已经不适应现实需要了，其效果也很不理想。因此，必须探寻更好的思想政治教育方式和内容。腐败的层次划分可以为思想政治教育提供一种参考，思想政治教育必须针对不同层次的腐败主体，采取相应的方式，应用相应的内容，以保证思想政治教育在预防腐败中起到较好的作用。

注：原载中共湛江市纪委编《首届北部湾廉政论坛论文集》，中国方正出版社 2010 年版

从政治监督学角度看公共预算监督

我国公共预算改革是从 1999 年开始的，到今天公共预算改革已经取得了较大进展。公共预算改革已经成为我国公共管理学、法学、经济学、财政学、政治学等众多学科的学者共同关心的重大课题，有多年的研究积累，有较为可观的研究成果。[①] 这是极为可喜的事情，因为公共预算在我国政府改革及政治体制改革中占有重要地位。它的重要性将在今后数十年中越来越为更多的人所认识，也将体现在我国政治改革的进程中。对于公共预算的研究，不同学科有不同的研究方法，有不同的研究视角，会提出不同的见解。只要是对于公共预算的改进与完善有益的研究，都是值得欢迎的。本文即从政治监督学这一角度对于公共预算的改革提出一些思考。由于研究领域的关系，本文不从技术层面进行分析，不全面研究预算系统，也不从法律制度角度进行细致分析，而是从对政府的监督这一角度分析，试图提出对于政府权力进行控制监督的一些思考与建议。

一　公共预算的政治性与政治学学者的努力方向

1. 从“政治”的定义看公共预算的政治性

“虽然预算系统看上去是一门技术，但实际上它却是政治，是政治和技术的结合，而且技术位于最低层面，政治却处于最高位置。”[②] 公共预算为什么“是政治”？这可以从“政治”这个词的定义来理解。关于“政

---

① 马骏：《中国预算改革的现状介绍》，腾讯财经网 2006 年 5 月 12 日，（http：//finance.QQ.com）。孙开：《公共预算监督机制问题研究》，《财政与税务》2007 年第 12 期。杨帆：《试论公共预算的监督》，中国选举与治理网 2008 年 9 月 17 日，（http://www.chinaelections.org）。

② ［美］罗伯特等：《公共预算系统》，曹峰等译，清华大学出版社 2002 年版，第 v 页。

治”的定义有很多，其中较为重要的一种是美国政治学家戴维·伊斯顿的观点，他认为，政治是对社会性价值进行权威性分配的过程。[①] 这里的价值虽然包含物质的与精神的，但其中资金的分配占有重要地位，而公共预算最主要的方面就是对于国家财政收入的分配。因此，公共预算毫无疑问是政治问题，换言之，公共预算具有很强的政治性。

当然，“政治”的这一定义有其局限性。如果把政治视为一个过程，或者视为一种社会现象，它本来含有极为广泛的意义。这些问题我们不必探讨，以免进入无休止的争论之中。需要指出的是，伊斯顿的这一定义是把政府决策活动作为政治活动的范围的。这是一个较为狭窄的定义。我们知道，所谓定义，只是在论说中为自己使用的概念予以限定，以便进行较为精确的推理，而不致产生歧义。在本文中，我采用伊斯顿的这一定义。

2. 公共预算是一种影响全社会的政治制度

政治学研究主要包含两个对象：政治学说与政治制度。前者是理论，是思想；后者是实践，是组织机构及其运行。“我们通常把一个社会中的某些制度称为政治制度，因为它们代表着权力或权威的一种安排。……集体和个人当然非常注意这些制度所采取或作出的决定，因为他们的利益和目的将受到这些制度的影响。”[②]

公共预算是一种政治制度。“它包括如何在公共部门和私营部门之间分配社会经济和财富资源，以及如何在竞争的公共部门需求之间分配这些资源。”[③] 它影响到各个不同的利益集团或不同阶层的民众。因此，公共预算理应受到社会的广泛关注。但由于某些原因，我国相当多的民众对此并不了解也缺少关注，甚至较多的学者与官员也不重视。这是研究公共预算的学者需要解决的一个问题。我想，政治学学者应当在这一方面作出努力。这就需要通过研究，提出一些能够促使国人关心公共预算的观点。同时，也要提出改革的建议，推动公共预算的改革。

3. 走出传统与政治文明建设

由于我国的特殊历史与特殊国情，从而在人们思想上形成一些独特的观念，影响着我国的公共预算制度。

---

① ［美］伊斯顿：《政治体系——政治学状况研究》，马清槐译，商务印书馆1993年版，第123页。

② ［美］萨拜因：《政治学说史》上册，盛葵阳等译，商务印书馆1986年版，第5页。

③ ［美］罗伯特等：《公共预算系统》，曹峰等译，清华大学出版社2002年版，第16页。

我想从历史发展的角度简略地比较一下中外公共预算的区别。1215年英王约翰在领主、教士、城市市民的联合压力下签署了《大宪章》，确立了“赋课必经代议士同意”的政府收入原则，现代公共预算由此开端。[①] 国王并非绝对专制，地方与民众有与国王抗衡的可能。这是英国能够和平走上民主法制的一个较为重要的原因。后来议会对政府财政监督逐渐形成一定的法律制度就都是顺理成章的事情了。这一历史事实说明，公共预算是民主政治的产物。在这背后，有历史传统、经济与社会条件、政治思想、宗教文化等诸多因素。

中国自古以来即有深厚的专制传统。一方面，在决策与税收方面，地方政府、地主、商人及普通民众都没有与中央政府协商和讨价还价的可能，民间形不成利益集团，没有力量也没有条件与政府抗衡。这也是中国的历史传统、经济与社会条件、政治思想、宗教文化等诸多因素决定的。这些因素综合起来，决定了传统中国中央政府在财政上不受监督的局面。地方各级政府的财政收支在当地也都不会受到监督。中国传统是中央对地方财政严格控制。如同行政监察一样，财政监督也是自上而下的，对于中央的监督几乎没有。另一方面，中国政治也在某种程度上受到政治思想的制约。中国传统政治思想中的重民思想（民为邦本、惠民、富民、养民等），以及重视节俭等思想，在某些特定时期会发生较好的作用。但这种作用的正常发挥没有制度的保证。所以各个王朝几乎都存在政府对民众的过度剥夺，皇室与官僚的过度享受，导致民众与政府的怨恨、对立，甚至反抗。

现代公共预算系统的建立以及对公共预算的监督制度，都是从西方开始的。但是如同在政治制度的其他诸多方面一样，在预算系统及预算监督上，中国到今天仍然处于不成熟、不完善，问题较多的地步。公共预算系统的改革与公共预算监督的完善，必将有益于我国政治文明建设。这里说的政治文明，是指在政治思想与政治制度上，我国处于人类政治发展的地位。我国从君主专制走到共和国，是在政治文明的发展道路上向前走了一大步。现在还需要继续向前发展，争取达到发达民主国家的那种程度。这就是政治文明建设的任务。公共预算改革可以在这方面起到一定的作用，我们必须善加利用。

---

① 王永礼：《预算法律制度论》，中国民主法制出版社2005年版，第12页。

4. 公共预算改革和政治体制改革的关系

预算系统的完善和对公共预算的监督，在很大程度上都是政治学应该关注的问题。这一点，学者已有很好的论述。[①] 在当下，公共预算改革是政治体制改革的一个重要方面，这已是众多学者的共识，也为我国政府所重视。“党的十四届三中全会通过的《中共中央关于建设社会主义市场经济体制若干问题的决定》明确指出，在中国的经济体制由计划体制转向市场经济的过程中，中国政府的预算体制也在随之向公共预算系统改革。”[②] 尽管在党的文件中，是将公共预算系统改革与经济体制改革联系在一起的，但是实际上却不可避免地涉及政治体制改革。

公共预算系统改革将会涉及政治体制诸多方面，比如：加强全国与地方人大的监督权、加强公共舆论监督、加强地方自治权等等，这些问题都是政治性很强的。这就决定了预算系统改革必然触及政治体制的许多方面，否则，预算系统改革就没有多大意义，也收不到应有的效果。为什么说公共预算改革会涉及政治体制的许多方面？因为现代公共预算是与民主政体相联系的，因此，真正的公共预算改革必定要向民主管理的方向迈进，必然会推动国家机器提高民主化的程度。

另外，如果选择公共预算作为改革的重点，在某些方面又可降低传统观念中的“政治性”，这也是较有意思的事情。我指的是公共预算改革可能因为技术性较强，而有可能较少因学习借鉴西方发达国家而被疑为有“自由化”之嫌，更不会有“颠覆政府”之虞。在政治改革中要“去政治化”，这也是我国的现实需要，自有一定道理。研究者应该考虑到这一点。美国学者罗伯特在《公共预算系统》一书中也曾指出，公共预算过程中“使用政治的方法”常会“产生混乱”甚至“产生冲突”[③]，可见在公共预算系统中“去政治化”也是有其必要的。

5. 公共预算改革与预算监督的作用

也许在我国政治体制改革几度陷于踯躅不前的境地时，公共预算系统改革会成为一个突破口，使我国政治体制改革得以向前推进（渐进式的或称增量式的）。

---

① 马骏、王浦劬、谢庆奎、肖滨主编：《呼吁公共预算》，中央编译出版社 2008 年版，第3—34 页。

② ［美］罗伯特等：《公共预算系统》，曹峰等译，清华大学出版社 2002 年版，第 v 页。

③ 同上书，第 16 页。

与此同时，公共预算监督的加强，也会大大推进我国的反腐败工作，使得反腐败工作真正能够做到防重于治，堵塞财务漏洞，大大减少贪污腐败分子的可乘之机，更能保证政府的廉洁高效，使我国早日去掉在国际上腐败严重的恶名。美国政府1900年开始的财政改革，当时的腐败被认为是“刺激改革的重要政治因素”①，那么，中国面临财政方面的严重腐败，能否也成为一个“重要政治因素”来推动公共预算系统的改革呢？实际上这一改革已经开始了，重要的是使它能够结出丰硕的果实来。

二 政治监督学与公共预算监督

1. 如何才能真正认识到公共预算及其监督的重要性

现在，让我们从政治监督学专业的角度来分析公共预算监督。在中国古代，实行专制统治，“溥天之下，莫非王土，率土之滨，莫非王臣”（《诗经·小雅·北山》）。中央政府的财政收入，主要用于王族奢侈生活与享受、官僚系统的维持以及战争经费，很少用于全社会的合理分配。全社会视纳税输捐为理所当然，视统治阶层的享受为理所当然。在这样的观念之下，没有人会提出对于政府财政监督的要求。这种与现代社会格格不入的观念，现在仍然存在于我国社会。对于财政监督有所觉醒的人还是少数。这是亟须改变的现状。政治学学者对改变这种状况负有学术上的责任。

我们要做的是去促使人们认识到公共预算监督的重要性，而且这种认识必须达到相当的深度，不仅让人们明白这种监督是必需的，而且要让人们知道如何实行最有效的监督，还要让人们懂得如何切实去行使这样的监督权，知行结合才是真知，否则，所谓认识仍将是一句空话。当然，这肯定需要有公共预算专家的专业知识作为基础，需要各方面的专家共同努力，一道推动。

2. 决策与预算监督是针对政府的最重要的监督

如前所述，政治即是对社会价值的权威性分配，而公共财政的分配是

① ［美］罗伯特等：《公共预算系统》，曹峰等译，清华大学出版社2002年版，第24页。

最为重要的分配，因此公共预算就是现代政府的重要政治行为。归根到底，政府年复一年要做的事情就是：决策——预算——执行。因此针对政府工作的监督内容就不外针对决策与预算两大块。决策与预算监督是针对政府的最重要的监督。

决策和预算是一分为二与合二为一的两个方面。决策要执行就需要经费，经费的计划就是预算。政府打算做哪些事情，要花费纳税人多少钱，这就是决策和预算。所以，监督决策必须监督预算，监督预算必须监督决策。决策合理、公正、适当，所需的相应预算就可以通过；反之亦然。当然，预算执行与决算也需要监督，这是一个持续的过程。

3. 人大是公共预算监督的最大主体

针对决策和预算的监督是复杂的。预算的基本步骤是：编制、批准、执行和审计，包括收入预算的编制、支出预算的编制和预算编制的决策过程。对此，监督必须有强有力的主体，这个主体，在我国宪法上有规定，就是全国人大和地方人大。

按照分权制衡理论，同样大的权力才能够有效监督和制约同样大的权力。这是西方三权分立理论的基本观点。尽管权力是否三分可以讨论，但是权力制衡却是政治学中的定理。我国政权建设的原则是“议行合一”，与美国的三权分立不同，但和英国的内阁制有相通之处。我国的全国人大在理论上是最高权力机关——比起美国的国会与政府平起平坐来，我国人大在理论上有更大的权力。

所以，我国的政治体制改革不是要改变现行根据“议行合一”建立的制度结构，而是要充分实现原先制度结构安排的意图，切实落实宪法规定，大大强化人大监督。而公共预算改革理应在这方面有较大作为。

与此同时，我们也要重视其他方面的监督，如审计监督。我们也必须重视媒体监督、群众监督、社会团体与民间组织监督、专家学者的监督，等等。

4. 加强人大对公共预算监督有助于推动政体改革

我想我们不应避开一个重要问题不谈，那就是我国的政治体制有其特殊性。尽管按照“议行合一”的原则，我国的政治体制包含了权力制衡的因素，在公共预算监督上，人大是监督主体，政府是监督对象。但是谁都知道，我国的政治制度远不是这样简单。这里不拟多谈我国的政治体制及其改革。但是，可以简单地说，在政治统治上，中国是“政治局（党委）——政府——人大”这样一种模式，以往的公共预算大体也是在这样的安排中进行的。

现在我们可以争取在公共预算监督上，实行“人大——政府——政治局（党委）”这样的模式。也就是说，在不改变现行基本政体结构的前提下，在进行公共预算改革的过程中，处好人大、政府、政治局（党委）的关系。使得中国政治更全面地进入“代理—委托”的现代政治结构，由人大作为人民的代表执行好监督权。只要在技术层面加以设计完善就有可能推进这一进程。比如，学习美国的作法，增加对人大负责的专门预算评估机构、专门政府问责机构、研究机构、审计机构，大大增加这些机构的人员与经费，增强它们的独立性，等等。①

三 我国在财政预算方面存在的一些问题

我国之所以提出公共预算系统改革，是因为我国原先的财政管理不尽如人意，与政治发展不相适应。那么，我国财政方面存在哪些问题呢？本文不打算详尽地、无所遗漏地揭示所有问题。因为这是不可能的。对于财政方面的问题，是要在推进改革的过程中不断发现，不断解决的。这里只就本人所见所闻，对当下中国财政方面存在的问题以标题形式略加揭示。

1. 我国财政方面存在极为严重的挥霍现象

这是民众极不满意的事情。举一个大家熟悉的例子：“国家信息中心经济预测部宏观政策动向课题组”范剑平等人在一份研究报告中揭示：“2004 年全国公款吃喝 3700 亿元，公车消费 3986 亿元，公款出境旅游 2400 亿元，公款赌资外流 2000 亿元，合计 12086 亿元。”2004 年我国全国财政收入为 26396.47 亿元，以上公款挥霍约占 46%，所占比例惊人。另据《中国财政年鉴（2005）》，2004 年中国教育支出为 3365.94 亿元，国防支出为 2117.01 亿元，前者少于公款吃喝支出，后者少于公款出境旅游支出。②

① 《公共财政和预算审查监督国际研讨会》（会议纪要）（2006 年 5 月 13—14 日北京），腾讯财经网，（http：//finance.qq.com/zt/2006/publicfinanc/）。

② 范剑平等：《收入分配改革——一场“静悄悄的”革命》，《中国证券报》2006 年 8 月 10 日。

2. 我国财政存在着极为严重的乱花钱的现象

最为突出的表现是近年来愈演愈烈的政府修建豪华楼堂馆所现象。例如：（1）安徽阜阳市颍泉区，农民人均收入不过两千多元，财政收入刚过亿元，却耗费全年财政收入的三分之一来建一座“白宫”式的机关办公大楼。（2）广西壮族自治区宜州市是一个经济并不发达的县级市，当地修建市政中心大楼却耗资 9328 万元，相当于全市一年财政收入的四分之一。（3）河南濮阳县纪检委办公大楼总面积 3074 平方米，合同造价 400 万元。因为严重超标，实际造价在此基础上又大大增加。①

3. 我国财政公款被集体私用，或者以集体名义向企业乱摊派现象非常严重

近年来，地方政府官员利用权力为自己修建豪华别墅的报道屡见不鲜。例如：（1）石家庄市郊，太行山脚下，修建起 18 栋豪华别墅，当地称为“公安别墅”，共有 36 套，占地 20 余亩，户主为石家庄市公安局刚卸任的副局长郭锁山、原处长谢明欣、民警韩建永等多名民警及其亲友 36 人。② 河南省信阳市国土资源局 11 名处级干部，以集资建房的名义，为自己修建两百平方米的带院别墅，市场价达百万的房价，仅收取建筑成本 20 万元。群众称他们的住所为“河南最牛处级官员别墅群”。③ 在这些建房活动中，常有向企业乱摊派的情况发生，如前面提到的河南濮阳县纪检委办公大楼在建设过程中，县纪检委被查出曾经以“求援款”的名义向一些乡镇和县直单位强行摊派收取 106 万元。

4. 在预算执行中的官僚主义，鼓励政府部门乱花钱

比如，据报道，广东省人大代表、原广州地铁老总、白云国际机场“掌门人”卢光霖说：“地铁 2 号线的概算是 106 亿元，执行概算到结算时是 88 亿元。省了几十个亿啊，但是到头来，没有一句赞扬的话，还批评你，说你没‘达概’，搞得你心灰意冷。到绩效考核时，就把结算跟概算拿来比，最后扔下一句‘发现原来概算编制水分大’，一听这话，你这心都碎咯！我有花钱节余，你还来怪我。这概算可不是我编的哦，是你财

---

① 《不光彩，豪华的背后是罪恶和丑陋》，腾讯新闻 2008 年 9 月 16 日，（http://news.qq.com）。

② 同上。

③ 《河南信阳国土局被指用国有资产为官员建别墅》，腾讯网 2008 年 9 月 16 日，（http://news.qq.com/）。

政审查的呀，是你审查有问题！”①

5. 政府财政决策存在严重失误并缺乏问责机制

这方面的例子很多。如有些地方在修建不切实用的机场或高档剧院等政绩工程时，国家大量资金被滥用，或被浪费，或受到巨大损失。我们比较熟悉的一个借口是“交学费”，负有责任的官员大多毫发无损，甚至得到提升重用，民众对此十分痛恨。近来，在次贷危机下，美国的两家房贷抵押机构“房地美”和“房利美”公司的债券已形同废纸，而美国“两房”公司外国债权人名列榜首的居然是中国，一共持有涉及该两家公司高达3763亿美元债券，约占中国外汇储备总额的21%。除此之外，中国大陆还拥有5000多亿美国国债，很有可能也成为垃圾。两者之和超过9000亿美元。香港特区全国政协委员、金融专家刘梦熊就此质问有关方面，并提出要求：人大应组织特别调查组彻查，追究有关官员的责任。

6. 政府财政缺乏透明

我国财政缺乏透明，不要说百姓看不清，就是很多政府官员，还有学者专家，都有不明白之处。这种情况下，如何监督，如何建言改革？下面略举几点：（1）许多地方政府随意收费的情况屡见不鲜，最近又有某乡镇政府针对农民收割玉米，每亩收费500元，发放“砍伐证”和“准运证”。（2）各级政府首脑都有所谓“特别费”，还有地方官员每月招待费，这样的费用是否合法，如何监督？（3）遇到重大灾难时，政府用于救灾的钱是怎样通过人大批准的？国内各界及世界各国官方或民间的捐款，政府是怎样管理的，人大如何监督的？（4）党费的收取与支出、党的活动所使用的经费从哪里出、怎样出？（5）学校乱收费，是否合法，由谁管理，所收的钱有多少上交教育主管部门，这些部门如何使用这些钱，学校收费如何使用，如何监督？（6）近年来，国企高管的收入为广大民众所关心。应该如何监督？国企，特别是政府垄断行业的收入如何分配，政府是否得到合理的部分，并且能够公平分配？（7）政府官员的隐性收入一直得不到有效遏制。（8）政府发行彩票、国债，其收益与使用如何监督？（9）政府在处理突发事件中使用的财政资金，是否合法合理？比如某乳业公司的奶粉导致婴儿中毒，政府为婴儿治疗买单，是否合理，为什么不

---

① 《原广州地铁老总节省18亿元反被财政部门批评》，大众网2008年9月16日，（http：//www.dzwww.com）。

是该乳业公司买单？（10）地区间的财政分配不公平现象，如果富裕地区贴补贫困地区，这是容易理解的，但是如果贫困地区的资源低价去支持富裕地区的发展，是不是不合理？（11）有的领导干部为自己出生地或工作过的地方谋利，拨付额外资金进行大的项目建设，人大要不要监督？（12）有的单位长期有人吃空饷，有的人还是儿童已经有了国家正式工作，按月领取工资。（13）政府征地、售地，或者无偿转让，或者搞拆迁，其中涉及的收入与支出如何监督。（14）政府的食品特供是否合法合理？（15）名目繁多的行政收费如何监督？（16）国宴、省宴……这种明显铺张浪费的行为如何监督？（17）政府部门专用烟酒饮料，是不是浪费，如何监督？（18）政府机关修建的休假娱乐场所，或借培训名义修建的楼堂馆所，其对外营业，收入如何管理？职工免费使用是否合理合法？（19）政府机关，包括事业单位出租房屋用于经营，或自己经商所得收入如何管理？（20）国家公务员的培训、出国进修，哪些应该由国家出资，哪些应该由个人负担？……

从上述情况来看，中国政府财政的混乱状况确实令人触目惊心。20世纪20年代初，在美国曾出现"未控制的和不可控制的政府成本的增长最终把公众推到敌对状态"这样的局面，[①] 中国现在是什么样的情况呢？公众的不满与日俱增。我们应该明白，有很多的混乱，是可以通过对公共预算加以严格监督来改正的。同时，我们也注意到，改革开放后中国一直进行着越来越积极的反腐败工作，但是腐败现象还没有被遏制住，不仅个别官员的经济犯罪数量逐年增多，涉案金额迅猛攀高，而且政府财政方面的腐败问题也是越来越严重。其实我们应该注意到，我国的反腐败机构（纪委与监察部门）主要抓的工作是针对个别官员的经济犯罪的。对于政府财政的监督工作，本应是人大的重要职责，但在实际上，还远远没有受到应有的重视。

我国人大制度的改革一直有人呼吁，但进展甚为缓慢。笼统的考虑人大改革，或者比较尖锐地提出大规模的体制性的改革，是很难行得通的。从公共预算开始，进行偏重技术层面的改革，帮助人大逐步扩大编制、加大权力、提高威信、强化监督，这也许是一个比较可行的办法。所以，让人大做好对公共预算的监督，应该就是人大改革的一个好的出路。

---

① ［美］罗伯特等：《公共预算系统》，曹峰等译，清华大学出版社2002年版，第25页。

四　有关预算监督的一些建议

1. 对于人大监督公共预算的认识要有改变

中国的民主化建设虽然仍在起步阶段，但是我们必须以民主政治为参照系，确定我们改革的方向和目标。当然我国要实现适合我国国情的民主政治。我认为中国政治体制“议行合一”的原则应当得到真正的实施，并且要根据民主化的要求予以强化。强化，是要加强人大对政府包括党委的监督，特别是决策与预算方面的监督。目前人大监督存在不严格、不及时、缺乏权威性、缺乏制约力等问题，人们批评为走过场，做样子，是“橡皮图章”。因此人大制度的完善是公共预算得以有效监督的必要前提。

根据宪法，全国人大及地方人大的权力必须得到充分尊重，必须真正成为最高权力机关，能够真正代表人民的利益。这就需要在人大代表的资格与产生上有重大变革。政府官员不能作为人大代表，这应该是一条重要原则，否则人大监督就是政府官员的自我监督，而在没有强有力的外部监督时，自我监督的作用极其有限甚至无效。人大代表的选举必须公开、公正、透明，真正由人民选举。人大应该有专门的、强大的预算监督机构，针对预算及其执行进行长期的、不断的监督。①

2. 审计署应该独立，向人大负责

针对预算进行监督的重要机构审计署应该按照世界多数国家的模式，设置在人大，工作上完全独立，但必须向人大负责，向人大报告工作，向公众发布审计报告，公开审计建议。这样做也是为了避免政府自我监督的弊病，让审计监督真正发挥作用。近年来，国家审计署的工作有了较大改观，年年都从中央各部门发现很多问题。由于审计署隶属于政府，对问题的处理权仍属于政府，而政府又没有足够的外部压力，因此，人们普遍对于审计结果的处理不满。人大在这方面没有发挥应有的作用。因此，改变审计署的隶属，增加人大权力，是十分必要的。

人大有必要运用其质询权对政府施压，有必要运用其罢免权惩治在审计中发现违规的有关部门主管官员。在美国，仅仅审计结果公开就能对有

① 吴丕、袁刚、孙广厦：《政治监督学》，北京大学出版社 2007 年版，第 231 页。

关官员造成巨大压力并迅速得到改变，但是在中国就不行。这就是政治文明的差距在官员身上的表现。其实就是没有羞耻心。所以，在中国必须对有关官员实行严厉的惩罚才能推动政治文明的进步，才能保证公共预算监督真正有效。

3. 通过公共预算监督推动“善治”的落实

近年来，政治学与公共管理学十分关心政府改革，在政府改革中学者们从西方借鉴而提出的“善治理论”，在某些方面是适用于公共预算改革的。构成善治的基本要素有6个，其中的“透明性”（transparency）、“责任性”（accountability）、“回应性”（responsiveness）、“合法性”（legitimacy）等应该成为公共预算改革的基本要求。[①]

透明性要求政府信息公开，便于监督。但是，我国的财政预算在很大程度上还被视为国家机密，不对外公开。按照发达国家的作法，政府预算是必须公开，必须接受监督的。

责任性要求政府是负责任的政府，不能对很多政府部门滥用公款的现象持不负责任的态度。在审计出现严重问题的单位，其领导人必须以辞职来表示负责。不能继续恬不知耻地在官位上待下去。

回应性要求政府领导对民众的批评要有回应，要有让民众满意的回应，不能不闻不问，或者听而不闻，在处理时不能敷衍塞责，蒙混过关。

上面这几个方面作好了，才能保持政府的合法性。政府的合法性不能再以武力为依据，那是历史上专制王朝的态度。现代民主政府，特别是号称人民政府的政府，必须以人民的满意与否来衡量其合法性的程度。

所以，从公共预算开始，中国的每届政府都应向人大（真正代表人民的人大）负责，受到人大的严密监督，真正成为人民的政府，受到人民的拥护。否则必须承担责任，改选换人。

上面说到政府信息公开，从美国的经验来看，政府信息公开，一是要靠“阳光法”这样的法律强制要求政府公开信息，但在我国还必须要与此法律相关的对不公开信息的官员的重罚才能使此法律真正行得通。二是像人大这样的机构必须有专门机构和足够的相关专家进行信息搜集、处理、加工的工作。没有这样的机构，信息是不可能满足人大监督的需要的。再公开的信息，如果不经过搜集、处理、加工，也可能是没有用的

① 俞可平：《治理与善治引论》，《马克思主义与现实》1999年第5期。

信息。

五　结束语

公共预算是政治问题，具有很强的政治性。它影响到国家各个不同的利益集团或不同阶层的民众，理应受到广泛关注。但是在我国，由于政治文明程度低，人们对公共预算关注远远不够，这种局面必须改变。要在认识上有充分的提高，在实践上不断完善公共预算系统。公共预算系统改革有可能会成为政治体制改革的一个突破口，使我国政治体制改革得以向前迈一大步。同时，公共预算监督的加强，也会大大推进我国的反腐败工作。我国的政治体制改革不是要改变现行制度结构，而是要充分实现原先制度结构安排的意图。当前我国财政方面存在着极为严重的挥霍现象、乱花钱现象等等，这些问题的解决，要通过公共预算系统的完善和对公共预算的有效监督来实现。重要的是转变观念，重视起来。实践上则必须加强人大监督，加强审计监督，加强舆论监督。

总之，公共预算系统的运行是为人民管好钱，管好纳税人的钱，管出一个对人民负责的政府和对人民负责的党委。这个管，必须由国家最高权力机关来代表人民去执行，必须加强人大与其他社会力量的监督。

注：原载马骏、谭君久、王浦劬主编《走向“预算国家”：治理、民主和改革》，中央编译出版社2011年版

多元社会与同质社会的不同特征：“职责”失灵根在腐败生态

针对最近发生的多起腐败大案，我一直在想这样一个问题：有领导一切的党委，有主管行政事务或业务工作的领导班子，有纪委监察机构，有专门审计部门，有工、青、妇社团组织，还有上级主管部门、上级纪委与监察部门，也有广大群众与社会舆论监督，这一切形成了一个体系完整、制度基本健全、管理与监督各个环节都不缺少的环境。何况我们党和政府一贯非常重视反腐败工作，一直致力于建立健全惩治和预防腐败体系，开展了多次轰轰烈烈的政治教育活动。可是，为什么在这样看似良好的环境中，还会如此经常性地发生腐败案件？

一 治理腐败，职责意识不可少

在这里，我提出一个概念叫作“职责意识”。职责就是与职务相联系的责任，职责意识并不是说有职责的人知道自己有什么样的职责就行了，而是有职责的人敢于承担责任，敢于执行任务，把国家与人民交给自己的事情真正管好，一点也不马虎。如果知道自己该怎么做而实际上没有做到，受到某些方面的压力不敢去做，或者做了但大打折扣，那就是没有职责意识。澳大利亚新南威尔士州在20世纪80年代曾经有一位州长，亲自负责在该州建立了模仿香港的廉政公署。公署成立不久，州长因为在政府为某位州议会议员安排了一份工作，被媒体披露，公众质疑州长此举是为他所在的党谋取利益。这时，他亲手组建的廉政公署立即对他展开调查，迫使州长迅速辞职。在这件事情中，媒体的行动不受政府干扰，廉政公署的行动也不受州长的影响。他们独立工作，各司其职。州长引咎辞职，也是敢于承担责任的举动。

职责意识还可以扩大开来，社会团体与公民个人也有职责意识。社会团体不用说，是有职责的，他们所代表的那些社会群体赋予它们一定的职责。公民个人的职责，我可以用顾炎武说的“天下兴亡，匹夫有责”来解释。一个国家的公民生于斯，长于斯，对于自己的国家是有职责的。用政治术语来说，就是公民权利。社会团体与公民个人必须认识到，对于反腐败，他们是有职责的，是有权利说话的。

所以我的看法是，我们现在需要清醒地认识到，我们需要的是建立一个让腐败无法立足的社会环境。在这个环境中，每个政府部门与官员都有清醒的职责意识，有职责的人各负其责，不受干扰，也没有任何人、任何力量敢于影响他人，干扰他人执行职责的行为，不能把干部的职责意识削弱或摧毁。在这样的前提下，我们现在的设置齐全的政治制度才能很好地运行，我们国家才会政治清明，我们社会才会风气良好，不正之风与贪污腐败才会邪不压正，无从立足。

但是，现在的问题是，并非每个人都具有清醒的职责意识，即使知道自己的职责是什么，也不愿执行，不敢执行，不能执行。所以下一个问题就是，如何才能保证人人都有职责意识。

二　多元社会下，人人都有职责意识

在那些清廉度很高的国家，政府与社会构成的各个方面，职能各异，各负其责，不受干扰，它们之间相互制约，才能保证公共权力受到有效监督，才能保证政府与国企的清廉。在这些国家，一个公民揭露政府官员，决无人身安全的担忧，社会上任何方面都不敢对他予以打击。舆论界对政府进行监督批评，也没有任何方面可以干扰，可以阻止。社会团体为其成员的利益对政府提出批评或者组织游行示威，也决不会受到任何方面的打压或禁止。政府自己设立的监督机关，对政府官员进行监督，也没有任何顾虑，再高的官员，再大的权力者也要接受调查，而无法影响监督机关的工作。在这些国家，法律高于一切，社会各个构成部分都受法律保护。法律的背后则是民意，法律制度使得人民有权，他们行使权利的方式就是选举议员和政府官员。他们选举出来的议员与官员，受他们的监督，是真正的公仆，要对人民负责的。法律保护言论自由，没有任何强权可以压制民意的表达。一个良好的社会环境就是在这样的机制下形成的。

这里面的道理是这样的：现代文明的良好社会，应该是多元的。在一个多元社会里，社会各个方面都是平等的，享受着平等的政治权利。多元社会的各个方面都有自己的利益要求，这是矛盾冲突的一面；但他们在相互制衡中达到稳定平衡状态，各个方面的利益都得到适当的照顾，都达到比较满意的程度，这又取得了社会的融合与稳定。要想达到这样的状态，各个方面都要有一定的退让，这个退让要让各方容易接受，就只能建立在公平正义的基础上。只有多元社会才可能真正实现公平与正义，因为这是对各个方面都好的选择。这样，这个社会的价值与理念就会是比较理想、文明的，会受到大家一致的支持与维护。为什么腐败现象在这些国家很难立足，真正成为过街老鼠人人喊打，道理就在这里，反腐败符合大家的共同利益。

相反，在一个同质化的社会里，一部分人成为强势，他们追求利益最大化，必然会损害其他人的利益。要达到这样的目的，他们也要找到理由有所说辞，这样建立起来的社会价值与理念只能建立在不公平不正义的基础上。由此造成人们的思想混乱和社会秩序的混乱。人们在采取行动时不是按照公平正义的法则行事，而是一切取决于利益的盘算。如果发现一个腐败分子，就会有利益相同的人为其辩护。平民也不得不在不同的腐败分子中间选择，会支持一个腐败不太严重或者会给自己带来某种好处的腐败干部。

三　从制度上消灭"一把手"现象

同质化社会，是与多元社会相反的社会。具体到我们国家，就体现在层层"一把手"身上。我们的政治制度与社会的各个方面都必须服从于"一把手"，这就造成了一个不受监督的最高权力。我想，我们一些地方出现领导干部腐败大案，出现窝案现象，都与此有关。所以，我国需要做的是从制度上消灭"一把手"现象，而不是想办法去监督制约"一把手"，因为只要存在一个最高权力的"一把手"，它就必然是不可监督、不能监督的。

如果不从社会环境的改良去做努力，那么，很可能我们采取的任何措施都会无效，因为有一个魔咒在那里起作用，使得我们的公民担心人身安全而不敢揭露贪腐行为，我们的监督机关受来自各方的干扰不敢放手去监督，我们的执法机关不敢放手去执法，我们的审计机关不敢放手去做审计工作，我们的新闻媒体不敢放手揭露与报道贪腐行为……因为背后没有可靠的法律保障，没有民意的强力支持，因为我们不是一个多元社会，也就不是一个公平与正义占据人心的社会。所以，看到制度改革没看到法律的作用不行，看到法律的作用而没有看到支持法律的民意还是不行，看到民意而没有看到多元社会是民意存在的先决条件还是不行。

我们再来反观中国历代社会，它也有政府，政府也有监察机关，也有严密的监察制度，政府之下也有人民，但是历代中国腐败都是很严重的，为什么？人民没有权力，监察权力来自上面，最高权力来自皇帝。皇帝以一个人的意志想为全社会维持公道，这怎么可能？其结果只能是出现层层土皇帝，都以自己的意志为准，来统治全社会。在这个社会上，必然形成错误的、扭曲的意识形态，公平、正义都被践踏，大家都得看最高长官的脸色行事，很容易结党营私，出现贪污腐败的现象，集体腐败的情况屡见不鲜。

我们已不再是封建社会，我们有很大进步。但是腐败问题如此严重，原因究竟在何处？我想，我们必须承认，我们这个社会环境还有问题，我们要做的一个重要的工作，就是努力建立一个让腐败现象无法生长的良好环境。

注：原载《人民论坛》2013年10月上（总第418期）

专制监督与民主监督：王朝消亡的真实原因与历史借鉴

腐败与反腐败一直是中国人民关心的国家大事之一。十八大以来，新一届政治局领导高度重视反腐败工作，习近平总书记多次发出重要指示，中央纪委与监察部开展了大量工作，反腐败工作取得非常可观的成绩，这是可喜可贺的，希望能够再接再厉，争取从根本上终结腐败高发频发的局面。

在现阶段，腐败与反腐败的研究工作相当重要。最切实际的工作是对当前反腐败工作进行分析总结，推动反腐败工作的顺利进行。同时理论研究也有待于加强与提高，这不仅需要引进国外理论，更重要的是以本国的反腐败实践为基础进行理论总结，尤其需要在成功经验的基础上提出更有价值的新理论。与此同时，历史研究也有其借鉴意义。中国古代、近代、现当代历史上的经验教训都应该再作深入研究，以作为现在反腐败工作的借鉴。

一 中国历代王朝皆亡于腐败

中国古代在监察制度的建设方面为人类社会政治制度提供了宝贵的经验，其标志是从秦朝就建立起中央级的统一、独立的监察机构御史府，其后历代相沿并发展，到明代改称为都察院。中国古代的监察机构具有很高的独立性，它独立于行政机关，直接在皇帝领导下开展工作，它也直接外派监察御史分别对地方政府进行监督。应该说这样的制度设计对于中央集权君主专制的中国是适宜的。并且它也确实发挥了较好的作用，在一定程度上抑制了腐败的滋生与蔓延，使历代专制王朝得以维持。仅有监察机关还不够，每个专制王朝都有派遣中央官员巡视地方的惯例，巡视制度也能发挥一定的作用。古代王朝还设置谏官，负责随时对皇帝提出批评建议。

然而，对历史稍有了解的人都知道，中国历史上每个王朝最终都可以说是亡于腐败的。这就是说，常设的监察机关和不定时的巡视制度以及谏官制度，虽然能够在一定的时期发挥一定的作用，有时甚至发挥很大作用，能够维持专制王朝的生存甚至在特定时期达到政治清明的效果，但从根本上说，它们最终都不能完全有效地战胜腐败。也就是说，在专制时代，腐败永远不可能被有效地消除。腐败总是与反腐败同时并存，反腐败可以在一定时期抑制腐败的加重，但永远不可能消除腐败；而且就每个王朝来看，在长期的斗争之后，往往倒是腐败战胜了反腐败的力量，从而导致王朝的灭亡。

这一王朝兴衰的历史早就引起人们的注意与研究，对此也有各种不同的解释。比如皇位继承制度导致皇帝个人素质与能力的下降，皇帝的个人喜好影响监察的公正，官员报酬太低引起贪污泛滥，中国传统文化的缺陷，等等。但是将这些都作为中国古代政治容易滋生腐败的原因，仍然是难以给出最有力解释的。最有力的解释应该是能够清楚地说明问题产生的根本原因，并且相应地提出解决之道。

二　专制监督为何不能根除腐败

古今中外的政治监督制度可以区分为专制监督与民主监督两大类。专制与民主在社会发展的特定时期都是人类历史上很好的政治制度，如果达到其理想状态时，都会取得良好效果，政治安定，经济繁荣，人民生活幸福。

中国历史上开明君主严于律己、虚心纳谏，能够领导统治集团达到较高程度的清廉与高效，贞观之治就是最有名的例子。但是专制制度的根本缺陷使它必然走向衰落，中国历代专制王朝的盛极而衰已经无数次地证明了这一点。世界其他文明国家的历史也证明了这一点。这就是为什么民主是世界发展潮流的原因。

专制制度的根本缺陷是什么？首先是家天下，亦即政治私有化，把整个国家当成某一家庭或某一团伙的私有财产，自然就会形成一个与民众利益相悖的统治阶级利益集团。虽然中国古代的政治家也提出“水可载舟，亦可覆舟”的论点，并且也能影响到具体政治，但其影响终归是有限的。统治集团总是在稍稍能够控制天下的时候就忘乎所以，就开始腐化堕落，与民众的对立日益明显。而且腐化堕落的官僚队伍和皇权也会严重对立，统治集团内部也会矛盾重重。

这就导致监督制度的变异，其表现有：皇帝本身的腐化给皇权带来危害，比如皇帝会拒谏饰非甚至对敢于批评的正直官员实行打击报复；皇帝会利用监察制度压制、打击甚至消灭不喜欢的官员，使监察制度沦为政治斗争甚至政治阴谋的工具；统治集团内部也会形成不同派系，争相利用监察制度打击迫害对手，有时会出现大规模的政治斗争，一些轰轰烈烈的反腐败斗争背后其实是残酷的政治斗争；有时皇帝会在监察制度之外使用特务政治，对臣民实行严密监视，甚至可以任意逮捕、杀害对朝政不满的人士；由于实行的是自上而下的监察，监察官员有恃无恐，索贿受贿，从而使监察制度流于形式，严重时监察与行政官员合流，举国腐败泛滥，局面不可收拾。总而言之，在君主专制时期，反腐败一般不会成为政治上的头等大事，因为在某种意义上，腐败是整个皇族与官僚集团共同的事业，反腐败必然危及自身的利益甚至生存。这就是为什么历朝历代都与腐败相伴随并最终亡于腐败的真实原因。

三　民主监督才能保持政治廉洁

前面所讲专制制度下的各种弊病，在良好的民主政治中都可以消除。在民主制度下，政府作为社会公共事务的管理者，由人民选举并受人民监督，因而政府不可能成为腐败滋生的温床，官员不会成为特权者。全体公民享有充分的公民权、民主的政治权利，由此形成多元社会，同时言论自由保障了人民的各种利益诉求，特别是对政府的批评与监督；政府为了取信于民，必定要增加公开透明的程度，以便人民监督政府。归根到底，民主政治优于专制政治，民主监督优于专制监督，这是被实践证明了的真理。所以我们认为，中国反腐败的根本出路就是政治民主这一条路。

当我们为轰轰烈烈的反腐败运动及其成绩喝彩时，我们也要看清一个事实：即像日本总理府下的监察厅、瑞典议会监察专员公署，这些世界上有名的监察机关，它们的主要工作不是反腐败。前者是行政监察与对民众申诉的接受处理，后者主要就是接受处理民众的申诉，相当于接待民众上访。

从政治制度的设计来看，一个正常的国家，自有检察机关处理腐败案件，因为官员腐败本来就是犯罪行为，而检察机关正是针对犯罪而设的机关。日本、瑞典这些国家出现的腐败案件，有检察机关就可以应付了。当一个国家的腐败达到较为严重的程度时，它才不得不在正常的检察机关之外专设一个反腐败机关。它实际上是分担了检察机关的反贪工作而已。

我曾经把监督工作的内容分为几个层级，从轻到重分为：（1）官僚主义；（2）失职、渎职；（3）轻微腐败；（4）严重腐败。我希望在将来，中国监察与监督机关的主要工作是针对官僚主义和失职、渎职，最多再针对一些轻微腐败。我想，中国的人民群众虽然现在很高兴看到大的腐败分子被成批地揭露和处置，但是，从长远来看，他们必定是希望中国从根本上消除腐败现象，而这，舍民主之途并没有其他出路。

注：原载《人民论坛》2014年3上（总第434期）

当代中国政治研究

“引咎辞职”与政治文明

这篇文章的讨论对象是“引咎辞职”。之所以讨论这一问题，是因为从2001年起，“引咎辞职”成为中国政府和人民群众关心的一个话题，学术界也有一些讨论。其原因是在中国政府中，长期以来几乎没有发生过领导干部引咎辞职的事例；但在事实上，有许多决策失误或领导不力引起严重后果的情况，本来都应当有人负责，有人以引咎辞职的方式来表示承担责任的。在实行改革开放以来，人们看到国外经常性地发生政府官员引咎辞职的情况，这就使得人们在中国发生某些事情后，也希望看到政府相关官员能够承担责任并引咎辞职；同时各级政府也在努力把引咎辞职作为一种制度，在干部队伍中实行，以便提高干部队伍的素质，获得人民群众的更多的认同与支持。这样，“引咎辞职”就成为一个较受关注的话题，其中确有一些东西需要思考和解释。

一　何谓引咎辞职

引咎辞职，在中文的词典中未检索到。相关的词有：引咎：“把过失归在自己身上。~自责。”① “引咎，由自己承担错误的责任。”② 英文的“引咎辞职”为：take the blame and resign，意为：为严重过失承担责任，并且辞职。

引咎辞职虽然没有权威工具书的准确的定义，但是，从媒体上可以检

① 《现代汉语词典》，商务印书馆1984年版，第1280页。

② 《辞海》（缩印本），上海辞书出版社1980年版，第1081页。

索到大量的引咎辞职的事实中可以总结出它的定义。

把媒体报道的有关引咎辞职的事实（举例不限于政府）加以归类，大体有这样几种：

一是企业的总经理因为企业经营严重亏损而向董事会提出辞职。这是代理人向委托人提出辞职。亏损可能有很多种原因，比如下属部门经理工作不力，或客观环境所限没有实现预定目标，也有可能是计划有失误。基本上不能说是直接责任，但是必须有人承担责任。结果是负总责任的领导人引咎辞职。

二是体育俱乐部的领导人集体辞职。原因是某一运动队在重大比赛中失败。按说运动员，特别是教练员应负直接责任，但是俱乐部领导人也有可能要承担领导责任，引咎辞职。这和企业的情况是一样的。俱乐部的后面也有董事会。

三是政府重要官员引咎辞职。比如：2002 年 2 月 20 日 埃及火车大火死亡百余人，埃及运输、交通和民航部长易卜拉欣·德米里和铁路部门负责人艾哈迈德·谢里夫于 22 日引咎辞职。2002 年 4 月 13 日，美国俄亥俄州辛辛那提市负责警局和消防局工作的公共安全主任里安递交了辞呈，因为白人警察枪杀黑人托马斯引起民众骚乱。2002 年 5 月，因接连发生重大铁路交通事故，在反对党和社会舆论的强大压力下，英国运输大臣斯蒂芬·拜尔斯于 5 月 28 日宣布辞职。

一般来说：引咎辞职是一种客观的称谓，它并没有固定的模式或制度。说到底，它就是辞职，人们可以根据具体情况将某些辞职行为称之为引咎辞职。比如上例中辛辛那提市负责警局和消防局工作的公共安全主任里安递交辞呈时，自称是因为身体原因，而非因为白人警察枪杀黑人事件，但是报刊报道时仍称之为引咎辞职。英国运输大臣的辞职也是如此。

引咎辞职是辞职的一种。辞职可以有各种原因，而引咎辞职的特点就是有咎可引，即有过错、失误等。过错、失误往往并非直接责任，但肯定是领导责任。所以，引咎辞职者一般都是重要官员或负责人。在企业是经理、总裁，在政府则是总统、部长或省、市、县级或某一部门的主要负责人。

为什么政府高官会采用引咎辞职这一作法，原因在于：高级官员一般比较难以被解职、免职或开除，要使他们去职的程序比较复杂，还有一个重要原因就是能够比较体面地下台。高官在他们管辖的范围内出了严重的问题，引起公众严重不满时，就会辞职以表示承担责任。有的是迫于来自公众或上级的压力，有的是完全出于责任感和荣誉感。比如：英国运输大臣斯蒂芬·拜尔斯在宣布辞职时表示，他如果继续留任将影响到政府形象，因此决定辞职。英国首相布莱尔随即发表声明，表示理解和尊重拜尔斯的决定。内政大臣布伦基特称拜尔斯"为了政府和工党的整体利益才作出了这一勇敢的决定"①。这说明高官引咎辞职往往是为了政府或政党的集体利益而做出的个人牺牲，但这种作法在客观上也是尊重民意，并使民众的不满得到补偿。所以，高官引咎辞职往往还是一种高尚的行为。它虽然能够体现某一政府对民众的负责精神，但更多的是体现了为官者个人应该具有的政治道德，也体现了政党和政府的政治文明程度。

在很多引咎辞职的例子中，明显的是非直接责任，特别是难以避免的偶然性事故。但它造成的损失特别大，民众中会出现强烈的不满。这时，真正负责的高官毅然选择引咎辞职的作法，的确是值得钦佩的作法。这无论如何都会使继任者更加小心谨慎、不敢有丝毫懈怠。也就是说，高官敢于承担责任，主动辞职以表示认错，这种作法还能够对其他政府官员敲响警钟，使政府官员更能认真负责。

现在可以给引咎辞职下一个定义了：引咎辞职，是指政府或企事业单位中的负责人，在所管辖范围内出现较为重大的失误、过错或事故，造成重大损失或者失败，为了表示承担责任，而主动提出辞职的行为。它是辞职的一种，是在需要承担责任的前提下的辞职行为。勇敢地承担责任，主动地辞去职务，是一种高尚的行为，是政治文明的一种表现。这种辞职行为，可以维护政党或政府的形象；可以抚慰人民群众的不满；可以警示后来的领导人更加小心谨慎地履行职责。

二 引咎辞职与中国传统

中国有没有引咎辞职的传统？回答是有的。不过，这里首先要纠正一篇文章中出现的一处错误。

这篇关于引咎辞职的文章写道："说到'引咎辞职'，其实并不是什

① 《京华时报》2002年5月30日第A15版。

么新鲜东西。作为观念形态的‘引咎辞职’，二千多年前的孟子就说过：‘有官守者，不得其职则去；有言责者，不得其言则去。’”[①] 作者在注释中对这段话的解释是：“担任行政官职，如果不能履行职责，那就应该‘辞职’；担任谏官的，如果有言不谏，同样应该‘辞职’”。[②]

这样的解释是不正确的。杨伯峻的译文是：“有固定职务的，如果无法尽其职责，就可以不干；有进言的责任的，如果言不听，计不从，也就可以不干。”[③]不干，就是辞职。这段话原本出自《孟子·公孙丑下》，孟子此言是针对一件具体事情的，当时，齐国一位官员“谏于王而不用，致为官而去”，孟子为此发表了上述议论。由此可知，这位官员不是“有言不谏”应该辞职，而是谏而不用而辞职的。这正符合中国儒家思想中关于君臣关系的一个原则，通俗地讲，就是：用则留，不用则去。《礼记·曲礼下》有一段话：“为人臣之礼，不显谏。三谏而不听，则逃之。”说的就是这个道理。很明显，这里的辞职不是引咎辞职，而是以辞职表示对君主的不满。咎不在辞职者，而是在君主。所以这里是辞职，但不是引咎辞职。我们从古代官员的这种辞职方式中可以看到，由于受儒家思想的熏陶，他们能够保持独立的人格，坚持正直、诚实与自尊的个性。这是儒家思想中很可贵的东西。

虽然上述孟子的话不是引咎辞职的意思，但是从儒家要求保持独立人格和坚持正直、诚实与自尊的个性出发，引咎辞职在儒家的思想观念中，是自然而然的事情。当然那必须是在有咎可引的情况下。

黄仁宇在《万历十五年》中说：“本朝有一个习惯，以气节自许的大臣，如果遭到议论攻击，在皇帝正式表明态度之前，自己应该请求解职归田，以示决不模棱两可，尸位素餐。”[④] 这是在讲明代张居正受到舆论批评后向皇帝提出辞呈一事时的解说，在这样的情况下提出辞呈，可以看作是引咎辞职。其实不仅明朝如此，其他时代也有同样的情况。

从张居正的例子可以看出，在中国古代，由于儒家思想的影响，知识分子或士人的身上，还保持着一种特有的东西，就是气节。气节，就是儒

① 《孟子·公孙丑下》。

② 侯惠勤、郭榛树、李义松：《关于引咎辞职的一点思考》，《理论与改革》2001年第4期。

③ 杨伯峻：《孟子译注》，中华书局1960年版，第96页。

④ 黄仁宇：《万历十五年》，中华书局1982年版，第16页。

家源于保持独立人格和坚持正直、诚实与自尊的个性而形成的一种品格。在最危急的时刻，它会表现为舍生取义。而在受到强烈的舆论批评之时，就有可能引咎辞职。张居正此时提出辞呈就是一个例子。因此，古代官场的斗争，不能全然说成是黑暗的、为私利的权力斗争。其中确实有为公、为国、为民的正义行动。中国古代不仅有引退、辞职，甚至还有引咎自裁的行为，都在一定程度上反映了中国传统中代表官员道德的一面。也就是中国古代的官员，在一定程度上还是有责任心、有荣誉感的。这些主要得益于传统的儒家思想。

综上所述，引咎辞职在中国传统政治中是存在的。而且延续到很晚时期。例如：1933 年，热河抗战失败，张学良即引咎辞职。但是越到后来，引咎辞职得越少，渐至于人们认为中国没有引咎辞职的事情。近几年，报刊报道国外公司、政府官员引咎辞职的事例较多，人们感到有必要在中国提倡这种作法，甚至提出制定引咎辞职制度的建议。但是如果把引咎辞职看作是国外或者西方国家特有的东西，认为中国从来没有出现过引咎辞职的情形，这样的看法显然是错误的。

三　引咎辞职的必要条件

明白了引咎辞职并非外国才有的，最好再想一想中国近几十年为什么没有。这就要看引咎辞职的传统是什么？条件是什么？

第一要有良好的政治道德。在中国传统社会就是儒家思想中的道德因素。

第二是受此道德影响很深的知识分子，在官员中占有相当比例，也可说中国传统政府中的一部分官员具有一定的独立人格。

第三要有坚持正义的舆论批评并能起到一定的监督作用。人们敢于向权势者提出批评。虽然有时会牺牲生命，但在社会上却有相当好的名声，也就是社会舆论还有自己的阵地。

第四有能使引咎辞职可行的机制。

第五是社会结构合理，人员可以比较自由地流动。

这是从中国传统思想政治、政治道德与政治实践中得出的看法。西方国家的引咎辞职，其条件与此相仿。不同的是它有源于不同思想政治的另外的政治道德。总之，中国有引咎辞职的传统，这是肯定无疑的。

那么，在什么情况下会失去这个传统呢?

第一，传统道德丧失，取而代之的道德中没有相应的内容。确切地说，政治道德中没有引咎辞职的根据。甚至于引咎辞职会被认为是背叛、逃脱，是个人出风头等等。

第二，政府官员中不是有独立人格的知识分子为主体。个人进退没有足够的自由度。僵死的纪律控制着人们的行为。

第三，舆论批评不能形成一定的压力。这可能是由于政府封锁消息、控制舆论所致。

第四，没有引咎辞职的机制。引咎辞职行为不允许。

第五，社会结构之间没有足够的自由流动的机会。

中国要想重新采用引咎辞职这种作法，要考虑国情。考虑国情不是说不要这种作法，而是要看一看我们现在能不能这样作，怎样才能这样作。我们这几个方面的条件都不充分，需要逐步改变。我想，对二至五条不需要作什么说明，这些情况大家都明白。当然这些情况都在发生变化，这也是引咎辞职被重新提起的原因。这里要特别说明的是第一条，即提高政治道德。并不是要全面恢复和发扬中国传统道德，而是既要从传统道德中吸取必要的成分，也要从西方的民主政治中有所借鉴，来建立新的现代的政治道德。这个政治道德就是官员的荣誉感、责任感，就是对民众负责，对政府负责，对所在的政党负责。这是民主条件下的政治道德，也是新的政治文明。

四　率先实行引咎辞职制的地方与部门

这里我们集中地介绍一下近年来开始实行引咎辞职的一些情况。

2001 年，中组部在深圳龙岗区等地试行的“处级科级干部引咎辞职和投票表决制度”，据说这是中国实行引咎辞职制的开端。该区制定的名为《关于处级领导干部引咎辞职的暂行规定》中规定：处级、科级干部由于个人能力不够，自身行为不当或因工作失误造成较大损失或影响的，不宜继续担任领导职务。其中还具体列举了应当引咎辞职的 10 种情况，包括因自身工作能力差等原因完不成任期工作目标、无明显政绩、社会公论差、民主测评“不称职”票超过30%等情况（据报道已有两名干部引咎辞职）。

重庆市2001年3月27日颁布《重庆市人民政府关于开展安全生产大宣传、大检查、大整顿工作的通知》，其中有这样的规定：“对于一年内发生一次性死亡10人以上事故两次或发生死亡30人以上事故一次的地区、部门和单位的分管领导要引咎辞职，对党政领导也要给予相应的行政处分；因管理不到位，严重的官僚主义或失职、渎职而酿成社会影响大、性质恶劣的事故的地区、部门和单位行政一把手也要引咎辞职。”据说这是全国第一个提出“引咎辞职”的省级政令①。（以上通知中有一个小毛病，即政府不应要求党的领导引咎辞职）

其他有江苏省涟水县（有《乡局级干部引咎辞职暂行规定》；未报道引咎辞职人数）；海南万宁市（以《责任书》的形式与干部约定；未报道引咎辞职人数）；江苏省泗洪县推行领导干部“引咎辞职”制度（据报道有15名干部引咎辞职）；吉林省蛟河市推出乡局级干部引咎辞职制（据报道已有3名乡局级干部引咎辞职）②。

以上是政府部门的情况。法院和检察院系统也有相关的举措。

上海市杨浦区人民法院于2001年2月制定了《关于法院院长辞职的暂行办法》。根据此“办法”，遇到以下情况，院长本人应当提出辞职：第一，院长年度述职后，本院三分之一以上的群众代表认为其年度工作不称职；第二，法院工作报告报同级人大审议，未被通过；第三，法律规定不应当继续担任院长职务的；第四，发生其他不适宜继续担任院长职务事项的。③

云南省人民检察院于4月推行领导干部引咎辞职的制度。此制度明确规定，凡领导干部本人因严重违纪造成恶劣影响、不宜再担任领导职务以及领导干部所管辖范围内发生严重贪赃枉法等重大违法违纪案件，领导干部因失教、失管、失察、失究而发生严重违法违纪案件的除给该单位领导必要纪律处分外，领导干部应主动提出引咎辞职，不提出辞职的，按有关规定和程序作撤职或罢免，不得易地做官。（据悉，已有一位县检察长因

① 金羊网讯2001年3月30日，（http：//www.ycwb.com/big5/content/2001-03/30/content_162662.htm）。

② 《不犯错误亦下台 中国试行干部引咎辞职》，《武汉晚报》网站2002年7月8日，（http：//book.people.com.cn/gb/paper85/44/class008500001/hwz29641.htm）。

③ 《法制日报》2001年3月20日。

本人严重违纪受到党纪处分并引咎辞职，退出领导岗位)①

2001年11月，最高人民法院出台《地方各级人民法院及专门人民法院院长、副院长引咎辞职规定（试行）》，其中规定：地方各级人民法院及专门人民法院发生严重枉法裁判案件，在其直接管辖范围内的法院院长、副院长应当引咎辞职。在其直接管辖范围内的法院发生其他重大违纪违法案件隐瞒不报或拒不查处，造成严重后果或恶劣影响的，或者在装备、行政管理工作中疏于监管，发生重大事故或造成重大经济损失的，或者不宜继续担任院长副院长职务的其他情形，院长、副院长也应当引咎辞职。按照规定，符合引咎辞职规定情形，而本人不提出辞职的，按照干部管理权限，由党委经上级人民法院同意后建议人大或人大常委会依照法定程序罢免、撤换和免除其职务。

五 中央的相关规定

《文汇报》2002年7月24日第一版刊登《中共中央关于印发〈党政领导干部选拔任用工作条例〉的通知》②。通知是7月9日发出。共13章，74条，约13000字；分总则，选拔任用条件，民主推荐，考察，酝酿，讨论决定，任职，依法推荐，提名和民主协商，公开选拔和竞争上岗，交流，回避，免职，辞职，降职，纪律和监督，附则。

同报第二版《解读〈干部任用条例〉》，其中关于“引咎辞职”是这样讲的：“党政领导干部因工作严重失误、失职造成重大损失或者恶劣影响，或者对重大事故负有重要领导责任，不宜再担任现职，由本人主动提出辞去现任领导职务。”

《光明日报》2002年7月26日第一版发表《选贤任能的制度保证——中共中央组织部负责人就颁布实施〈党政领导干部选拔任用工作条例〉答人民日报、新华社记者问》。该报道说，条例公布的前提条件是：新的形势要求，干部人事制度改革的新进展、新经验，党的建设及干

① 齐鲁热线2002年7月8日，（http://news.sdinfo.net/72340168526266368/20010416/18238.shtml）。

② 《党政领导干部选拔任用工作暂行条例》1995年颁布。

部工作的理论研究新成果。

在谈到条例的几个鲜明特点时，该负责人指出："坚持制度创新，纳入了干部公开选拔、竞争上岗、任前公示、试用期制度，完善了任职、免职、辞职和降职等制度。"特点的第二条是坚持扩大民主的基本方向；第五是坚持有效的监督。这两条对于引咎辞职都比较重要。

"要实行干部免职制度、辞职制度、降职制度、聘任制度和试用期制度，为解决干部'下'的问题疏通了'出口'。"规定了党政领导干部辞职制度，辞职包括因公辞职、自愿辞职、引咎辞职和责令辞职。

六 对上述情况的分析

首先是引咎辞职的意义与作用。

有文章说："一位长期从事行政管理研究的教授指出，尽管现在各个地方的干部'引咎辞职'制度还都停留在县处级甚至科级这样的一个层面，但这至少给了我们一个信号，中国的干部任用制度已经发生了巨大的转变，而"引咎辞职"恰恰是这种巨变的开始。"[①] 有些报道中也说，实行这一制度，对有些干部，好像一场地震，触动很大，有些机关工作作风焕然一新。

引咎辞职，本来是平常的事情，但在中国这一特定时期，确实有不同寻常的意义。在十六大之后的中国，这一作法还将发生更大的影响。如果那些确有重大失误的高级领导干部真能勇敢地承担责任，主动引咎辞职，将为中国共产党的形象增添新的光彩，将标志着中国的政治文明发生着重要的变化。

从上面所说的情况看，中国实行引咎辞职有这样一些问题：

引咎辞职究竟是自愿行为，还是被迫行为。

不可否认在国外发生的许多引咎辞职的事例中，确有一少部分是被迫的，而非完全自愿的。但不能由此得出结论，认为引咎辞职本身就是一种被迫行为。从根本上讲，引咎辞职应是个人主动的选择，是政治道德的体

① 《不犯错误亦下台 中国试行干部引咎辞职》，《武汉晚报》网站 2002 年 7 月 8 日，（http：//book. people. com. cn/gb/paper85/44/class008500001/hwz29641. htm）。

现。从这一点出发，我认为，在我国应该提倡这样一种精神，这样一种政治道德，即在必要情况下，政府有关领导人应该承担责任，引咎辞职。每一个负有重大责任的政府官员都应该有这种思想准备。这在中共中央发布的《党政领导干部选拔任用工作条例》中规定得比较恰当。

引咎辞职应不应该成为一种制度。

《党政领导干部选拔任用工作条例》指出领导干部必要时可以引咎辞职，这样的规定本来并无必要。这是因为，我国 1993 年颁布的《国家公务员暂行条例》第十四章已经有关于辞职的规定了。引咎辞职的行为应该可以包含在其中。也就是说，引咎辞职已经于法有据，引咎辞职的程序可以依此规定进行。我个人认为没有必要专门为引咎辞职制订规定。但是，因为中国处于特殊时期，引咎辞职的实行还需要通过一些措施才能逐渐实行开来，所以有各种举措都是可以理解的。与此同时，研究其中的问题也是必要的，也是为了使引咎辞职的这种作法能够真正地实行起来，起到应有的作用。

现有地方性规定存在的问题。

1. 以引咎辞职代替行政处分。比如：龙岗区干部应引咎辞职的 10 种情况之一是："所在单位连续两年年度任期目标责任制综合考核排名倒数第一。"这种情况实际上属于《国家公务员暂行条例》第七十四条规定的："国家公务员有下列情形之一的，予以辞退：（一）在年度考核中，连续两年被确定为不称职的"。也就是说，本来应该被辞退的，在地方性规定中改为引咎辞职。这是什么问题？其实就是执法的问题，就是一个情面问题。长期以来我们的许多地方政府的领导不能或不敢对那些不称职的干部予以辞退。即使有了《国家公务员暂行条例》，也不能很好地执行。现在则想通过制订"引咎辞职"的规定来达到这一目的。所以有的地方是和干部订立《责任书》（即协议书）的办法，以使经过检验不称职的干部自行离职。本来应该果断地予以辞退的干部，要采用比较体面的方式，这也是不得已的临时性措施。

2. 辞职以后的去向问题。根据《国家公务员暂行条例》第七十七条的规定："辞职离开国家行政机关和被辞退的国家公务员，不再保留国家公务员的身份。"引咎辞职的官员应该脱离公务员队伍，但是实际上不全是这样。"根据泗洪县干部引咎辞职制度的规定，凡主动辞职的干部，仍保留原级别，由组织上重新安排工作。当然，新的工作岗位都是'非实职性和非领导性'的职务。"① 我认为这样的引咎辞职已经失去了原本的意义，仍是长期以来备受人民群众反感的那种处理干部的作法。长期以来，我们就有犯了过错的干部"易地为官"或"易职为官"的作法。这种作法助长了许多官员不把犯错当回事的心理。像泗洪县这样对于引咎辞职的干部"保留原级别"、"重新安排工作"的作法，既不符合《国家公务员暂行条例》的规定，也不能起到有效地改善干部作风的作用。把这样的干部安排到"非实职性和非领导性"的职务上，其实是保护了那些不称职的干部，使国家养活一批这样的干部，增加了人民群众的负担。所以，引咎辞职的结果应该是离开干部队伍、公务员队伍（包括政官与党官)，应该很难有重新任命的可能。这样才能真正起到警示来者的作用。

3. 关于引咎辞职干部的级别问题。在国外，引咎辞职的往往是负有重大责任的高级官员。但在中国的一些地方性规定中，引咎辞职却成了负有重大责任的领导干部对付下级干部的一种手段。这是很不高明的。有些地方实行引咎辞职是以处级科级干部为对象，有些地方政府还以乡镇干部为对象，我认为这些都是不适当的。而法院和检察院系统的规定以领导干部为对象，相对而言是符合引咎辞职的本义的。中央颁布的《党政领导干部选拔任用工作条例》中将引咎辞职的对象限定为"党政领导干部"是正确的。一般而言，级别低职务小的官员不担负重大责任。他们有过错，或者不称职，他们之上的领导干部有权做出辞退、撤职、开除的处理。而真正发生重大责任问题时，担任重要职务的领导干部才是应该引咎辞职的人。所以，强调引咎辞职的对象是领导干部，还有一个意义就是防止那些负有重大责任的领导干部推卸责任，在出了问题时，把责任推到下级干部身上，推到普通公务员身上。这样的情况经常出现，许多领导干部以为可以欺骗公众，实际上往往引起人民群众的强烈不满。这种情况也是领导干部政治道德水平低下的表现，往大处讲也是政治文明程度不高的表现。要改变这种状况，就要特别强调重大问题要由高级领导干部承担责任并且引咎辞职。这里也附带讲一点，中国古代有"刑不上大夫"之说，一般评价以否定为主。其实，如果我们想一下，在政治道德水平较高的时候，这是可以做到的，而且是较为合适的。在古代，引咎辞职是高官承担

---

① 《不犯错误亦下台 中国试行干部引咎辞职》，《武汉晚报》网站 2002 年 7 月 8 日，（http：//book. people. com. cn/gb/paper85/44/class008500001/hwz29641. htm）。

责任、自我解除职务以示惩罚的一种手段，如果这样做了，就可以不必再加以惩罚了。这就是“刑不上大夫”的本义。而在政治道德水准普遍低下时，出现重大问题，官员照样做官，官场上官官相护，也没有有力的惩治，这也是一种“刑不上大夫”，是一种非正常的形态。我们长期以来基本上处于这样的状况，现在正开始有所改变。希望能向好的方向改变。

4. 关于解决“能上不能下”问题的考虑。中国的领导干部似乎与国外同行相比有一个最大的优势，就是“能上不能下”。只要当上了干部，只要不出大问题，一般就是一辈子的差事。现在开始有了引咎辞职，有人认为可以解决这一问题了。这里有个问题，这个“上”是什么意思？如果说，“上”是当大官，下是当小官，那么，引咎辞职后的领导干部还可以在公务员队伍中当个小官，比如县长引咎辞职后当某局局长，这样可以么？

一般说辞职有两种：一是公职，一是官职。国外政府高官辞职是辞去官职，同时也就辞去了公职。不可能辞去政府部长的官职，立即到国会去当议员，或到另一个政府部门的什么委员会当个委员。我们的高官辞职后却可以安排到另外的位子上照样做官。级别也不降低，待遇也不减少。如果说这是我们的传统使然，那实在是冤枉了中国的传统。说是“官本位”还可以，但这个“官本位”也与传统无关。是我们现有的制度缺陷造成的。我们的身份、阶层、地位的固定化，比历史上要严重得多。这主要是指“干部队伍”而言的。在这个队伍中，有个不成文的规则，就是：能进不能出，能上不能下。党、政、人大、政协、司法系统以及政府的事业与企业单位都可以相通，这给干部队伍的身份固定化提供了极大的便利。

因此，政府在根本的观念上还需要有很大的调整，才能从根本上解决干部“能上不能下”的问题。这个“下”也应该和国际“接轨”，就是下野，离开政府。而不是“易地为官”或“易职为官”，比如由政府到人大或政协或党的机关或政府的企事业单位中去。如果那样，引咎辞职就不能为中国带来什么新的变化，只是名称上的变化而已。

5. 关于所谓“无过错”引咎辞职。这是中国某些官员的发明。我们连有过错引咎辞职都做不到，却有人提出“无过错”辞职，这不仅是没有意义的，也是荒唐的。“引咎辞职”中的“咎”就是过错，“引咎”就是指为过错承担责任，如果没有过错，辞什么职？有人还提出“太平官”

这样的词儿，意思是当官不做事，不上进，只求平安无事。其实，这样的官比那些刻意追求“政绩”而胡来的干部要好多了。我们一些地方政府的领导为了追求政绩，做出许多伤害民众利益的事情，这已经不是新闻了。片面追求政绩是我国现行行政领导的一大弊端，应该予以制止。但是有人却借推行“引咎辞职”的时机，利用引咎辞职这一办法来强化对政绩的追求，这就使得“引咎辞职”这一本来是针对领导干部的办法，成为领导干部迫使下级干部去片面追求政绩的法宝。有的地方实行所谓“末位淘汰制”，规定“年度综合目标考评，本单位连续3年处于县最后3名的主要领导干部”要引咎辞职，我认为这也是不恰当的。当然这是我国近年来行政管理中的所谓目标管理所出现的问题，打着科学的名义其实是一种不科学的管理方法，但这已经超出本文讨论的范围，这里不多探讨。关于引咎辞职的任何规定都要尽力避免这样的导向。引咎辞职的原因只能是两条，一是有重大过错，二是民众严重不满。

七　结论

引咎辞职应该如何实行？我的意见是这样的。

（一）引咎辞职的对象是政府中负有较为重大责任的领导干部，而不是一般干部。稍为具体一点，就是指某一部门的最高领导干部，比如某县矿山出现特别重大事故，那么，分管矿山工作的副县长或相关局长就应该引咎辞职。出现全国性的重大事故或重大损失，影响重大时，相关部长就应该引咎辞职。

（二）引咎辞职是有较高职务的领导干部的政治道德的表现，不是制度性的要求。在制度上对犯有过错的干部只有处分、罢免、撤职等惩罚性规定。引咎辞职这一作法给这些领导干部一个比较体面的下台的出路，也避免引起法律程序的烦琐过程，同时也起到了尽快安抚民心，稳定局面的作用。因此应该加强对高级领导干部这一方面的思想道德教育。使引咎辞职成为一种传统。这也是提高政治文明的要求。

（三）要防止把引咎辞职作为领导干部对付下级干部的手段，从而使其失去本意，而与过去一些不良行政手段混为一体。要防止把引咎辞职涉及的内容扩大化，使引咎辞职成为一种处理小事的制度性规定。真正应该引咎辞职的，只有一种情况：即“党政领导干部因工作严重失误、失职造成重大损失或者恶劣影响，或者对重大事故负有重要领导责任”。只有这一情况下才允许引咎辞职。如果不辞职，必然的后果就是罢免或撤职。

（四）最后要再次强调的是，引咎辞职只是一种辞职的方式，是个人主动承担责任，自行提出辞职的行为。它不可能成为一种制度，但它属于辞职的范畴，其程序可以按照《国家公务员暂行条例》中辞职的有关规定进行。领导干部引咎辞职的结果应该是辞去公职，而不仅仅是现任的官职。否则，引咎辞职就不能起到其应有的作用，只会成为保护有过错的官员的挡箭牌、保护伞，成为掩护他们“易地为官”、“易职为官”的烟幕弹。最终不为人民群众所认同，政府的形象依然得不到改善。

注：原载谢庆奎、佟福玲主编《政治改革与政府转型》，社会科学文献出版社 2009 年版

试论穷人政治学

穷人政治学，据本人知见所及，在古今中外严肃的政治学领域中还没有以此为题的论著。但是这也不妨碍有人提出这样的概念来加以讨论。这是因为，第一，这样针对性明显的概念，即从政治学角度去关心穷人，的确还是值得探讨的问题。第二，是在我国前不久确实有几篇谈论穷人政治学的报刊文章，我不认为可以归入严肃的政治学研究领域中，不过，既然有此提法，也不妨从政治学研究的角度做一些讨论。

一 什么是穷人？

谈论穷人政治学，就有一个问题要先加以解决，即，什么是穷人？

穷与富是相对的，标准也不易确定。可以有不同标准。先把财富作为标准，如果画一条横线来表示，线的左端为极富，右端为极穷，难点在于富与穷的分界点应该画在何处。有人说某国 80%的财富掌握在 20%的少数人手中，剩下的 80%的人只占有财富的 20%。那么，是否可以说这 80%的人都是穷人？恐怕不行。因为剩下的 20%的财富在那 80%的人中间，还不是平均占有的。其中还有比其他人更穷的人。界定穷人的标准就成了一个要首先解决的问题。但是反过来。80%的财富掌握在 20%的人手中，这种不合理的现象是必须改变的，这样的改变也会有利于改变贫富严重分化的问题，从而有利于解决穷人的问题。

另一种办法是把资产作为标准。按有产与无产来划分，所谓无产阶级必然就是穷人了。但这也有问题，因为有产与无产是看是否拥有生产资料即工厂、机器、原料之类，这些在资本主义社会是由资本家拥有的。按说无产者即是穷人。但在资本主义社会，在资本家之外，早就出现了“蓝领”工人与“白领”阶层，他们已经不能被称为穷人。有人把这些富裕的工人称为“劳工贵族”。[①] 在此之外，又出现了相当富有的“知本家”了。无产者也可以凭知识改变命运，成为富人。更何况还有依靠权势发财的，被称为“权贵资本家”的也有相当的数量。“知本家”与“权贵资本家”，如果按资产来区分，他们竟然都可称为无产者！靠知识改变命运，是人们赞赏的；而靠权势攫取财富者，是人们所痛恨的。

还有一个标准是有业与无业。无业一般指失业者或者依照中国式说法是下岗人员、待岗人员。这类人员基本上都是穷人，但这类人员不能包括所有生活穷困的人，他们只是穷人中的一部分。还有许多有业但却生活贫困的人。

也许界定合理的贫困线是一个较适用的标准，生活在贫困线以下的人无疑就是穷人了。但是各国的情况也不尽相同，有的国家，穷人可以靠救济过活。有的国家，穷人饥寒交迫，甚至会饿死。特别是有些国家把贫困线定得奇低，很多在贫困线以上的人其实也是相当贫穷的。

我们是否可以选用其中某一标准来进行研究，或由此建立一个穷人政治学？我觉都不大可行。因为，第一，它使研究范围变得极其狭窄，而且以上每一种情况都有很多人在进行研究，都有不少研究成果。哪一种研究可以称为穷人政治学呢？这个确实不易确定。第二，问题过小，就不足以形成一个“穷人政治学”，而只是问题研究。所以，假如存在一个穷人政治学，我觉得穷人政治学所要研究的“穷人”，概念不妨稍稍模糊一些，包括的范围不妨略大一些。或者游移于上述各种标准之间也可以。其研究目的应该是帮助贫困人群，消灭贫困现象，改善人类社会贫富两极分化的不公平现象，发扬人道主义精神，增进社会的和谐与稳定，推进人类社会文明程度的不断提高。

二 人类社会对平等正义的要求

政治学简单说来，是研究人类社会中的政治现象的科学。而政治这一

① ［英］约翰·K. 沃尔顿：《宪章运动》，祁阿红译，上海译文出版社 2003 年版，第 110 页。

术语的定义则五花八门，举不胜举。从研究者的角度考虑，术语概念的界定要服从于所研究的任务。我在讲政治监督学这门课时，把政治定义为“人类社会中围绕公共权力展开的活动”，因为政治监督学研究的是对公共权力的监督。而在讲“中国政治制度史”这门课时，对政治的定义就经常引用孙中山的话，“管理众人之事便是政治”。[①] 现在，我觉得适用于穷人政治学的定义可以是戴维·伊斯顿说的“政治就是对于社会价值进行权威性分配的决策活动”,[②] 或者海伍德的定义：“政治在最广义上是人们制定、维系和修正其生活的一般规则的活动。”[③]显然，政治是和人类的生活与资源紧密相关的，资源的缺乏导致一部分人的贫困。为解决这一问题而采取的行动或发表的见解，有很多是属于政治这一范畴的。人类社会中确有穷人政治这样的现象，也有相关的政治见解、政治主张、政治要求。我认为这些还不足以构成穷人政治学，但我们可以就已有的与穷人有关的政治见解、政治主张、政治要求先做一些了解。

先来看看穷人政治的现象。政治从字面看来，似乎较偏重于权力与权利的分配，而在实质上则更注重经济利益。穷人在很多情况下为经济利益而苦恼，而不平，而为之奔走，在特殊情况下，也会起来争取从政治上获得问题的解决。从中国历史来看，先秦据说是奴隶社会，奴隶自然应该归入穷人一类，根据《诗经》《论语》等古籍记载来看，奴隶虽然不是自由之身，但因为穷困也会逃亡，也会投奔较好的奴隶主，以使自己的穷困状况有所改善。所以孔子这样的政治思想家就要求奴隶主以“仁德”来招徕逃亡的奴隶，来壮大自己的势力。《论语·子路》中“叶公问政，子曰：‘近者悦，远者来。’”《孟子·梁惠王章句上》中“今王发政施仁，使天下……耕者皆欲耕于王之野”，应该就含有这样的意思在内。中国由孔子起始建立起来的一套儒家思想政治，虽然是为统治阶级服务的，但也主张对穷人实行仁政，提倡爱民、养民、教民、惠民等等。当然这个民是指人民、平民、百姓，其中包括穷人。所以在那时没有穷人政治学，只在为统治阶级服务的思想政治中，对穷人有一定的关心。而其理由则是为了

---

① 《孙中山选集》，人民出版社 1981 年版，第 692—693 页。

② ［美］戴维·伊斯顿：《政治生活的系统分析》，王浦劬等译，华夏出版社 1999 年版，第 26 页。

③ ［英］安德鲁·海伍德：《政治学核心概念》，吴勇译，天津人民出版社 2008 年版，第 4 页。

巩固其统治，那时的思想家注意到了人民的威力，归结起来就是“民可载舟，亦可覆舟”，“民惟邦本，本固邦宁”。

但是历代政治实践证明了一条真理：凡是实行阶级专政与不平等政治的，平民或穷人最终是受欺压的，很多人会陷入贫穷的境地。像孔子、孟子这样的人其实就是古代的公共知识分子，他们能够在一定程度上跳出统治集团狭隘思想之外，对人类社会加以客观思考，提出较为公正的看法，对穷人予以一定的关注。不过，他们的思想往往转化为政治说教，可以在一定时期起一定作用，但是不能在根本上改变地主阶级专政的局面。政治上的不公平，农民没有政治权利，必然会在经济上受到剥削与压榨，穷人出现而且越来越多，就是必然的结果。实践证明，政治上的不公平，是产生穷人的根本原因。政治的重要支柱是政治思想，政治思想如果不能跳出阶级专政、等级观念等局限，是绝对不可能构建理想的公平正义的政治制度，也是不可能解决贫富两极分化问题的。

我们可以简单地把孔子等思想家对穷人的关心称作是“穷人政治学”，但它不能根本解决贫富两极分化问题，这是显而易见的。

秦朝的陈胜、吴广起义，是中国历史上第一次大规模的农民起义，也是穷人夺取政权的一次努力。“王侯将相宁有种乎”就是对传统政治秩序的挑战，是对政治平等的要求。这是穷人第一次觉醒，他们质问：为什么政权总是被少数贵族把持，总是由官二代继承？因此，“王侯将相宁有种乎”可以看作是穷人政治学（假定有这样的政治学存在）中的一项重要政治主张，即要求政治平等。

在后来发生的无数次农民起义中，起义者提出了多种口号：“吾疾贫富不均，今为汝等均之”（宋代王小波起义），“法分贵贱，非善法；我行法，当等贵贱，均贫富”（宋代杨么起义），“开大门迎闯王，闯王来了不纳粮”（明末李自成起义），“无处不均匀，无人不饱暖。天下人田，天下人同耕”（清代洪秀全起义），“打土豪、分田地”等等。这些口号包含追求政治、经济、法律平等的要求。而且中国真有像刘邦、朱元璋这样的农民领袖建立了政权的例子。按理说，农民自己建立的政权，应该代表农民的利益，让农民在政治与经济上取得平等，使穷人问题得以解决。但是，由于文明进程与政治思想的局限性，农民起义建立的政权最后都转化为地主阶级政权，新的统治者仍然采用旧的统治者的那一套政治思想与政治制度，农民领袖变成新的地主权贵阶级，广大农民的地位并没有得到根本改变。在中国这个穷人能够打天下、坐天下的国度里，穷人无论如何斗争一直没有翻身，这是特别值得研究的问题。

这种现象说明了什么呢？说明了人类社会的文明进步是十分艰难的进程。文明进步需要思想来起到领先的作用。而中国一直是儒家思想独尊的局面，儒家思想有其特点，能够在政治上取得制高点，为历代政权所尊崇，也在政治现实中起到了稳定天下的作用。但它实现的政治制度是君主专制的制度，是坚持一个阶级专政的制度，它的一些基本理念比如等级思想、尊君思想等等，都必然会导致贫富严重分化，必然会产生大量的穷人。所以中国政治的特点是每个王朝由盛而衰和周期性的政权更替，即使穷人革命成功了，那些领袖人物很快变成新贵，成了新的大地主，这也是他们的革命理想。这是政治思想所限，是历史局限使然。中国要想跨出这一反复出现的历史怪圈，必须要有新的文明进来，要在思想认识上上升到一个更高层次才行。而这种新文明产生于欧洲近代资产阶级革命之后。按马克思主义观点，资本主义无疑是比封建主义进步的文明。进步的文明必然体现在对人类社会的平等正义等有进一步的要求并得到一定程度的实现。穷人的处境只有在政治文明的进程中才能不断得到改善。

三　资产阶级革命的贡献

文明一词与野蛮相对而存在。野蛮的内涵很多，其中包括残忍、自私、狭隘。我们说资本主义文明较封建主义文明进步，也是说它在残忍、自私、狭隘诸方面都有变化，程度大大减弱或者逐渐在减弱。更重要的表现是在自由、平等、民主、人权这些方面。就目前看来，资本主义文明仍然处于上升与领先的地位。

如果说封建主义与资本主义的政治文明中都含有与穷人政治学有关的内容，那么，封建主义的穷人政治学，它的观念首先是等级制，穷人是低等的，理应受到剥削压迫的，在此前提下，地主阶级中的一部分人出于道德观念的考虑，同时也出于实际利益的考虑，主张对穷人实行德政，予以救济。在中国历史上，也有统治阶级建立救济穷人的机构的记载，特别是宋代，就有收养孤寡老人与流浪儿童的机构，但是这显然不是长期有效的机制，这从宋代不断发生的农民起义就可以知道。没有先进的理念或价值观，就不可能形成长期有效的机制与制度，这是历史已经证明了的。

资产阶级革命以后，人类在价值观上出现了很大进步，逐渐形成具有普世意义的价值观。在当今，承认这些进步观念的国家与地区，政治制度较为完善，社会秩序相对稳定，穷人的处境也相对要好得多。而且我们从历史可以看出，在资本主义国家，穷人的处境是不断发生变化，状况总体上是向好的方向转化。当然这里说的转化，不是说彻底消灭贫富差别，实现绝对平等，这是不现实的，也是不合理的。但是巨大的贫富差别肯定更有不合理之处，穷人极度贫困，挣扎在死亡线上，肯定是不能容忍的现象。

资本主义制度在起初也有血腥的成分，也曾加大社会贫富差距，因此也出现了全球性的无产阶级革命运动。但是资本主义制度经过血与火的洗礼，不仅没有消亡，反而更加富有生气。因为它逐渐形成一种开放的体系，在很大程度上突破了阶级的局限，形成多元社会，舆论自由发表，不同政见相互辩驳竞争，使得它能够不断对自身的错误予以纠正，不断向更文明的方向发展。当今大部分文明发达国家都或多或少地实行社会福利制度，甚至成为福利国家。在这种国家与制度中，穷人已经很少，而且其贫困程度也大大降低。如果要谈论什么穷人政治学，其实民主发达国家的政治学在某种程度上就是穷人政治学。

可见，穷人政治学不必形成专门的学说，换言之，不必为某一部分人建立专门的政治学。如果这样做，还有可能出现另一种情况，即，会在出现穷人政治学的同时出现富人政治学，成为相互冲突的学说，增加人类社会的矛盾斗争。应该看到，先进的政治文明、政治文化、政治制度是一定能够消灭贫困，解决穷人问题的。解决穷人问题，从目前看来，相对而言，也只有发达的资本主义国家解决得比较好。

四　马克思主义就是穷人政治学

事物是发展变化的。资本主义制度在其早期历史上有过不光彩的时候。在那时，出现了反对资本主义制度的思潮。其中马克思主义影响最为深远。

从本质上来说，马克思主义就是穷人政治学，它所指的穷人就是无产阶级，无产阶级的出路就是社会主义。“在两百多年中，社会主义一直是资本主义国家内部的主要反对力量，并且表达了世界上许多地区的受压迫者和弱势人群的利益。”[①] 西班牙学者费尔南多·萨瓦特尔在其著作《政治学的邀请》中对马克思主义有很中肯的评价。他说，马克思主义“设想无产阶级通过革命手段，以国内战争的形式，转变成统治阶级，然后取消资本主义所有制，建立共产主义经济体系；在共产主义经济体系中，只有一个国家领导机构，这一机构肩负着规划生产与制定报酬的任务”。[②] 他承认“马克思主义思想和共产主义运动在欧洲发达国家所发挥的积极作用。这一积极作用在于，它们开启了一系列必不可少的改革措施，这些改革使得资本主义制度在社会层面变得更加人性化，使得资本主义制度在政治上变得更有尊严（也更加崇高），使得资本主义制度作为一种生产机制变得更加高效”。[③] 他说，《共产党宣言》“还提出了许多权利要求，对那个时代而言，这些建议是极为明智的：例如将全部运输业集中到国家手中，对收入征收累进税，取消童工，推行免费教育，实现充分就业。其中许多目标在今天都已实现，或已成为现行制度。现在看来，它们并不是颠覆性的提议，反倒成了温和适度、合情合理的要求。此外，工会组织在20世纪一直发挥着重要作用……”[④] 毫无疑问，马克思主义在很大程度上帮助了资本主义，使其制度更趋向完善，更具生命力。马克思主义发挥了穷人政治学的作用，对人类政治文明的发展做出了无与伦比的巨大贡献。

但是世界上第一个无产阶级政权苏联却以失败告终。它的实践证明一个道理：穷人政治学并不能指望穷人来建立一个自己独掌权力的政府来实现其目标，苏联的结果是统治阶级成为新的特权阶级，社会不平等更加严重。即使作为穷人，也不能指望某一小部分穷人登上政治舞台来帮助自己脱离贫困，也就是“国际歌”所说的不能指望什么“救世主”的出现。实践也证明，那些自己把自己打扮成“救世主”角色的，最终都不过是追求独裁统治而已，独裁政治必然导致社会的两极分化，是穷人的大敌。

---

① ［英］安德鲁·海伍德：《政治学核心概念》，吴勇译，天津人民出版社2008年版，第95页。

② ［西］费尔南多·萨瓦特尔：《政治学的邀请》，魏然译，北京大学出版社2009年版，第91页。

③ 同上。

④ 同上。

这也是历史所一再证明了的。

正如费尔南多·萨瓦特尔所指出的："在今天，不论是纯粹的自由主义，还是纯粹的共产主义或社会主义，它们都无法博取人们的信任。即便是在那些最崇尚自由主义的国家，政府也必须在某种程度上肩负如下职责：社会保障、养老金、劳动协议、各种失业救济、公共教育，以及大部分涉及普遍利益的基础设施建设，人们将这些措施视为不可或缺的政府职责。所有这一切合起来就构成了所谓的'福利国家'"。①

我们也不可忘记，马克思主义的另一支即社会民主主义在建立福利国家的过程中起了巨大作用。与苏联的解体相反，社会民主主义在实践中被证明是走了一条较为正确的道路。它所主张的福利国家才是穷人的真正福音。当然正如费尔南多·萨瓦特尔所言，现在人们不信任任何纯粹政治理想的主义，而是对政府提出了更高的要求。现在的资本主义国家的政府其实在很大程度上已经很难称其为资本主义的了。因为马克思主义的要求在其中也得到实现。在这里，倒是邓小平的一句名言"不管白猫黑猫，逮住老鼠就是好猫"确实是有一定道理的。只要穷人的利益真正得到体现，或者说一种政治制度能够真正消除贫困，使穷人也能体面地生活与生存，这样的政治制度就是我们所需要的，也是穷人政治学所需要的。

这里我也要提醒读者注意，马克思主义经典作家是承认资本主义民主的优点并主张无产阶级革命是在成熟的资本主义国家发生并且要认真吸取资本主义的长处的。邓小平同志也认为资本主义文明是人类共有的，是中国应该学习的。

五　穷人政治学的缺陷

事实上，在政治学领域中并没有穷人政治学的存在，虽然马克思主义可以看作是穷人的政治学，但它研究的范围要比解决贫穷问题大得多。我们假想中的穷人政治学存在着多种缺陷。其中之一是在研究对象上的视角的狭隘。穷人的问题在现代政治学著作中，一般只占很小部分。比如在安

① ［西］费尔南多·萨瓦特尔：《政治学的邀请》，魏然译，北京大学出版社2009年版，第91—92页。

德鲁·海伍德的《政治学》一书中，仅仅在讨论“社会结构与社会分工”这一小节里，有一些内容与贫穷略有联系。这一节里有一个小标题“谁是下层阶级?”只有一千字左右，所关注的问题是“社会不平等”。“‘下层阶级’一词尚未有完好定义，政治上也存在争议。在最广义上，它指那些蒙受多种剥夺之苦（失业或低工资、恶劣的居住条件、未受良好教育等）并被社会边缘化的人（弃民)。”① 他指出右翼评论家主要从福利依赖和个人缺陷方面解释下层阶级的产生。认为福利政策会导致贫困的发生。左翼评论家倾向于从结构性的不利条件和变化中的全球经济平衡角度来界定下层阶级。导致贫困的主要原因是长期失业。② 这里所说的这种缺陷主要是看待问题的角度上的缺陷。一般政治学是从较为宏观的视角比较整体性地研究社会政治问题，而所谓穷人政治学则显然偏重于仅仅从穷人生活贫困这一视角去进行研究。它有可能由于把解决贫困置于首位而不能顾及政治社会的全局。更有甚者，它甚至会挑起阶级仇杀，造成社会动荡，而其结果并不能从根本上解决贫困问题。有时候它的结果是造成普遍贫困，有时候则造成新的不平等，转换贫富角色，并不能从根本上解决贫困问题。

穷人政治学的另一个缺陷在于它只关心物质上的贫困，而事实证明，虽然物质上的匮乏对于人而言是个严重的问题，但是人的问题远不止于此。用今天我们熟悉的词汇来解释，就是光有物质文明是不够的，人还有精神文明的需求。人有物质的贫乏问题，也有精神上的贫乏问题。我们可以肯定各种社会主义都可看作穷人政治学，但是在著名的空想社会主义著作《乌托邦》一书中，虽然作者描写的在那里生活的人们都没有物质上的匮乏，但是却仍然有奴隶存在。其中有一部分奴隶“要不断地做工，且带着锁链”。③“在乌托邦，人们认为打鸟猎兽这一类活动是不宜由自由公民干的。这是屠夫该干的事。我在上面曾提到，乌托邦人是叫奴隶操屠宰业的。他们认为，打猎是屠宰业中最下贱的一种活计……”④其实关于奴隶与贫困的问题，古希腊的亚里士多德也有论述，他认为，“有人天生

① ［英］安德鲁·海伍德：《政治学》，张立鹏译，中国人民大学出版社 2006 年版，第 235 页。

② 同上。

③ 州长治主编：《西方四大政治名著》，天津人民出版社 1998 年版，第 190 页。

④ 同上书，第 183 页。

即是自由人，有人天生即是奴隶。对于奴隶而言，被奴役不仅有好处而且是公正的”。①这个“好处”就包含免于饥饿与贫困。基于现代文明人的观念，我想我们不会赞成乌托邦的这些规定，也不会同意亚里士多德的观点，而且必然会加以反对。这恰好说明了，穷人政治学是低水平的政治要求，是政治文明尚处于早期的政治思想，与现代政治文明相去甚远。

穷人政治学还有一个缺陷在于它在学术领域不可能成立。政治学的“学”指的是学科。一门学科至少有两条必须做到：一是学科必须有足够广大的内容范围才能够成立，如果内容很小，范围很窄，那就不能成为学科，只能称为问题。所谓的穷人政治学其实只是对贫困问题的研究。贫困与反贫困，扶贫与救济，都是问题研究。二是学科必须在学术界达成共识，要有相当多的人共同承认一门学科的成立。对于贫困与反贫困，还有扶贫与救济等问题，研究者甚众，但这些学者专家中并没有人要把他们的研究独立建成一门学科，因为他们懂得学科是怎样一回事。除了上面说的两条理由外，还要注意到，上述这些有关贫困问题的研究与解决并不是仅通过政治途径就能解决的，经济学、社会学也与之有关。穷人政治学如果成立，把问题限定于政治领域，反而有可能不利于整合各个学科的优势来对问题做更好的研究了。还有一个问题也要有所考虑，即现在全球都在进行的反贫困与扶贫，主要都是实际工作而非理论研究，当然不是说其中没有理论研究，而是说最重要的是在于做实际工作，不仅有各个学科的专家学者参与，更有政府的领导与支持，还有国际组织的介入，以及社会上各种力量的投入。如果用穷人政治学来概括这一工作，显然是不适当的，也是不必要的。

当然，既然有人提出穷人政治学这一名称，我也不完全反对它。我只是认为，它不能成为学术领域的正式学科，但它可以作为非正式的词语，作为通俗的说法存在，它所指的对象与内容当然也可以在这一名义之下展开探讨。

六　穷人政治学与穷人经济学

1979 年诺贝尔经济学奖获得者西奥多·舒尔茨是研究农业经济学的，

---

① ［古希腊］亚里士多德：《政治学》，姚仁权编译，北京出版社 2007 年版，第 6 页。

在他看来，农业经济学就是穷人的经济学，因为世界上大多数穷人都生活在农村。当然这里所谓的“穷人经济学”并未正式形成一种学说。倒是马克思主义经济学是一门精深的学问，堪称“穷人的经济学”。今天国内某些人谈论的“穷人政治学”一词明显是仿舒尔茨的说法而来的。不过事实上并没有穷人政治学存在，所谓的“穷人政治学”更像是某些人闲来无事的乱弹。

也许经济学来不得虚的，但是有些所谓的政治学却可以。有些政客高谈阔论，似乎真心为穷人着想，实际上却只是表演而已。有些对着穷人流眼泪的政客背地里却是国之巨贪，在苏联就不乏这样的高官。苏联垮台的本质原因就是这样极端不得人心的统治者的倒台。这对苏联人民来说无疑是好事。

在中国贫困问题仍然严峻，但是与此同时却是享乐主义盛行，这无疑是对穷人的冷漠。有人说享乐主义是资产阶级的，或者说是地主阶级的。但是据我观察，一般而言，懂得赚钱艰难的人是不会把追求享乐看得很重的。只有赚钱极容易，才会花钱不心疼。而且赚钱容易者往往也是品质恶劣者，他们以不正当的手段获取大量财富，然后拼命享用。这些人，在欧洲资产阶级革命前的贵族政权中可以看到，在苏联十月革命胜利后的领导阶层中也可以看到。他们依靠权力轻易获得财富，成为腐败分子。

我将这些享乐主义者称为流氓享乐主义者。如果将人以文明与野蛮来区分，这些人无疑仍然处在极其野蛮的状态下。这样的人如果生活在当今的中国，他们的思想是跟不上人类先进思想的，他们会认为穷人受穷是活该的，认为穷人买不起房子就别买，认为穷人的孩子上不起学就别上，认为养老不能靠政府，认为福利国家是养懒人的，认为穷人上街摆摊是应该被驱逐的，认为穷人应该住在城市的远郊区而把市中心让给富人来住……

其实这些才是中国真实存在的活生生的穷人政治学（对穷人的态度），除了假惺惺地对穷人流几滴眼泪的政治秀之外。我想问一句：我们现在真的需要这样的穷人政治学吗？我自己的回答是：不，我们不需要这样的冷酷，或者面对穷人流泪的政治秀。这些东西在严肃的政治学领域中是站不住脚的。我们需要的是政治的文明、进步，向先进国家看齐。只有这样，中国的穷人才有真正的出头之日。我希望真正想帮助穷人的人，都来努力推动中国政治文明的进步，穷人生活的改善、处境的改变，只能依靠好的政治制度，好的政治本身就是穷人政治，其政治学就是穷人政治学。当然它不是偏向穷人，而是主持公平与正义，穷人的利益就在公平与正义的实现中实现。

七 结论

本文的观点可以归结为这样几句话：所谓的穷人政治学在严肃的政治学领域中是不存在的，是不能成立的。但是关注穷人，为穷人争取权益，帮助他们改善处境的政治活动一直是存在的。尽管作为一门学科它不能成立，但是作为问题研究它仍是人类社会面临的重大课题之一。穷人政治学可以作为通俗的说法去使用，但要注意它可能存在的缺陷，也不要让它成为政治欺骗或政治作秀。我们可以把它作为问题来加以讨论，但更为重要的是采取实际行动，真心实意地关心穷人，切实有效地帮助他们，努力去消灭贫困，推进社会和谐。

注：写于 2013 年年底

泡沫堆砌的中国病灶

一　“思想泡沫”是影响中国出现大思想家的一种社会病症

中国这多少年在某种程度上可以说是一个“泡沫时代”。其实另一个词汇“热”在很多情况下指的就是泡沫现象。这个“热”不仅出现在经济上，而且出现在很多领域。政治领域的“政绩热”“基建热”“招商引资热”等等都是。那么，“思想泡沫”一词是否能够成立呢？我认为是可以成立的。它可以概括某种社会现象，就是在思想上的表面虚假繁荣，掩盖着实际上的思想的贫乏。

思想的表现形式不同，从抽象一点的角度来说，带上各种“主义”“思想”“理论”“观点”等词的东西就是思想。从具象一点的角度来说，就是各种专著、论文、报告，等等。那么什么是“思想泡沫”呢？肯定就是各种“主义”“思想”“理论”“观点”满天飞，各种专著、论文、报告堆成山，但是实际上这些东西绝大多数都是一钱不值的垃圾。

一个国家，思想垃圾成山，不仅浪费资源，污染环境，而且影响社会正常发展，破坏社会风气。一个国家，一个民族，如果能够出现伟大的思想家，那么这个国家，这个民族一定会有很大的进步，一定会显示出很高的文明程度。思想有多高，文明就有多高，社会就有多先进，经济就会有多发达。环顾世界，回忆历史，哪个伟大民族的伟大时期不是有伟大思想家引导呢？中国的汉唐盛世，离不开诸子百家时期儒、法、道各家伟大思想家的指引。可惜的是宋元以后思想界受到钳制，中国再也没有出现伟大的思想家，所以在世界范围内中国落后了。现在的中国，需要发展经济，需要加强国防，需要大办教育，但是我认为中国最需要的还是大思想家。在暂时出现不了大思想家的时候，中国需要的是创造出现思想家的好环境。而“思想泡沫”则是影响中国出现大思想家的一种社会病症。

二 没有思想自由，就没有学术繁荣

前边说过，一个社会如果频繁出现泡沫现象，肯定是这个社会本身有某种病症存在。那么这些病灶何在呢？

我不得不把话题拉得远一些。中国在宋元以后没有大思想家，为什么？因为思想钳制、思想禁锢，说到底就是思想专制。在一个连思想都得不到自由的国度，你怎么可能让它有自由思考的机会，怎么可能让大思想家成长起来呢？所以很多所谓的思想家都不得不在儒家传统思想的范围里打转转。儒家思想其实很简单——很多伟大思想都是简单的，它就是主张君主专制、圣贤政治、严分等级、重农抑商、忠孝节义、男尊女卑，等等。在这个圈子里，出再多思想家也是没有用的。从鸦片战争起，中国落后了。其实从思想源头来说，中国早就落后了。中国早就有儒家学说的“思想泡沫”了，那就是用“汗牛充栋”这个词儿来形容都显得太不够用了的经学著作的繁荣昌盛，那可以堆成山铺成海的研究经学的著作，其中的思想却极度贫乏，不就是对儒家经典的喋喋不休地说了又说嘛。对于中国的进步有什么作用呢？

所以思想专制是传统中国“思想泡沫”产生的原因，而其后果我们也看得比较清楚了。从中我们完全可以得出一个人类社会发展铁的规律，没有思想自由就没有社会进步，就没有真正的繁荣。

其实泡沫现象往往也伴随着其他方面的冷淡。泡沫现象往往是社会畸形发展产生的畸形现象。在传统中国就是儒家独尊这一“思想泡沫”之外的其他思想的备受冷落。比如主张兼爱的墨家思想，较之儒家的爱亲与爱有差等思想更为进步，但它一直受到压制，一直被打入冷宫。这是思想上的冷热不均。在其他方面，还有大家都比较熟知的对科学的极度不重视，把科学技术上的创造发明视为“奇技淫巧”加以打压。在学习上则是所有士人都以科举为目的去学四书五经，去学写八股文或其他应试文章，科举考试的录取比例也说明这种考试存在着“泡沫”现象。全国的几十万士子都整天忙于备考而最后政府所录取的人数又只有几十人那么少，这不是一种很大的浪费是什么？

所以泡沫现象也必然包含了发展的不均衡，包含了社会资源的巨大浪费在里边。既然泡沫现象包含了发展的不均衡，就必然是有特别多的人本该分散在不同领域而现在都进入同一领域，在其中竞争，在其中较劲。这其中必然有很多人在玩虚的，因为第一他没有机会做实事，第二他必须有事做，所以他就玩虚的算了。在泡沫经济里边往往有很多欺诈行为，就是这个原因。比较典型的应该是美国的次贷危机，虽然它的作法被定为金融制度，但它实际上做的是买空卖空，虽然它不能被认为是欺诈，但其结果和欺诈是相似的。

其实中国历代的经学著作中有大量是水平低下的东西，有的甚至就是垃圾。为什么会这样？因为凡是治学，只能治经学，而治经学的人那么多，怎么能不出现假冒伪劣者呢？他本来可以干别的事情，但是社会又不允许他干别的。我说的是他想研究学问，但却被告知不能研究别的和儒家思想不同的学术，那他只能乱来了。但这样经学就繁荣了，就泡沫了。可悲的是这些过去的惨痛教训到现在还没有完全被我们吸收。现在的某些泡沫当然有新的原因，但是过去的影响也是需要注意的。这些引起思想泡沫的问题如果不加以解决，思想泡沫还要出现。

三 引导人们进入一个良好的秩序中去

从大政方针上讲，我希望我们的体制能够引导人们进入一个良好的秩序中去，无论做什么都要理性地思考，按照科学的规律办事，不要冲动，不要盲目。我们的社会目前是较少理性，不注意规律。改革开放初期有人提出：如果做事情和政府的政策相违背时，要“遇到红灯绕着走”，当时被很多人当作先进思想加以引用。我当时就觉得这种思想很危险。后来它的危害性越来越显现了。文明发达的国家，它的人民普遍地比较理性，比较遵守规则，它那里出现的泡沫现象要比我们少得多。即使是次贷危机也是遵守金融规则来行事的，那是因为规则出了问题，而不是社会的盲目乱来造成的，所以它的这个问题从规则上去解决就比较容易。

思想不自由是思想泡沫产生的一个重要原因。既然思想不自由，学术也不自由，但是我们的体制、我们的学校领导又对学术数量有着极高的热情，对教员和研究人员提出数量上的高标准和严要求，那大家只能炒冷饭，写相似的文章，写空话套话凑数罢了。人要活得质量好些，就想出名，出了名还可以取得不小的经济利益，于是学者上电视，上百家讲坛，到处乱讲，把严肃的学术当作哗众取宠的工具，为了争取更多普通人的关注，不惜胡讲乱讲。有的人甚至跨专业乱讲，为了名和利，什么都敢讲。学术是有范围的，是有圈子的，严谨的学者是不会跨专业乱讲的，更不会把学术当作讲评书，把自己当成说书艺人。有的人甚至以讲狂言乱语为荣，以说脏话获取一部分趣味低下的群众的叫好。严肃的学术不是普通人的漫谈，更不是市井无赖的骂街。

但是奇怪的是我们的体制对这样的人不加以制止，而是默认甚至鼓励；对严肃的学术研究反而管得过于严格。有不少人因为正儿八经的学术研究不能搞，就只好随波逐流，去作无所谓的课题，写些官样文章，任凭学术垃圾成堆。其他一些更为活跃者就干脆玩世不恭，变成学术的说书艺人或者畅销书作家了，而他们的畅销书也往往是格调不高的垃圾。他们也不想以此而流芳百世，更没人想靠学术成为思想家，或者为国家、民族、社会贡献自己的思想和智慧。这样就出现真正的学术冷了，而虚假的、伪劣的、欺世盗名的学术却显得异常繁荣，出现了所谓的“学术泡沫”和“思想泡沫”。

注：原载《人民论坛》2012年8月上（总第373期）

新时期中国政治学发展的历史记录

——我国第一部《中国政治学年鉴》出版

刚刚由中国大百科全书出版社出版的《中国政治学年鉴》（2002），是中国政治学学科建立一百年来的第一部政治学年鉴，它的出版有着不同寻常的意义，因而受到政治学界的普遍欢迎。

中国政治学学科的建立是同现代政治学的出现紧密相连的。现代政治学学科独立的标志是1880年美国“哥伦比亚大学政治研究院”的成立，此后不久美国很多大学开始设立政治学课程或者成立政治学系和研究院。中国在洋务运动和维新变法的影响下，很快便接受了这门新兴学科，各种国外政治学著作大量翻译为中文。北京大学的前身京师大学堂，在1902年就已经开设有政治学课程。到1948年为止，全国百余所大学中已有40多所大学设立了政治学系。1949年以后，特别是1957年到1976年，政治学学科的发展受到了干扰，作为一个独立的学科已经不复存在。直到1978年，在邓小平的重视下，政治学学科得以重新恢复。从那时到现在，25年过去了。中国政治学从恢复到发展，取得了较为可观的成就。政治学的队伍不断壮大，大量政治学的科研成果对我国的政治与社会生活发生着越来越明显的影响，大批具有政治学专业知识的学生和研究生走上工作岗位，许多政府公务员经过政治学专业培训与进修，在工作中发挥了重要作用。

正是在这种情况下，政治学界的同仁们要求出版一部中国政治学年鉴，作为政治学的窗口，让人们更多地了解中国政治学的发展情况，也为后人留下必要的历史资料。北京大学政府管理学院和北京大学政治发展与政府管理研究所共同承担了组织编辑第一部政治学年鉴的任务。全国各地政治学研究与教学单位的领导与广大同仁都对此书寄予厚望并始终给予极大的支持。在编辑工作开始之初，我们就成立了由全国各地各单位推荐的、由资深学者组成的中国政治学年鉴编辑委员会，对年鉴的编辑工作予以指导和帮助。在北京大学设立了年鉴编辑部承担具体编辑工作。为了保证年鉴的质量，我们聘请了年鉴学权威、北京大学新闻与传播学院的肖东发教授为顾问，对年鉴的编辑工作予以悉心指导。在年鉴初稿交付出版社以后，中国大百科全书出版社特意组织了对编辑工具书非常有经验的编辑人员，对全书进行了极为严格的编辑加工，以保证这部工具书各方面都符合规范和要求。经过一年多的努力，现在，这部年鉴已经呈现在人们面前了。

作为《中国政治学年鉴》的编辑人员，我想，年鉴的质量如何，应该由政治学界的同行和读者来评价。我只想对编辑年鉴的编辑原则和内容编排做一些介绍。在年鉴开始编辑之初，我们就制订了编辑的原则。我们认为：《中国政治学年鉴》应该是一部集文献性、资料性、学术性、实用性于一体的专业性工具书。它应该全面反映政治学学科建设与发展，汇集有关机构组织及重要活动信息，充分展示政治学优秀科研成果。为政治学教学和科研的宏观管理提供决策参考；为从事政治学研究的学者专家和爱好者提供有用的资料；为政治学专业的大学生和研究生提供相关信息，为中外学者学术交流提供一个平台。读者对象是从事政治学研究与教学的专家学者，政治学专业的研究生、本科生，以及关心政治学的各方人士。

年鉴在资料收录方面做了某些变通。按照年鉴编辑的惯例，这部年鉴应以2001年的有关材料为主。但因为这是中国的第一部政治学年鉴，为了保存历史资料，反映学科发展的连续性，年鉴回溯收录了此前大约20年间的部分资料。同时因为年鉴有反映新进展的要求，在截稿和付印之前，也收入了2001年以后的一些材料。这样，这部年鉴大体上能够反映我国20世纪80年代以来的政治学发展情况。

《中国政治学年鉴》的内容共分14部分。主要包括这样几个方面：1. 总论和专题综述：回顾中国政治学的百年历程，对近年来政治学界关注的20多个热点问题做了简要的综述。2. 介绍了中国政治学学会及其分会，还按地区介绍了全国各地的教学与研究机构。3. 收录了各地高校和研究单位的数百名有高级职称的专家学者的小传，大部分附有照片（以上两项包括香港与台湾）。4. 科研成果：包括“获奖科研成果介绍”、“中文政治学著作介绍”、“政治学论文索引”、“博士论文摘要”、“外国政治学著作中译本介绍”以及各高校教师承担的重大研究项目或重大课题。5. 国外政治学研究情况。此外，还有各高等院校政治学研究生教育的资料，以及重要的学术会议、重要的政治学刊物与网站介绍等内容。附录有各地政治学研究与教学机构的通讯地址。

我们希望国内外从事政治学研究与教学的广大同仁对《中国政治学年鉴》提出宝贵意见，以便以后的政治学年鉴能够做得更好。

(作者为《中国政治学年鉴》编委、副主编)

注：原载《光明日报》2004 年 1 月 25 日 A4 版。因版面限制，发表时删去部分内容，主要是对年鉴内容的介绍。为使读者较好地了解《政治学年鉴》，现将删除部分重新恢复